逆境人名録

今こそ学びたい先人たちの生き方

田原久八郎

はじめに

『逆境』、それは、広辞苑によれば、「思うようにならず苦労の多い境遇のこと」とあります。『逆境』に立ち向かっていった人たちの人生ドラマが、「甘えた考え」を打ち破る手助けに少しでもならないだろうか。

私は、逆境の人の生き方というものに、強い関心を持ち、いつの頃からか、見かけるたびに、これに当てはまる例を書き留めておくようになりました。

気がついてみると、その数が日本と外国とで、八一七名にもなっていました。

世界で一番有名な日本人はというと、〝Oshin〟だと言われた時期がありました。

一九八三年四月から放送された連続テレビ小説「おしん」は、その後世界の多くの国と地域で放送され、驚異の視聴率を上げたそうです。

イランやタイでは八割以上、中国（北京）、ポーランドでも七割以上の高視聴率を記録した（ＮＨＫインターナショナル）とのことです。

読売新聞の「あなたが選ぶ二〇世紀ベストドラマ」の投票で、第一位を得たのは、圧倒的な投票数で選ばれた「大地の子」でした。

視聴者から寄せられた歴代反響件数で、ドラマ部門で第一位。昨今のドラマとしては異例とも言える高視聴率を、放送回数を重ねるごとに記録した（ＮＨＫソフトウェア）そうです。

「おしん」「大地の子」共に、逆境を耐え抜き、けなげに生きる主人公が登場します。

過酷な運命に翻弄されながら、まわりの人々の限りない愛情に支えられて、成長していく。

このような逆境の人々の物語に、多くの人が感動し、生きる励ましを受けています。

自分の人生を逆境と重ね合わせて考える人が多いということかもしれません。

本当の「生きる喜び」は『逆境』の中から生まれてくるのではないか、とさえ思えてきます。

この本に載せてあるのは、フィクションではなく、皆、実在の人ばかりです。

読みかじり、聞きかじりで集めた色々な苦労をされた先達（せんだつ）の人生の記録です。

この中で多くの方々の私的な内容を伝えています。

先人の生き方を学び、生きる励ましとしたい、それがこの本の意図するところです。

いかに生き抜くか、いかに育てるかに強い関心をお持ちの方々へ、ぜひお伝えしたい。
そういう私の思いをくんでいただければ幸いです。

著者

目次

日本編

1〈武人〉

平　清盛（たいらのきよもり　一一一八〜一一八一）

二歳の時、母死去。娘を高倉天皇の皇后とし、その子安徳天皇を位につけ、皇室の外戚として権力を誇った。しかし、没後数年にして、平氏の嫡流は滅亡する。平治の乱で捕らえた源頼朝を、継母の池禅尼（いけのぜんに）の懇望により殺さなかったが、これは幼少時に生母を失った清盛の継母に対する遠慮であったとする見方がある。

源　頼朝（みなもとのよりとも　一一四七〜一一九九）

一三歳の時、父義朝が平治の乱で敗死。清盛の義理の母、池禅尼に命を救われ、伊豆流罪にとどまった。伊豆で二〇年の流人生活。平氏の専横に不満を持つ関東武士にかつがれ、一一八〇年に挙兵。五年で平氏を壇ノ浦で滅亡させる。奥州藤原氏をも滅ぼし、一一九二年に、征夷大将軍に任じられ鎌倉幕府を開く。全国に守護地頭を置く。初代鎌倉幕府将軍。

源　義経（みなもとのよしつね　一一五九～一一八九）

二歳の時、平治の乱で父を失い、一一歳の頃、平家の指図で出家するために鞍馬寺に入れられた。二二歳の義経に対面した頼朝は、絶句して涙にむせんだという。三一歳の時、やむなく自害。

足利義政（あしかがよしまさ　一四三六～一四九〇）

病死した兄義勝の後を継ぎ、八歳で室町幕府八代将軍となる。暗殺された六代将軍義教の五男。三七歳で隠居。混乱の世で、資金、労働力不足のため未完成ではあったが、銀閣（慈照寺）を造営。銀閣とその庭園には、禅風の極致ともいえる閑寂枯淡な世界が見られる。

毛利元就（もうりもとなり　一四九七～一五七一）

五歳で母を、一〇歳で父を亡くす。孤児となり、継母の大方殿に取りすがって生き抜いた。妻を愛し、妻が死ぬまで、一人の側室も置かなかった。家臣の前では、戦国一の策略家とさえ呼ばれて、常に強き勇者であり、恐い君主であったが、妻の死に臨んでは、家臣達のいる中で号泣したという。

上杉謙信（うえすぎけんしん　一五三〇〜一五七八）
七歳の時、父死去。七歳から一四歳まで、林泉寺で厳しい戒律の下、仏教と禅の修行に励む。初陣は一五歳。六六回戦って、四四勝二二引き分けの合戦の連続であった。毘沙門天を信仰。宿敵武田信玄との五度にわたる「川中島の合戦」が名高い。「越後の虎」。生涯独身で側室なし。

織田信長（おだのぶなが　一五三四〜一五八二）
一六歳の時、父病死。性剛勇果断。一八歳で家督を継ぎ、今川義元を桶狭間に討って頭角を現す。家康と結んで尾張を統一、足利義昭を奉じて上洛、天下布武をめざす。朝倉、浅井を滅ぼし安土に築城、一向一揆を下し、武田氏を滅ぼし、さらに中国、四国に兵を進めるが、明智光秀の裏切りに遭い、京都本能寺で自刃。寺院勢力との対抗上キリスト教を保護し、独特の安土文化を現出させた。

豊臣秀吉（とよとみひでよし　一五三七〜一五九八）
八歳の時、父急死。養父との折り合いが悪く家を出る。世間の風は冷たく、転職すること三〇数回。戦国時代、貧しい農民の子に生まれながら天下統一を果たし、天皇の名代である関白にまで上り詰める。容貌、貧しさ、身分の三つのコンプレックスを逆に出世の原動力とした。刀狩りや、課税制度の元となった太閤検地、貨幣制度の統一などを行い、幕藩体制の基礎をつくり、桃山時代の優れた文化も誕生させた。夢はアジアの統一へと向かい、二度にわたる朝鮮出兵によって、国内から不満の声が高まるなか、この世を去り、二代で滅びることとなった。

徳川家康（とくがわいえやす　一五四二〜一六一六）

三歳で、離縁された母と生き別れ、七歳で、父暗殺される。六歳から人質生活が始まり、八歳から一九歳まで、今川義元の下で人質として暮らす。人質時代に、松平家再興の悲願を胸に、家臣の心をつかむリーダーシップを養う。妻と気が合わず別居。長子信康も信長の娘徳姫とうまくいっていなかったためか、徳姫の知らせで、妻、築山殿の裏切りが信長に伝わり、信康を殺すように命じられる。近習に信康の切腹を命じた後、一人肩を震わせ涙した。信長が倒れた時、実質的実力があったにもかかわらず、秀吉の中国大返しによって、先を越される。

竹中半兵衛（たけなかはんべえ　一五四四〜一五七九）

父が病死し、一六歳で城主となる。秀吉に仕え、その中国経略に軍師として功績をたてるも、陣中にて病死。

山中鹿之介（やまなかしかのすけ　一五四五〜一五七八）

生後一年にして父を亡くし、貧窮のうちに育つ。一六歳で病弱の兄より家督を譲られる。生涯、月に向かって、「願わくば、われに七難八苦を与えたまえ」と祈り、その苦難を克服して大成することを誓った。主家尼子家の再興に命を賭けた男。

加藤清正（かとうきよまさ　一五六二〜一六一一）

三歳で、父を亡くし、五歳から秀吉の側近として預けられる。賤ヶ岳の合戦により猛将として有名になり、九州征伐で活躍、熊本城主となり、家康の東軍に属し、五四万石を領するようになる。

伊達正宗（だてまさむね　一五六七〜一六三六）

幼少の時、疱瘡にかかり右目を失う。母親の義姫が、次男の竺丸を溺愛、夫に、後継ぎを竺丸にと嘆願。人質になった父輝宗を眼前で見殺しにし、母に毒を盛られ、弟を刺殺。支倉常長をヨーロッパに派遣、海外貿易を試みる。

宮本武蔵（みやもとむさし　一五八五～一六四五）

三歳の時、母が実家につれ去るが、父無二斎はまもなく後妻をもらい、離縁した先妻の手元からすぐに連れ戻す。この継母とどうしても馴染まず、五歳の頃、実母に会いに尋ねて行くがその家には入れられず連れ戻されて、父からしたたかに打ちすえられる。まもなく母病死の知らせを受ける。父から兵法の手ほどきを受け始めたのは三、四歳頃。七歳の時、その父も病死。その後継母も同じ頃亡くなり、天涯孤独となる。一三歳で武芸者を打ち殺し、近隣の人々を恐れおののかせる。

大石良雄（おおいしよしお／よしたか　一六五九～一七〇三）

父が早く没したので、祖父のあとを受けて、一九歳の時、家督を継ぐ。兵学を山鹿素行に、漢学を伊藤仁斎に学んだという。大石家は浅野家五万石の代々家老であったため、二一歳の時、若くして家老となる。主君切腹処分の後、主家再興の望みを断たれるや、襲撃を決心。同志と共に翌年一二月一四日夜、吉良邸に仇を報じ、翌年の二月四日、四五歳で、切腹。主君と同じ泉岳寺に葬られる。通称、内蔵助。

徳川吉宗（とくがわよしむね　一六八四～一七五一）

家康の孫、父徳川光貞が、六一歳の時、卑しい身分の湯女に第四男子として生ませた子。五歳になるまで家臣に預けられ育つ。部屋住みの身から越前丹生三万石の大名、さらに兄二人の相次ぐ死で二二歳で紀州五五万石の藩主、そして七代将軍家継が八歳で夭折した後、三三歳で八代将軍となる。在位三〇年。目安箱を創設。享保の改革を推進。木綿しか着用しない倹約将軍であった。財政再建策で、米価安定に努力。「八木(はちぼく)(米)将軍」と呼ばれた。死後、遺品の中から膨大な反故、裏表びっしり数字が書かれたメモ用紙が発見されたが、その数字は浅草の米相場であったという。

島津斉彬(しまづなりあきら　一八〇九~一八五八)

一五歳の時、母死去。母周子(かねこ)は、仙台藩主伊達重村の娘。文武両道をたしなみ、一七歳で島津家に嫁す。斉彬を乳母に手渡さず、自ら師となりスパルタ式に躾ける。側室お由羅の方の生んだ久光との間のお家騒動の後、四三歳で藩主。英明をもって知られ、幕末の大名中第一の偉材と言われたが、病を得て急死。

井伊直弼(いいなおすけ　一八一五~一八六〇)

五歳で母を、一七歳で父を失う。一四男であったが、兄たちが次々と病死、養子に行き、三六歳の時、禄高三〇〇俵から三五万石の彦根藩主となる。藩政を改革、失業対策、公娼廃止など善政を行う。幕府の大老となってからは、紀伊徳川家から一四代家茂を迎え、勅許を待たずに諸外国と条約を結ぶなどし、反対派を弾圧（安政の大獄）。水戸と薩摩の浪士に桜田門外で殺される。

西郷隆盛（さいごうたかもり　一八二七〜一八七七）

抜群に剣道が強かったが、ために妬まれ、一二、三歳の時、木剣で闇討ちにあい、右手を骨折。それ以後、剣道を諦め、無参禅師に参じる。禅を極め、『言志四録』などを熟読。「敬天愛人、克己」の思想にいきつく。僧月照と自殺を図り、一人生き残る。倒幕運動に活躍。一八六八年、大総督軍参謀として東征、江戸城を平和裡に収める。明治四年、政府筆頭参議（現総理）に就任。明治六年、最初の陸軍大将。征韓の議容れられず、退官、帰郷。私学校党に擁せられて挙兵、敗れて城山に自刃。「人を相手にせず、天を相手にせよ」の『西郷南洲遺訓』を遺す。

近藤　勇（こんどういさみ　一八三四〜一八六八）

五歳の時、母死去。農業を営む父、宮川久次郎の三男。一四歳の時、二人の兄と共に、「天然理心流」近藤周助門下に入門。一五歳の時、近藤家の養子となる。幕府の浪士隊に採用され、のち「新撰組」を結成、局長となり、諸藩の倒幕志士を捕殺。官軍と甲斐勝沼に戦って破れ、武蔵板橋で、斬首。

坂本竜馬（さかもとりょうま　一八三五〜一八六七）

一二歳の時、母死去。姉の世話を受ける。十四歳、「泣き虫竜馬」の異名。十八歳で江戸の千葉道場に入門、北辰一刀流の免許皆伝。脱藩して勝海舟の門に入り、長崎で「亀山社中」を設立。「海援隊」を組織、西郷、木戸らと図り、対立していた長州藩と薩摩藩の連合の仲介を成し遂げる。土佐藩を説き大政奉還へのきっかけを作ったが、三二歳の誕生日に、京都近江屋で斬殺される。土佐藩出身。

山岡鉄舟（やまおかてっしゅう　一八三六〜一八八八）

一六歳で母を、一七歳で父を亡くす。下は二歳の弟たちの面倒を見る。剣道に達し、禅を修行、書をよくした。王政復古後、三三歳の時、西郷隆盛を説き、勝海舟との会談を成立させる。江戸城無血開城の事前交渉をやりとげた後、一切これに触れることなく、西郷と勝に表舞台をまかせた。「無刀流」の創始者。県知事の後、明治天皇の侍従となる。

乃木希典（のぎまれすけ　一八四九〜一九一二）

吉田松陰に心服、叔父の玉木文之進の塾に学ぶ。一九歳の時、西南戦争で軍旗を奪われ、これを生涯の恥辱とした。若い頃は遊蕩の限りを尽くすが、明治天皇崩御の後を追って、天皇の写真の前で妻と共に殉死する。左眼が不自由であったことは死ぬまで知られていなかった。イギリスで見たボーイスカウトを取り入れる。「聖将」と呼ばれ、神格化された陸軍大将。

山本五十六（やまもといそろく　一八八四〜一九四三）

父五六歳の時の子。二二歳の時、日露戦争で敵の砲弾を浴び、破片で左手の人差指と中指を失い、右の腿の肉を赤ん坊の頭ほどえぐり取られる。その傷の治療に、尻の肉を削って移植したりし、つぎはぎだらけの身体となる。三国同盟と、日米開戦に身命を投げうって反対。米内（よない）大臣に連合艦隊指令長官に推挙され、強硬に反対した日米戦で自ら先頭に立って勝ち目のない戦いの指揮をとることになる。前線視察に向かう途中、ブーゲンビル島上空で、戦闘機一六機に襲撃され戦死。

2〈政治家〉

聖徳太子（しょうとくたいし　五七四～六二二）

一四歳の時、父、用明天皇死去。内外の学問に通じ、深く仏法に帰依。わが国最初の女帝推古天皇の摂政として、冠位一二階を定め、一七条の憲法を制定、遣隋使を派遣、多くの寺院を建立する。推古天皇より先に病没、ついに天皇になることは叶わなかった。

上杉鷹山（うえすぎようざん　一七五一～一八二二）

上杉家の養子となり、一〇歳で世子（跡継ぎ）となり、一七歳で一〇代目米沢藩主となる。破産状態の藩政を立て直すため、不退転の決意を持って自ら率先して倹約の範を示し、大改革を断行。倹約励行や殖産興業推進など五六年に及ぶ執政の全期間、一貫した改革政策で、藩を再建し、名君の一人に数え上げられた。ケネディー大統領が最も尊敬した日本の政治家。

木戸孝允（きどたかよし　一八三三～一八七七）

八歳の時、隣家の桂家の養子となる。まもなく養父が亡くなり、吉田松陰に一七歳で師事する。松下村塾で、改革派の頭目となった、長州藩士。薩藩と連合して倒幕の策を講じ、維新後、版籍奉還、廃藩置県に努力。征韓論に反対。維新政府首脳中最も開明的であった。初め桂小五郎。

大隈重信（おおくましげのぶ　一八三八〜一九二二）

一三歳の時、父死去。母に養育される。条約改正に努力中、爆弾を投ぜられ片脚を失う。米仏蘭の艦隊に対する長州藩の砲撃を支援し、西洋との力の差にあらためてショックを受け、ますます国論を統一して外国に当たることの必要を痛感する。わが国最初の政党内閣を組織するなど、明治、大正期の政界に大きな足跡を残した政治家。総理大臣を二度務める。「早稲田大学」の創立者。

明治天皇（めいじてんのう　一八五二〜一九一二）

一四歳の時、父、孝明天皇死去。新帝となった睦仁には、まだ京ぼんぼんのあどけなさがあった。近代日本生育途上における政務、軍務は波瀾に富んだものであったが、その間に「鬼神も泣かするものは世の中の人の心の誠なりけり」他、九万三〇三二首の詠作を残した。

高橋是清（たかはしこれきよ　一八五四〜一九三六）

母は子守女で奉公先の主人が父親であった。生まれてまもなく、足軽高橋家の養子となり、父母の顔を知らずに育つ。子どもの頃、馬に蹴られ、それが縁でその飼い主仙台藩主夫人の知遇を得る。一一歳で口減らしのために奉公に出されるが、行き先は、宣教師で医師のヘボン家であった。一四歳でアメリカへ留学。帰国の船の中で後の文部大臣森有礼と知り合う。一七歳頃芸者遊びを覚え、芸者の紐になる。ある女性の忠告で身を反省し、森の紹介で一八歳で英語学校の教師となる。日銀総裁、蔵相、首相を歴任、二・二六事件で襲撃され、八三歳で没す。

犬養　毅（いぬかいつよし　一八五五〜一九三二）

一四歳の時、父死去。第一回総選挙で衆議院議員に当選。以後死去まで一八回連続当選、四七年間議員をつとめる。一九三一年に首相。翌年、軍部と右翼団体の反感を買ったため、五・一五事件で、「話せばわかる」の言葉を残し、「問答無用」で射殺された。孫文、蒋介石などからアジアの救世主と期待された特異な政治家。

幸徳秋水（こうとくしゅうすい　一八七一～一九一一）
　二歳の時、父死去。母、多治は残された四人の子どものため再婚の話も断わり、崇高な犠牲の生涯を送る。日露戦争に反対。「平民社」を起こし、「平民新聞」を創刊。無政府共産主義に転向。大逆事件の首謀者として刑死。

神近市子（かみちかいちこ　一八八八～一九八一）
　三歳の時、父死去。敗戦後間もなく民主婦人協会を設立、婦人問題に取り組み、日本婦人会議顧問として活躍。衆議院四期、売春防止法の制定や婦人問題に打ち込み、女性解放や人権擁護の活動に尽力。大杉栄との愛情のもつれから大杉を刺して重傷を負わせ、二年間獄中生活を送る。

近衛文麿（このえふみまろ　一八九一～一九四五）
　一三歳の時、父が死去、公爵を継ぐ。東大哲学科に入るが、哲学に興味を持てず、京大法学部に移る。貴族院議長を経て、内閣を組織。武力南進方針の採用、日独伊三国同盟の締結、大政翼賛会の創設など、総力戦に備えた体制を準備、国家総動員態勢が進んだ。近衛はアメリカとの妥協を図るが、実現せず、総辞職。代わった東条英機内閣の下で日本は対米戦争に突入した。戦犯に指名され、出頭期限の日の未明、服毒自殺。

浅沼稲次郎（あさぬまいねじろう　一八九八〜一九六〇）

未婚の母に生まれる。一一歳で父に認知され、その時生母と離別。一時は共産党とも関係したが、たびたび投獄されながらも、人気ある大衆政治家であった。社会党委員長在任中、右翼少年に刺殺される。

田中角栄（たなかかくえい　一九一八〜一九九三）

高等小学校卒業の学歴しかなく、幼少時代は吃音で、浪曲をうなりながら矯正したと自ら言う。一五歳で上京、一九歳で建築事務所を構え、事業の才覚に桁外れのものがあった。吉田茂の目に止まり、池田勇人の知遇を得て、後に姻戚関係となった。後援会「越山会」をバックに一一回連続トップ当選。強引さが身上で、池田、佐藤内閣の蔵相、党幹事長等を務め、政治業績を上げ、自民党総裁、第六四代首相にと、裸一貫から頂点にまで上り詰めた。ロッキード事件に連座した後も「闇将軍」として政界に影響力を発揮し続けたが、脳梗塞で倒れた。「コンピューター付きブルドーザー」。

本島　等（もとしまひとし　一九二二〜二〇一四）

妻子ある男に騙されて、母が身ごもる。生後一一カ月の子を母方の祖父母の許に預けて、母は等を残して嫁ぐ。京大工学部を卒業、学校教諭を経験。その後、長崎県議を五期、二〇年務めた。一九七九年からは、長崎市長を四期、一六年務めた。「天皇責任論」を唱え、ピストルで撃たれ、重傷を負う。その事件が裁判になり、「犯人を許す」と発言、これが新聞にも報道される。

渡辺美智雄（わたなべみちお　一九二三〜一九九五）

生後すぐ母が死去。六歳の兄と共に伯父夫婦に預けられる。毎朝あげる神官の伯父の祝詞を全部暗唱する。中三の時その養父が急死。第二の叔父夫婦に引き取られそこから通学。蔵相などを歴任、活躍が期待されたが病魔に倒れた。

安部晋太郎（あべしんたろう　一九二四〜一九九一）

生後間もなく父母が離婚。生後二カ月余で親類に預けられる。母は再婚し、三一歳で亡くなる。それを知らず、母の消息を尋ねて、まわりの者を困惑させた。父に内緒で母を捜して歩いた。内閣官房長官、外相などを歴任。元総理安部晋三の父。

岩國哲人（いわくにてつんど　一九三六〜二〇二三）

七歳の時、父が病死。翌年大阪を離れ、母方の祖父の許、出雲に移る。小学校五、六年からは、農作業の他に豆腐を売ったり新聞配達、牛乳配達をしたりする。出雲高校時代は往復三時間を汽車で通学。東大、日興証券、モルガン・スタンレー銀行を経て、五二歳の時メリル・リンチ社の副社長を辞任、出雲市長（二期）。衆議院議員（四期）。

橋本龍太郎（はしもとりゅうたろう　一九三八〜二〇〇六）

生後五カ月の時、母が亡くなる。七歳の時、父が再婚。大二郎（元高知県知事）とは異母兄弟。子どもの頃、母親がいないことでいじめられた思い出に触れ、育ての母、正さんを迎えた時は「一番つらい時で、ずいぶん長い間、馴染まなかった。しかし、たいていの母と息子より、わが家の方が仲がいいと胸を張って言える」と、自らの「二人の母」への思いを語った。慶応法卒。第八二、八三代内閣総理大臣（一九九六〜九八）。

桜庭康喜（さくらばやすき　一九四二〜）

一二歳の時、父が病死。祖母、母、高二の長女を頭に六人の子どもが路頭に迷ったが、母はキッパリ生活保護を拒否。市民党の立場で市民総行動の先頭に立って情熱を焼き尽くすまで頑張る覚悟で、市長に当選。元北海道名寄市長（三期）、北北海道地域活性化センター理事長。

福田昭夫（ふくだあきお　一九四八〜）

六歳の時、父死去。四人兄弟の末っ子。大学卒業の時、母が一人で暮らしていた故郷に帰り市役所勤務。市を変えたい、よくしたいの一念を持って四三歳で今市市長（三期）。「オアシス都市構想」実現化に努力。栃木県知事。衆議院議員栃木二区(六期)。

安部晋三（あべしんぞう　一九五四〜二〇二二）

二〇〇六年、戦後生まれで初の内閣総理大臣。第九〇、九六〜九九代の五期就任。二〇二二年七月八日午前一一時三一分頃、奈良市で選挙のための街頭演説中、手製銃で背後から撃たれ、二発目が命中、一七時三分、失血のため死亡が確認された。四一歳の男の犯行動機は、世界平和統一家庭連合(旧・統一協会)で母親が強いられた献金被害への恨みからであった。大きな社会問題となり、日本中がこれを悼(いた)み、問題点が浮き彫りにされた。

神谷宗幣（かみやそうへい　一九七七〜）

結婚しようと思っていた彼女にも振られた。父親の経営するカミヤストアーが倒産、財産を失くしただけでなく借金の取り立てにあって、その対応にとてもしんどい思いをする。「参政党」代表兼事務局長。参政党所属の参議院議員。これまで、イシキカイカク株式会社代表取締役。吹田市議六年、龍馬プロジェクト会長、陸上自衛隊・予備自衛官三陸曹（参議院議員就任により退職）。「教育を変えて、若者の意識を変えたい。日本の未来を政治家だけでなく、国民みんなで考えないといけない」と訴える。

3 〈実業家〉

森永太一郎（もりながたいちろう　一八六五〜一九三七）

佐賀県伊万里市に生まれる。生家の森永商店は伊万里で一番の陶器問屋で、網元でもあったが、父の代には家勢も衰え、六歳の時に父が病死。財産は人手に渡り、母は再婚。親類の家を転々とする不遇な少年時代を過ごした。やがて伯父の山崎文左衛門に引き取られて山崎太一郎となり、商人の心構えを教え込まれる。一二歳まで自分の名さえ正確に書けず、奉公の余暇に手習いをさせてもらう約束で本屋の住み込み店員となり、一三歳で野菜の行商人に。一五歳から伊万里焼の問屋に奉公し、一九歳で上京して、伯父も出資していた横浜の合資会社有田屋(伊万里焼の営業所)で働く。二〇歳で結婚、翌年から数年働いた九谷焼販売問屋が倒産。債権者への返済のために店の商品を海外で販売することを目論み、二四歳の時に妻と長女を日本に残して渡米する。「森永製菓」創業者。

早矢仕有的（はやしゆうてき　一八三七〜一九〇一）

誕生の二カ月前に、父病死。一七歳の時、母死去。岐阜で漢字、医学、蘭学を学び、江戸に出て町医者となる。二九歳の時、福沢塾に入門、英学を学び、福沢諭吉に指導を受ける。三一歳で書店を開き、後に、日本最初の株式会社「丸善」を創業。ハヤシライスの生みの親と言われている。

川崎正蔵（かわさきしょうぞう　一八三七〜一九一七）
六歳の時、母死去。幼い頃から父を助けて行商に歩き回る。一五歳の時、祖父死去。翌年、自宅全焼。一六歳の時、薩摩の「山木屋」の長崎支店に奉公に上がる。川崎造船所、後の「川崎重工」を創業。

浜田彦蔵（はまだひこぞう　一八三七〜一八九七）
幼時に、父死去。一三歳の時、再婚した母が死去。嵐で漂流、アメリカ船に救助され渡米。帰化してジョセフ・ヒコと称し、日系アメリカ人第一号としてリンカーン大統領に会う。横浜で英字新聞を抄訳した『海外新聞』を発行。

浅野総一郎（あさのそういちろう　一八四八〜一九三〇）
六歳の時、父死去。養家から離縁され実家に戻り、借金を踏み倒し故郷を出奔。東京で醤油屋の小僧。仕入値タダの竹の皮屋を皮切りに、廃棄物のコークスを利用するなどして、「アサノセメント」、浅野財閥を築く。

郷誠之助（ごうせいのすけ　一八六五〜一九四二）

一二歳頃から遊郭通いのやりたい放題、若い時は札つきの放蕩息子であったが、近所に住む少女のぶに恋をし、一〇年後には夫婦になることを固く約束する。三年間、文通による二人の熱い恋が続き、女遊びもきっぱりやめ、のぶ一筋であった。ところがのぶ一八歳の時、のぶに縁談が起こり、二人は引き裂かれる。のぶは遺書を残して服毒自殺。二〇歳でドイツのハイデルベルグ大学に入学、二七歳で帰国後、「日本運輸」の社長などを歴任、顔の広さと手腕によって、大企業の合併、整理、陸上運送業の合同、鉄工業の国策化を進めるなど、戦前日本の財界のリーダー的存在として活躍した。ただ、生涯妻をもらわなかった。心に本当に愛する人を秘めての一生であったかもしれない。

鈴木三郎助（すずきさぶろうすけ　一八六七〜一九三一）

八歳の時、父病死。三人の子を残された母ナカは「今日からは母を父と思って…」と涙ながらに言い渡す。一四歳の時、食料品問屋の住み込み小僧。苦心筆紙に尽くし得ず。後に、「味の素」を世に出す。

豊田佐吉（とよださきち　一八六七〜一九三〇）

小学校を終えると父の大工仕事を手伝う。一八歳の時、特許条例を知り、発明を志す。手織機の改良を企て日夜努力を重ねたが、借金はたまる一方で、親戚や近所の人たちから精神障害者扱いされ、最初の妻が生まれたばかりの赤子を残して逃げだした。画期的な「豊田式自動織機」を完成、生涯に一〇〇にのぼる特許を取得した。

小林一三（こばやしいちぞう　一八七三〜一九五七）

誕生直後に、母死去。婿養子の父が離縁され、二歳で家督を継ぐ。慶大卒業後、三井銀行に入社。退社後、阪鶴鉄道監査役、箕面有馬電気軌道会社専務に。沿線を住宅地として開発、箕面動物園、宝塚新温泉、豊中運動場を作り、宝塚少女歌劇養成会を結成。客寄せするアイデアあふれる独創的な経営で事業を伸ばし、その後、宝塚歌劇、東宝映画を創設、東京電灯（後に東京電力）、目蒲電鉄、東横電鉄、日本軽金属の役員を歴任。近衛内閣の商工相、戦後は東宝社長に就任する。「今太閤」。

松田重次郎（まつだじゅうじろう　一八七五〜一九五二）

三歳の時、父急逝。小学校にもほとんど通わず漁に出る毎日。一三歳で、鍛冶屋に奉公に出る。一七歳で、呉海軍工廠で職工見習い。一〇代の終わりに工場を持つが、すぐに廃業。「マツダ」の創業者。

伊藤次郎佐衛門祐民（いとうじろうざえもんすけたみ　一八七八〜一九四〇）

六歳の頃、父戦場に向い帰らぬ人となる。商人となっていた父の跡を継ぎ、次第に呉服商伊藤屋を大きくする。名古屋から江戸に出て財をなし、江戸上野の松坂屋を買収する。「松坂屋百貨店」の始祖。

岩波茂雄（いわなみしげお　一八八一〜一九四六）

一四歳の時、父死去。人生問題に悩み、高校を卒業せず、東京大学は選科で哲学を学ぶ。神田中学校に奉職するも、三年にして「人の子を賊う不安と苦痛より免れんため」教師をやめ、古本屋を開業。翌年出版を始める。古今東西の名著を安価に普及するための「岩波文庫」、「岩波全書」、「岩波新書」、「哲学叢書」などを企画、文庫本、新書本、の先駆をなし、学術普及に大きく貢献する。「文化勲章」受章。

原　安三郎（はらやすさぶろう　一八八四〜一九八二）

三歳の時に流行性リューマチにかかり、右の手と左の足が不自由な身体となる。徳島中学の二年の時、これを理由に校長から退学を命じられ、これを時の文部大臣に直訴。これより六カ月後、体操のできない者でも中学入学を許可するの指令が文部省より全国の中学に出される。一橋入学、三井物産入社も身体のことで辞退。「日本火薬」の創業者。会社再建の名手として知られる。

石橋正二郎（いしばししょうじろう　一八八九〜一九七六）

小学校卒、進学を断念、家業の仕立屋を継ぐ。地下タビを発明、ヒットさせる。石橋を逆にした名の「ブリヂストンタイヤ」を創設しタイヤ作りを始める。ブリヂストン美術館を開設。日経連・経団連常任理事等。

早川徳次（はやかわとくじ　一八九三〜一九八〇）

母が病弱で、二歳の時、養子に出され、貧困のため、九歳の時から学校を離れ丁稚奉公。一九歳で独立。技術を生かし、独創的な繰り出し鉛筆（シャープ・ペンシル）を発明。アメリカでの特許も取る。それを元に事業を行うが、関東大震災で妻と子どもを失い、工場が壊滅。大阪で早川金属工業所（後に「シャープ」）を設立、再起を図る。国産初の小型鉱石ラジオの組み立てに成功、テレビ受像機の試作品を完成。放送開始と共に量産、世界初の電子式卓上計算機を製作、事業を拡大する。身体障害者による工場を設立するなど、福祉事業にも尽力した。

松下幸之助（まつしたこうのすけ　一八九四〜一九八九）

貧農の子。八人兄弟の末っ子。四歳の時、父が米相場で失敗、先祖伝来の土地や家をほとんど失ってしまう。小学校を四年で中退、九歳で大阪に奉公に出て苦労を重ねる。父が病死。母が再婚、他家へ移り母とは二度と会えなくなる。親兄弟を亡くし、一人で病気がちであった。いくつかの職業を経たのち、改良ソケットを考案、二二歳の時、独立。大量生産、大量販売で大松下グループを作り上げ、日本における家電製品の普及に貢献した。昭和二一年、ＰＨＰ研究所を設立、ビジネス活動によって社会の平和と幸福を実現するという運動を展開。「幸いなことに、天は自分に貧乏、無学歴、病弱な体を与えてくれた」。「経営の神様」。

土光敏夫（どこうとしお　一八九六〜一九八八）

母は、その父親が法華経の信仰の厚い人で、幼い時から経を読み出し、一六歳の時に川に入って水行をしている。正しいと信じたことに執念を燃やす土光を育てたのは、この母である。県立中学入学を三度失敗。蔵前高にまたしても失敗、次の年二二歳で合格。彼の読書は有名で、暇さえあれば読みふけった。毎朝、起床は四時、その後二〇分前後法華経の読経。読経は死ぬまで続けた。石川島播磨重工業、東芝を再建、経団連会長、臨時行政調査会会長を務めた。「ミスター合理化」。

嶋田卓彌（しまだたかや　一九〇一～一九八三）

小学校六年の夏に、父病死。口減らしのために大阪船場の呉服問屋へ丁稚奉公に出される。角帯をしめた丁稚姿を同級生に冷やかされ、唇をかみしめたこともある。越前永平寺の雲水の修行に似たことも経験、一日一七時間ほどの重労働であったともいう。長年「ジャノメミシン」社長として活躍。

本田宗一郎（ほんだそういちろう　一九〇六～一九九一）

祖母は「女左甚五郎」と呼ばれるほどの手先の器用な女性で農機具まで作っていたが、その父親、曾祖父も「製材の名人」と言われるほどの技術の人。宗一郎の「技術者魂」は「遺伝」ではなく、むしろ代々の技術の「伝授」からきている。貧しい農家の長男であった父は「創意工夫の人」、腕の立つ父親の姿を見て宗一郎は育った。旧制工業学校中退。「丁稚奉公時代に、何度、家に帰ろうと荷物をまとめたことか。そんな私を思い止まらせたものは、両親への誓いであった」と記す。「本田技研」創業者。「オートバイ王」。

井深　大（いぶかまさる　一九〇八～一九九七）

二歳の時、父死去。日光、東京、北海道、愛知、神戸と住まいを変え、学校を転々。その寂しさを紛らわしたものは、複雑な歯車で作られたさまざまなおもちゃであった。戦時に出会った盛田昭夫元海軍中尉と共に東京通信工業を興し、テープレコーダー、トランジスターラジオなど、数多くの独創的な日本初、世界初の商品を世に送り出す。「世界のソニー」生みの親。教育問題にも高い関心を寄せ、小中学校の理科教育、幼児教育に多方面で力を注いでいる。『幼稚園では遅すぎる』、『井深大の心の教育』、『子供は育て方しだい』、『〇歳からの母親作戦』などの著書を残し、幼児期からの教育の大切さを訴えた。

鈴木清一（すずきせいいち　一九一一～一九八〇）

父が病気で治療費など借金がかさみ、五歳の時、口減らしのため養子に出される。医者も見放す大病を経験、頭を丸め、金も地位も名誉も捨てて『一灯園』に飛び込んだ。「ダスキン」創業者。

高久泰憲（たかくやすのり　一九一一～一九九五）

小五の時、突然、父死去。一家は貧乏のどん底に陥る。お寺の小僧に預けられ、冬でも素足で朝早くから起き、凍るような水で雑巾を絞って長い廊下を拭くこと七年間。東大印度哲学科を卒業。日本有数のファッションチェーンを率いる、「タカキュー」会長。「メンズファッション王」。

矢満田富勝（やまんたとみかつ　一九二〇〜二〇一五）

貧農の子として生まれ、田舎の小学校を卒業してすぐ一家の柱として働きだした。「俺は八人姉弟の二番目に生まれ、父は酒と俳句で若死にした。だからうちの大黒柱は若い時からこの吾輩であった。貧乏の経験なら誰にも負けはしない。お米のご飯を食べて、冬になったら足袋をはき、雪が降ったら長靴をはいて学校へ通った子とちがう。まさに赤貧洗うが如しであった。しかし、これこそ天の恵みであって、そのおかげで土性ッ骨が鋼鉄の強さに育っていった。どんなことがあったって苦しいの悲しいのなんて感じたことはない。俺はあの頃の貧乏神に感謝している…」。「養老乃滝」の創立者。

吉本晴彦（よしもとはるひこ　一九二三〜二〇一七）

三歳で父を、一一歳で母を亡くす。親代わりになった祖父も一三歳の時亡くなり、独りぼっちで十代を生き抜いて成人、陸軍主計少尉として敗戦の日本に帰還。「大阪丸ビル」、「大阪第一ホテル」などの社長。「大日本どケチ教」教祖。

神近義邦（かみちかよしくに　一九四二〜二〇二〇）

貧乏で小学校の頃から働き、家計を助ける。定時制高校二年の時、神近家に養子に行く。卒業後、役場に就職、かたわら土地を借り、父親に習って花の栽培を本格的に開始。朝晩、日曜祭日、一日も休まず働いた。旱魃の時は、毎晩懐中電灯を口にくわえ、池から水を運び菊に与えた。この頃、一四万本の菊を栽培。「長崎オランダ村」、そして発展した「長崎ハウステンボス」プロジェクトは、そうしたやる気と人間的魅力を持った一人の男に協力する者が集まって実現した一大ロマンである。

林　武志（はやしたけし　一九五〇〜）

一歳の時、石炭を馬車で運ぶ人夫の頭で盲目であった父が死去。七人兄弟の末っ子。日雇いで日銭を稼ぐ母の許、工業高校時代、ケンカばかりして、福岡県下に勇名鳴り響く総番長となった。ラーメン屋の出前、トラックの運転手を経て、東京に着いて駅でうどんを食べた時には三〇円しか残っていなかった。新聞を拾って、化粧品のセールスの仕事を見つけ、給料日まで新宿駅構内でダンボールや新聞にくるまり、飲まず食わずで働く。昭和五八年、「朝日ソーラー」設立。太陽熱温水器の販売で、八年にして業界日本一になる。

4〈人文・社会科学系〉

熊沢蕃山（くまざわばんざん　一六一九～一六九一）

八歳の時、父が浪人し、母弟妹と共に母方の祖父、熊沢家に身を寄せる。一六歳で岡山藩主の児小姓（こごしょう、元服前の小姓）。中江藤樹に師事。江戸前期の儒学者。

山鹿素行（やまがそこう　一六二二～一六八五）

幼時、江戸榎木町の済松寺において祖心尼に養われ、九歳で林羅山に入門、一五歳で兵法家の小幡景憲、北条氏長に入門、二一歳で印可状を与えられる。江戸前期の儒学者、兵学者。

山本常朝（やまもとつねとも　一六五九～一七一九）

一一歳の時、父死去。『葉隠聞書（ききがき）』一一巻は、常朝の口述を筆録したもの。藩内外の武士の言行の批評を通じて、武士の道徳を説いた。「武士道といふは、即ち死ぬことと見付けたり」。

荻生徂徠（おぎゅうそらい　一六六六〜一七二八）

一四歳の時、父が流罪となる。これが英資錬磨の機会となり、一三年間猛勉強。二七歳で開塾。江戸中期の儒学者。

本居宣長（もとおりのりなが　一七三〇〜一八〇一）

一一歳の時、父死去。幼時を、母の手一つで育てられる。三四歳の時、『古事記』研究の志を六七歳の賀茂真淵に打ち明けて、その教示を得、入門、上代古典の研究に傾倒。三〇余年を費やして、『古事記伝』を完成。医業は生活の資をかせぐ手段、宣長の目的は和歌、文学の研究から進んで古道を研究するにあった。江戸中期の国学者。

林　子平（はやししへい　一七三八〜一七九三）

三歳の時、父が人を斬り、妻子を父の弟に預けて出奔。一五歳の時、その叔父が死去。四〇歳の時、『海国兵談』を起稿、世人を覚醒しようとしたが、禁固の生活に入る。江戸中期の経世家。

伊能忠敬（いのうただたか　一七四五～一八一八）

七歳の時、母死去。継母が家に来るが、その継母とうまくゆかず親戚を転々とする。一八歳で伊能家の養子となり、伊能家再興を果たし、飢饉に見舞われた村の再興も果たし、名字帯刀を許される。江戸の天文方に学び始めたのが五一歳。地球図を見て、「日本地図」を作ろうと思い立つ。実際に測量を始めたのは五六歳。北海道から始め、東北、北陸、中部、関東、近畿、九州と回り、歩いた距離は、地球一周分。約一七年間、努力を続け、『大日本沿海輿地全図』を完成する。

塙保己一（はなわほきいち　一七四六～一八二一）

五歳の時、肝の病で失明。一二歳の時、母死去。鉄眼大和尚一八年の血の結晶、版木六万余枚の一切経を手に触れ、口もきけない興奮を覚える。版木一万七二四四枚の『群書類従』作成の動機となる。北野天満宮に詣でた二一歳の時、天満宮こそ一生涯の守護神と定め、早起きの決意と誓いを立てる。三四歳で『群書類従』の豪所を編集して、開板成就できるように天満宮に祈願。毎朝三時に起床して午前四時までに『般若心経』を一〇〇巻ずつ読み、一〇〇万巻完遂の誓願を立てた。居宅中にも天満宮を祀り、心経一〇〇巻ずつを三四歳から読み続け、七四歳で他界する日の二〇日前まで続けた。計二〇一万八六九〇巻の般若心経を読誦し続け、六七〇巻を仕上げる。異常な記憶力により和漢の学に通暁。幕府保護の下に和学講談所を建て、門下に碩学を輩出した。江戸中期の「盲目の国学者」。

平田篤胤（ひらたあつたね　一七七六～一八四三）

一九歳の時、継母の虐待が原因で出奔。以後転々流浪の生活が続いたが、二五歳の時、読書する声を聞かれ、平田篤穂の養子に迎えられる。復古神道を体系化。尊王運動に大きく影響を与える。江戸後期の国学者。

頼　山陽（らいさんよう　一七八〇～一八三二）

父が江戸住みで、一四歳までは実質上、母の手一つで育てられた。この田舎者の秀才は大江戸で遊びの味を覚え、遊蕩児に変身。妻をあてがわれたが放蕩はやまなかった。脱藩して連れ戻され、座敷牢に幽閉され、この間、史書執筆を志し、『日本外史』を起稿。江戸後期の儒学者、漢詩、書、画でも知られる文人。

渡辺崋山（わたなべかざん　一七九三～一八四一）

一二歳の時、同年の幼い殿様の行列にぶつかり、顔から火の出るほどに殴られ、怒声と共にぬかる道にはね飛ばされるという、生涯に一度の屈辱を受ける。この無念の思いが学問に向く。父が病み、貧乏の内に弟妹六人が次々と死去。独自の画法を完成。幕末の文人画家、洋学者。「蛮社の獄」に連座し、自刃。

大塩平八郎（おおしおへいはちろう　一七九三〜一八三七）

七歳の時、父を、翌年母を失い、以来もっぱら祖父母に養育される。一四歳で与力見習い。学者としても世評があり、家塾「洗心洞」を開き、幕吏や近郊の地主富農、その子弟など多数の門弟を集めた。天保飢饉で市中困窮に当たり、自らの全蔵書を売却、六五〇両を三三ヵ村の窮民に分け与え、窮民救済、幕府批判のために立ち上がった。一揆は敗れて潜伏し、最後は放火、自殺。江戸後期の陽明学者。

高野長英（たかのちょうえい　一八〇四〜一八五〇）

八歳頃、父が死去。母と共に実家に戻り、伯父高野玄斉の養嗣子となる。祖父から漢学の手ほどきを受け、杉田玄白に学んだ養父から蘭学の初歩を学びながら育つ。江戸で、蘭方医学を学ぶ。長崎に赴き、シーボルトの鳴滝塾で近代科学の偉大さを学び、西洋事情の研究等により、政治的見識を広める。シーボルト事件では難を免れ、江戸で塾を開き、著述、翻訳、講義、診療に精力的に活動。「蛮社の獄」の大弾圧で、『夢物語』を書いて幕府を批判したことから終身刑となる。江戸伝馬町獄舎の火事を機に逃走。数多くの門人や学者等に守られながら、薬で額を焼き面相を変え、いくども名を変えて、潜行活動を続けながら『三兵タクチーキ』などの訳業を成し遂げる。密告により、幕府の捕方におそわれ、所持していた脇差で喉をついて自刃。その生涯は、日本の夜明けのために捧げられた。

中江兆民（なかえちょうみん　一八四七〜一九〇一）

父は落度の多い人物でまた江戸詰めであったので、弟と共に母一人に育てられる。一四歳で父を失う。自由民権運動の理論的指導者。「東洋のルソー」と呼ばれる。料亭で酔っぱらって火鉢の中に放尿するなど奇人としても知られた。

田口卯吉（たぐちうきち　一八五五〜一九〇五）

五歳で父を失い、江戸、横浜、沼津、静岡などに移り住む。自由主義経済の唱道、民権の鼓吹に努め、実業界でも活躍。衆議院議員。『群書類従』編集刊行。『日本開化小史』他。

牧野富太郎（まきのとみたろう　一八六二～一九五七）

三歳で父を、五歳で母を亡くし、祖母の手で育てられる。幼い頃は病気ばかりの虚弱児であった。小学校中退、独力で植物学を学び、東京帝大植物学教室に出入りし、東京帝大講師となる。一三人の子宝に恵まれたが、家賃が払えず追い出され、結婚以来一八回も引越しを繰り返す。名は富太郎であったが一生金に苦しめられた研究一筋の植物学者。一〇〇〇種を越える植物を発見し、『植物図鑑』を著す。「文化勲章」受章。

西田幾多郎（にしだきたろう　一八七〇～一九四五）

強度の近眼で、机に顔をつけるようにして文字を書いた。西洋と東洋の哲学を取り混ぜた『善の研究』を基礎として形成した独自の「西田哲学」は、当時の思想界に大きな影響を与え、門下生の育成にも努めた。「文化勲章」受章。

鈴木大拙（すずきだいせつ　一八七〇～一九六六）

五歳の時、父死去。第一高等中学予科を生活のため中退。二〇歳の時、母死去。学生時代禅僧今北洪川に師事。二七歳から一三年間アメリカで生活。五〇歳を過ぎて著作活動に入る。仏教哲学者。一九三六年に世界宗教会議に日本代表で出席。日本文化と禅思想を世界に広めることに努力。

長谷川如是閑（はせがわにょぜかん　一八七五〜一九六五）

八歳の時、坪内逍遥の私塾に預けられる。一〇歳で曾祖母の家を継ぐ。満州事変の翌年『日本ファシズム批判』を出版するも発売禁止となる。全国中等学校野球大会を発案。明治、大正、昭和期のジャーナリスト。「文化勲章」受章。生涯独身。

管野スガ（かんのすが　一八八一〜一九一一）

一九歳の時、父が事業に失敗して、その埋め合わせに結婚するが、二二歳で離婚。大阪新聞の女性記者になり、木下尚江の演説に感動して、社会主義運動に進む。平民社の堺利彦を訪ね、荒畑寒村と知り合い、結婚。翌年、別居。同年、赤旗事件に巻き込まれ入獄。出獄後、幸徳秋水の経済援助を受けるうちに同棲、幸徳と『自由思想』を創刊。大逆罪で死刑判決を受け、幸徳処刑の翌日処刑された。日本の社会運動はこの事件によって、冬の時代を迎えた。社会主義者。

谷川徹三（たにかわてつぞう　一八九五〜一九八九）

一高入学の頃から「青春の醜さ」に悩み、人生を否定的に考え、近水常観の求道学舎に入る。『歎異抄』に親しみ、人生の肯定に転じ、ホイットマンやゲーテからも感化を受けた。「人間とは常に人間になりつつある存在だ」と考え、「人類が未来に生きるためには平和的共存が唯一の道である」とし、世界連邦運動にも加わり、独断と狂信を嫌った。広大な「教養体験」と、あらゆる体験に深い影を落とす「原体験」から生まれる繊細な把握は、独特な知的世界を作った。哲学者。

三木　清（みききよし　一八九七〜一九四五）

高三の時、西田幾多郎の『善の研究』を読んで、哲学専攻を決心。ヨーロッパに留学、ハイデッガーに師事、パリではパスカルの研究に専念。民族主義、全体主義に抵抗し、思想統制にあい、治安維持法違反で投獄される。栄養失調とかいせんに悩みながら獄中で病死。四八歳。『人生論ノート』など、その自由主義的な思想は、若者の間に多くの共感を呼ぶものがあった。「岩波文庫」を発案。戦前を代表する哲学者。

奈良本辰也（ならもとたつや　一九一三〜二〇〇一）

一二歳の時、母死去。病弱の少年で文学書に親しむ。旧制松山高校で、軍事教練に反発、退学一歩手前となる。京都帝大国史専攻卒業。執筆活動に加え、講演、テレビ出演などで超多忙。病弱な体質をはねのけ、色々な要職もこなし、精力的に活動を続けた。著書多数。歴史学者。

本間一夫（ほんまかずお　一九一五〜二〇〇三）

五歳の時、失明。本が好きで、点字を覚えてからは自分で読むようになったが、点字図書は少なかった。イギリスの点字図書館の蔵書は積み上げると三・五マイルになると聞き、日本にも本格的な図書館を造ろうと決意。一九四〇年、借家に「日本盲人図書館」を創立。高田馬場に住宅再建、「日本点字図書館」と改名。蔵書の点字図書七〇〇冊のほとんどは、私財を投じて買い集めた。没後、日本点字図書館により、「本間一夫文化賞」が設けられた。音声図書や点字図書のデジタル化も進み、利用者はホームページからすべて無料でダウンロードできる。

本明　寛（もとあきひろし　一九一八〜二〇一二）

母子家庭に育つ。早稲田大学名誉教授。日本心理学会理事長、他。文学博士。著書『人間の能力』他、多数。

長崎玄弥（ながさきげんや　一九二七〜没年不詳、故人）

小学校三年の時、一〇年間闘病生活を送っていた父が死去。父は厳しい人で、門限を設定、少しでも遅れると、食事抜きで机に向えと怒鳴る。それで、遊んでいても「今何時ですか」と大人に訊いてばかりであった。毎日課せられていたのは、新聞記事からの切り抜きと、やたら早い暗算と日記で、間違えた数だけゲンコツで殴られ、死に際には、それが長い竹の棒に代わった。〝恐父病〟は六〇歳を越えてもまだ治らないと言う。英語教育家。ベストセラー『奇跡の英単語』他。

渡部昇一（わたなべしょういち　一九三〇〜二〇一七）

母親が幼くして両親を失っており、何軒もの家に奉公に出され、自分の女主人たちを見てきていた。そうした観察の結論は「わがままが嵩じると女は馬鹿になる。本物の馬鹿になる」というものであった。「父は書店の主人に『この子が欲しいという本があったら、どれでも帳面につけて、渡してやってほしい』と告げ、自分に本を自由に買うことを許してくれた。自分にも子どもが出来た。私は三人の子どもに近くにある本屋から、ツケで買ってもよいという特権を与えた」。専攻は英語文法史。上智大名誉教授。ミュンスター大学名誉哲学博士。著書に、歴史、文明評論等、『日本史から見た日本人』他。

5〈医学・自然科学系〉

貝原益軒（かいばらえきけん　一六三〇〜一七一四）
六歳で生母を、一三歳で継母を失う。江戸前期の儒者、教育家、本草学者。三九歳の時、一七歳の初と結婚。「接して漏らさず……」のセックス指南は有名。有名な著作のほとんどが七〇歳を越えてからのもの。『養生訓』は八四歳の時。生涯に、九八部、二四七巻を著す。

杉田玄白（すぎたげんぱく　一七三三〜一八一七）
難産のため分娩後に母親が死去し、その命と引きかえに生まれ出た。幼少時、父から相当厳しい訓育を受け、読書の記憶が悪いという理由で物で頭をたたかれ、その時の頭頂の傷痕は生涯にわたって残った。前野良沢等と『解体新書』を翻訳。『蘭学事始』他を著した蘭医。

楠本いね（くすもといね　一八二七〜一九〇三）
二歳八カ月の時、父シーボルトが国禁でオランダに帰る。母たきに育てられるが、髪や目の色の違いで嫌がらせや迫害に会う。シーボルトの弟子二宮敬作等に医学を学ぶ。宮内省御用係。日本最初の女医、産婦人科医。非嫡出子を生むが生涯独身。「オランダおいね」。

志賀　潔（しがきよし　一八七〇〜一九五七）

家が貧しく、七歳の時、母方の志賀家の養子となる。東京帝大医科卒業後、北里柴三郎の指導により「赤痢菌」を発見。「自分は天才でも秀才でもない。運がよかっただけだ」と語る。京城帝大総長なども務める。

野口英世（のぐちひでよ　一八七六〜一九二八）

一歳五カ月の時、囲炉裏に落ちて左手に大火傷を負う。母がこれを負目に感じ甘やかしたためか、抑制のきかない性格を後々まで残す。二回の手術の後、超人的な勤勉さと努力とで世の評価を得、実績も残すが、最後は黄熱病研究中のアフリカで命を失う。細菌、病理学者。

肥田春充（ひだはるみち　一八八三〜一九五六）

六歳の時に母が、前後して一年間に兄姉弟五人が亡くなる。累々と重なる血縁の墓前に立ち、恐ろしさ悲しさに震えた春充も、生来、虚弱の体質に生まれていたが、一八歳の時、憤然として体格改造に志す。「強健術中心道」創始者。

湯川秀樹（ゆかわひでき　一九〇七〜一九八一）

神経質で、机や椅子を畳の目に合わせて置かなければ気が済まないという几帳面さ。皆から「イワンちゃん」とあだ名されていたが、これは「何も言わん」というところからきていたという。読書を好む無口な少年で、学校でも、皆の視線を感じ、顔を赤くして声が出なくなってしまう状態であった。物理に興味を持ち始めたのは、中学の頃。京大に進み、原子核の研究を続け、「中間子」という新しい素粒子を発見、一九四九年「ノーベル物理学賞」受賞。

池見酉次郎（いけみゆうじろう　一九一五〜一九九九）

三歳の時、母が婚家から家出し、子ども三人をつれて実家へ帰る。祖父は、二号さん三号さんを家に置き、二号さんを「お母さん」、母を「お姉さん」と呼ばせた。高校一年時、神経症で一年休学。京都嵯峨の断食道場で一〇日間の断食、玄米食療法、温灸療法等、さまざまな療法を体験、さまざまな宗教を遍歴する。中学、高校、大学を通して、慢性の胃腸症状に悩まされた。「心療内科」を創始。

小柴昌俊（こしばまさとし　一九二六〜二〇二〇）

旧制横須賀中学時代にポリオにかかり、数カ月休学。旧制一高の受験に一度失敗。戦後、父親が公職を追放されたため、アルバイトで生計を支える。宇宙の成り立ちを解明する素粒子ニュートリノをカミオカンデ大実験装置（地下一〇〇〇メートルに三〇〇〇トンの水をたたえた素粒子実験装置）で捉えて一五年後、二〇〇二年、「ノーベル物理学賞」受賞。東大名誉教授。

岩村　昇（いわむらのぼる　一九二七〜二〇〇五）

学徒動員で鉄筋コンクリートの倉庫で作業中に、一・二キロの近距離で被爆。二日間意識なく、三日目の朝救出される。建物はなくただ一面の焼け野原を幽霊だけが歩いている感じであったという。医学部に進み、日本海外医療協力会に参加。悲惨な医療事情のネパール、アジア、アフリカ、中南米各国で活動。人材養成のための「国際人材開発機構」設立。理事長。「アジアのノーベル賞」と呼ばれるマグサイサイ賞を受賞。

養老孟司（ようろうたけし　一九三七〜）

四歳の時、父親が結核で死去。母親は開業医。遠慮がちな性格になり中学、高校と外で知り合いと会ってても挨拶ができなかった。精力的な執筆活動で人気を博す、解剖学者。解剖学の他に、脳科学や哲学、文学論など幅広く活躍。著書『唯脳論』は「脳」ブームを巻き起こし、『バカの壁』は、新書史上新記録のベストセラーとなる。

ナターシャ・スタルヒン（Natasha Starffin　一九五一～）

五歳の時、シーズン四二勝を上げジャイアンツで活躍した父スタルヒン投手が死去。少女時代からの悩みだった肥満をさまざまなダイエットの実践、研究の末に、独自の痩身法で克服。美容コンサルタント。講演、執筆に活躍。二〇一六年、日本ホリスティックニュートリション協会設立、理事長。

田中耕一（たなかこういち　一九五九～）

生後二六日で、母が産後の肥立ちが悪く死去。父の弟一家に預けられ、四人姉弟の末っ子として育てられる。そのことを知ったのは東北大学の入学手続きで戸籍を取り寄せた時。たんぱく質解析に新手法を開発したことで、二〇〇二年、四三歳の時、「ノーベル化学賞」受賞。「博士」の肩書きを持たない大学卒の一サラリーマンが、作業服で記者会見に臨んだ。

6〈作家〉

紫式部（むらさきしきぶ　九七三?～一〇三一?）

三歳で母を失う。早くから学者であり歌人であった父の影響を受ける。一〇歳からちょうど一〇年間、多感な少女時代に、父が官職に就けず、時を得ず淋しい思いをしていたが、このことで人間や人生について深く考えるようになる。二八歳で結婚、三年後に夫が病死、気をまぎらすために、『源氏物語』の執筆にとりかかる。最初の五帖は父為時がアドバイスしたとも。これが噂になり、道長の目にとまり、宮廷に入り、勧められるままに書き続け、一〇年ほどかけて、五四帖を完成する。

西　行（さいぎょう　一一一八～一一九〇）

二三歳で妻子、地位財産を捨て出家する。かなわぬ恋の相手は一六歳年上の美しい高貴な女性、鳥羽上皇の夫人待賢門院であったという。西行出家の二年後、彼女も仏門に入る。西行への思いを断ち切ることのできなかった妻と娘も仏門に身を投じ、女人禁制の高野山にいる西行を慕い、ふもとの村に庵をかまえてひそかに暮らした。

鴨　長明（かものちょうめい　一一五五〜一二一六）

父が早世し、母方の祖母の家を継ぐが、その縁も絶えて孤児として成長する。経済的には困窮することなく、若いうちは和歌や琵琶の道にいそしんでいた。四九歳で院の和歌所の寄人に任ぜられるが五二歳で出家遁世する。六〇歳で『方丈記』を書く。この手記によって、中世の「隠者文芸人の祖」ともいうべき史的地位を与えられている。「ゆく河のながれは絶えずして、しかも元の水にあらず。……」、「剃りたきは心の中の乱れ髪」。

藤原定家（ふじわらのさだいえ　一一六二〜一二四一）

一四歳で赤斑(せきはん)、一六歳で皰(もがさ)を病み、いずれも危篤に陥り、以後、呼吸器性疾患が持病となる。『新古今和歌集』、『新勅撰和歌集』を撰出、眼精が尽き眼が大いに腫れるまで撰歌に熱中した。歌風は絢爛、巧緻で、新古今調の代表。情熱的な天才歌人。

松尾芭蕉（まつおばしょう　一六四四〜一六九四）

一三歳の時、父死去。京で修学に努めながら、相当放蕩の経験も持ったらしい。各地を旅して多くの名句と紀行文を残す。俳諧に文芸性を付与し、蕉風を開始。「旅に病んで夢は枯野をかけめぐる」を辞世の句とし、難波の旅舎に没す。江戸前期の俳人。『奥の細道』他。

上田秋成（うえだあきなり　一七三四〜一八〇九）

四歳で実母に捨てられ、紙油商上田家の養子となる。五歳で重い疱瘡にかかり、九死に一生を得るが、病毒のために右の中指と左の人差し指が屈して伸びなくなる。出生と指の不具から来る屈辱感は、生涯を通して彼の心を苦しめたという。三〇歳で浮世草子を書き出すようになる。六四歳で妻を失い、眼疾は左眼から右眼にまで及んだが、起臥も思うに任せぬ不自由な境遇にありながら、歌文集を上梓、読本随筆を書きつづり、七六年の生涯を終えた。『雨月物語』他。

小林一茶（こばやしいっさ　一七六三〜一八二七）

三歳の時、母死去。八歳の時継母が来て異腹の弟が生まれ継子いじめに会う。祖母のカガが一茶をかばったので家庭内はいがみ合いが絶えなかった。一四歳の時祖母が死んで一茶と継母の対立がいっそうひどくなり、父は一五歳の一茶を江戸に奉公に出す。五二歳で初めて二八歳の菊と結婚。次々と生まれた子どもはすべて死んでしまう。毎夜五交とか三交、一交の記述が残っている。郷里で三度目の妻に看取られて六一歳の時没す。不幸な境遇からにじみ出た主観的、個性的な句で著名な、江戸後期の俳人。

滝沢馬琴（たきざわばきん　一八四八〜一七六七）

九歳で父を失い、一家離散。一人になり放浪、連れ戻されてまた家出。一四年の放浪の後、山東京伝（さんとうきょうでん）の門を叩く。一九歳の時、母死去。四一歳の時、勧善懲悪を書くと宣言、四四歳の時、筆塚にそれを刻む。四七歳より二八年の歳月をかけて『南総里見八犬伝』九八巻、一〇六冊を書く。六五歳から、視力が衰えたため、三八歳で亡くなった息子の嫁おみちに代筆をさせる。七五歳で完成した時には、完全な失明状態であった。八犬伝の三分の二は六〇歳以降のもので、晩年の作品と言える。日記を四四歳から死ぬまでつけている。他に『椿説弓張月』等、一〇〇〇冊を越える著作を残す。

小泉八雲（ラフカディオ・ハーン）（こいずみやくも　Lafcadio Hearn　一八五〇〜一九〇四）

父が軍医でギリシャ駐屯中、土地の女性との間に生まれる。生後まもなく、父と別れ、母とダブリンに住むことになったが、母が健康を害し、やがて帰国した父とも不和となり離婚。不幸な運命のうちに死去した母を、後年まで思慕する。少年ハーンは父方の大叔母に養育される。強度の近視であったが、遊びの途中、過失が元で左目を失明。この肉体的な負い目は後年まで彼の心に暗いかげを残す。経済的な理由と父の死により学校を中退。放浪しアメリカで種々な職業に従事、新聞記者となり、旅行記を書く目的で四〇歳の時日本を訪れた。小泉節子と結婚、帰化する。元イギリス人で、ギリシャ生まれ。『怪談』他。

尾崎紅葉（おざきこうよう　一八六七～一九〇三）
四歳の時、母死去。以後母方の祖父母に養育される。東大中退。文学上の結社、「硯（けん）友社」の代表作家。明治文壇の雄として偉業を遺（のこ）し、泉鏡花、徳田秋声らの逸材を出した。『金色夜叉』執筆中に、胃癌で夭逝。

幸田露伴（こうだろはん　一八六七～一九四七）
一歳の頃、病気で死にそうになり、八歳の頃、眼病を患い、盲目になることを覚悟したこともある。二一歳の時、役人をやめて文学に志した。「身には疾（やまい）あり、胸には愁（うれい）あり、悪因縁逐（お）えども去らず、……欲あれども銭なく、望みあれども縁遠し、よし突貫して此逆境を出でんと決したり」、『突貫紀行』。小説家、戯曲家、評論家、注釈学者。『五重塔』他。幸田文の父。

夏目漱石（なつめそうせき　一八六七～一九一六）

一歳の頃、里子に出され、三、四歳の頃天然痘にかかり薄あばたが顔に残る。五男三女の末っ子。小学校入学の頃、養父母が離婚。養父の親と生活、その後養父の新しい妻の連れ子と一緒に小学校に通う。夏目家に復籍したのは第一高等中学校卒業の頃であったが、実父を祖父、実母を祖母と思っていたと言う。『こころ』、『吾輩は猫である』他。

正岡子規（まさおかしき　一八六七～一九〇二）

四歳の時、父死去。母の実家で、母が裁縫の内職等で生活を支える。一一歳の時、毎日一首ずつ五言絶句の漢詩を作り、漢学者土屋文明に添削を受け始める。雑誌『ホトトギス』を機関として、日本派俳句、写生文を首唱。また『歌よみにあたふる書』を発表して、和歌の革新を述べ、新体詩、小説にも筆を染める。「柿くへば・・」の名句は、療養生活の世話や奈良遊行を工面してくれた漱石作「鐘つけば銀杏ちるなり建長寺」の句への返礼であった。

巖谷小波（いわやさざなみ　一八七〇～一九三三）

生後間もなく母を失い、里子に出される。五歳で実家に戻るが、一五、六歳まで、継母を実母と信じていたという。一一歳の時、ドイツ留学中の長兄からオットーのメルヘン集を送られ、これがのちに童話で身を立てることに影響する。杉浦重剛の娘に失恋し、料亭の女中に失恋する。児童文学作家、小説家。『日本昔噺』、『日本お伽噺』他。

高山樗牛（たかやまちょぎゅう　一八七一～一九〇二）

一歳の時、実父の兄の養子となり、その転勤により山形、酒田、福島と移り住み上京。数学が不得手で、仙台二高に仮入学、東大哲学科へ進む。読売の懸賞小説に、『滝口入道』が入賞。明治後期の青年らに人気を博す。

島村抱月（しまむらほうげつ　一八七一～一九一八）

父が破産、火災を起こして焼死。母は病弱で父に先んじて死去。貧窮のあまり一五、六歳で裁判所の給仕などをしながら私塾へ通う。検事島村に才を認められて学資を受け、東京専門学校（早大）の文学科へ進む。風采すこぶるあがらなかったが、学力は群を抜き常にトップを占めた。雑誌「早稲田文学」を主宰、自然主義文学運動に尽力、文芸協会のために貢献。松井須磨子と芸術座を起こして、西洋近代劇を紹介。

田山花袋（たやまかたい　一八七一〜一九三〇）

五歳の時、父が西南の役で戦死。自然主義文学に一時期を画し、赤裸々な現実描写を主張した。語彙が貧しく、機知や趣向に欠けていたが、素朴と自然を求める志向は、有限な世相や社会をこえて、永遠なもの、無限なものに憧れていった。『蒲団』、『田舎教師』他。

国木田独歩（くにきだどっぽ　一八七一〜一九〇八）

父が静養中、手伝いの土地の女との間に生まれる。矢野龍渓の世話で、佐伯の鶴谷学館教頭として赴（おもむ）き、付近の山野を逍遥。鶴谷学館の生徒四名と共に上京、国民新聞社に入社。キリスト教を通じて、佐々城信子という女性と知り合い、周囲の反対を押し切って結婚。しかし、信子は窮乏する生活に疲れ失踪、二人の愛は半年余で破局を迎える。愛する者を失った傷心の日々の中で、彼は作家として一人で歩むべく決心。それ以後、「独歩」と名乗ることになった。自然主義文学の先駆者。『武蔵野』他。

樋口一葉（ひぐちいちよう　一八七二〜一八九六）

一六歳で長兄、一八歳で父が死去。母と妹との生活を支えるため、小説を書こうと決意。愛人のいた半井（なからい）

桃水への恋は実らぬまま、荒物、駄菓子屋を開いたが、商売は失敗に終わる。『たけくらべ』等を発表。評論家の激賞を受けて、今紫式部、今清少納言の名をほしいままにする。かつての師桃水に対する愛情は終生変わることなく心の支えとなった。結核におかされ、貧困の内に二四歳で早世。

島崎藤村（しまざきとうそん　一八七二〜一九四三）

教え子との恋に破れ各地を放浪。右頬に小さな丸いあざ。『新生』では、姪との肉体関係を題材とした。『夜明け前』は、父をモデルにした大歴史小説。自然主義文学の開幕を告げた詩人、作家。『破戒』他。

岡本綺堂（おかもときどう　一八七二〜一九三九）

五歳の時、ハシカで危篤になって以来、貧血、リウマチ、胃腸病、神経性胃けいれん、心臓病、気管支炎、肺結核他の病魔と格闘。延べ一九五五日間の病床。『修禅寺物語』等、戯曲一九六篇他、数多くの作品を残す。

泉　鏡花（いずみきょうか　一八七三〜一九三九）

九歳の時、母死去。まだ若く美しかった母への思慕は、摩耶夫人（まやぶにん）信仰などの形をとって、一生彼の心を支配する。尾崎紅葉の作品に感激、その玄関番となり、師事する。『婦系図』他。

河井酔茗（かわいすいめい　一八七四～一九六五）
九歳で父を、一七歳で母を失う。「文庫」派の中心として多くの詩人を育て、また、明治末期に、口語自由詩を提唱。穏和で平明な詩風。詩集『無弦弓』他。

久留島武彦（くるしまたけひこ　一八七四～一九六〇）
一六歳の時、父死去。英語教師M・ウェインラントに誘われて、一七歳で洗礼を受ける。二三歳で巖谷小波の木曜会に参加。二五歳で結婚。童話の先覚者。「日本のアンデルセン」。

与謝野晶子（よさのあきこ　一八七八～一九四二）
「菓子屋の店で竹の皮で羊羹を包みながら育ち、一二、三歳から一〇年間、店の帳簿から経済の遣繰(やりくり)、雇人と両親との間の融和まで自分一人で始末をつけていた」という。浪速の商家の女の強靭な精神力を身につけ、晶子は鉄幹主宰の『明星』に投稿、彼の許へ走った。「やは肌のあつき血汐に…」他、現代女性にも通じる普遍的な魅力を放つ作品を次々と発表。一一人の子をなした歌人。『みだれ髪』他。

野口雨情（のぐちうじょう　一八八二〜一九四五）

茨城から東京に出て入った大学を中退。父の事業の失敗と死により故郷で家督を継ぐ。家を守るためにお膳立てさせられたお見合いで結婚。この頃から詩作に打ち込み始める。その後、事業を立ち上げ、失敗。夜逃げのような形で小樽に。小さな新聞社に務めるも、上司とうまく馴染めず、新聞社も辞する。生まれた子どもがわずか一週間ほどで亡くなり、酒に浸る日々に。「私は、旅人である。苦痛の旅人である」と。ある日、娘が、瞳に涙をいっぱい浮かべて泣いている夢を見る。酒におぼれる我が身を反省、はかなく亡くなった娘への思いが生んだ、『シャボン玉』の歌であった。「シャボン玉消えた　飛ばずに消えた　産まれてすぐに　こわれて消えた　風、風、吹くな　シャボン玉飛ばそ」。童謡『十五夜お月さん』、『七つの子』、『赤い靴』、『青い眼の人形』など多くの名作を残し、北原白秋、西城八十と共に、童謡界の三大詩人と謳われた。童謡・民謡作詞家。

鈴木三重吉（すずきみえきち　一八八二〜一九三六）

八歳の時、母死去。五人兄弟のうち三人が一〇歳未満で死去。祖母れいの手で育てられる。母の墓前でひとり遊ぶ孤独癖があった。第三高等学校時代、三年間神経衰弱と胃病とに苦しむ。東京帝大文科英文学科在学中、神経衰弱のために一年間休学。漱石に「死ぬか生きるか命のやりとりをするような維新の志士の如き激しい精神」の必要があると励まされる。その漱石に送った『千鳥』が出世作となる。のち童話作家として活動、雑誌『赤い鳥』を創刊、児童文学に貢献する。

種田山頭火（たねださんとうか　一八八二〜一九四〇）

少年期に母が自殺。病による早大中退、実家の破産、震災後、四三歳で出家得度し、翌年妻子を捨てて行乞（ぎょうこつ）の旅に出る。門口に立って経を唱え、わずかな施しを受けては酒を飲んだ。女郎屋にも通った。その度に、仏の道を歩む身を省みて、嘆き苦しんだ。自由律の句を詠み、松山市の一草庵で数奇な生涯を終えた、自由律俳句の先駆者。「意思の弱さ、酒の強さ…あゝ、これが私の致命傷だ！」。

志賀直哉（しがなおや　一八八三〜一九七一）

一二歳の時、母死去。生母の死ぬ以前からお祖母さん子として寵愛を受けていた。主として祖父と祖母の手で育てられる。内村鑑三の話を七年間にわたって聞く。東大国文科中退。実業家として成功した父と不和となり、女中との結婚問題もからんで、家出。転々と旅し、結婚、生後間もない長女を失う。三四歳の時、父と和解。『暗夜行路』は、わが国近代小説中屈指の名作と評されている。「文化勲章」受章。

長谷川伸（はせがわしん　一八八四〜一九六三）

四歳の時、母と生き別れる。この幼児体験が後年、代表作『瞼の母』を生む。家は破産、小学校は二年で中退、一家離散、一二歳で土木現場で働くなど、人生の辛酸をなめる。文字は、事務所に落ちていた新聞を拾い、これを読んで習い覚える。本格的な作家活動に入ったのは四一歳の時。七〇〇本の作品を残した劇作家。山岡荘八、村上元三、平岩弓枝、山手樹一郎ら多くの門下生も育て、大衆文壇の大御所的存在だった。生き別れた実母と、四七年振りに再会が実現する。

下村湖人（しもむらこじん　一八八四〜一九五五）

生後まもなく、母が病弱なため里子に出され、四歳の時実家に戻ったが、一〇歳の時、母が病死。一二歳の時、継母を迎える。東大英文科を卒業。中学校長、高校校長を経て、青年教育に身を投じる。『次郎物語』は、人生追求の自伝的教養小説であり、教育者としての経験が強く流れ、特に第一部、二部は、多数の少年読者を持っている。

武者小路実篤（むしゃのこうじさねあつ　一八八五〜一九七六）
二歳の時、父死去。以後母の手ひとつで育てられ大の母思いとなる。一四歳の時、愛していた七歳年上の姉が病没。落第してきた志賀直哉と同級生となり、一緒に雑誌『白樺』を創刊。トルストイを脱皮後、個性の尊重と自我の拡充を主張する理想主義的な作風を確立、人生肯定、人間信頼を唱えた。熱心に絵を描き、書画にも独自の風格を出した。『友情』、『人間万歳』他。「文化勲章」受章。

北原白秋（きたはらはくしゅう　一八八五〜一九四二）
柳川の裕福な造り酒屋で生まれ、一四歳で白秋を名のり創作を始め、一九歳で上京、早稲田大学英文科予科を中退する。二七歳の時、人妻との不倫事件で告訴され、不倫相手と結婚、破綻。再婚するが、貧乏のどん底で、五年でこれも破綻。三六歳で三度目の結婚。五二歳の冬、眼底出血で倒れ、光をほとんど失うが、亡くなる五七歳まで活躍する。民衆に親しまれた象徴派抒情詩人。「からたちの花」他、日本人の心に深く根ざす童謡を数多く残した。全著作は二〇〇冊にのぼる。

石川啄木（いしかわたくぼく　一八八六〜一九一二）
父が僧職で、妻帯をかくそうとして、養子の形で入籍される。堀合節子との結婚には母から猛反対され、父が僧職を失い、一家を支えるために代用教員になり、新聞社に勤めたり転々、妻の家出、長男の夭折と、貧困と病気に苦しむ。二六歳の時、肺結核で死去。『一握の砂』他。「国民詩人」。

山本有三（やまもとゆうぞう　一八八七〜一九七四）

貧しい呉服屋に生まれ、東京の呉服屋に奉公に出されたが、向学心に燃え苦学して東大独文科を卒業。人間に対する深い愛情を込めた理想主義の立場から世の中の現実を見つめる、人道主義的な作品を書いた。戦後、参議院議員。「文化勲章」受章。『路傍の石』、『真実一路』他。

菊池　寛（きくちかん　一八八八〜一九四八）

小学生の頃、教科書を買う金がなく、父親から筆写を命じられたほど貧乏に苦しんでいたが、人一倍悪戯もし、勉強もでき、友人たちから慕われるガキ大将であった。友人の援助を得て京大に進み、卒業後、時事新報社に入社。以後、「文芸春秋社」設立、「芥川賞」、「直木賞」設定、「大映」社長他を歴任等、幅広い分野で活躍。初代文芸家協会会長。『父帰る』、『恩讐の彼方に』他。

三木露風（みきろふう　一八八九〜一九六四）

七歳の時、母が実家に帰る。祖父母に引き取られ、伯父一家と同居。相馬御風らと早稲田詩社を結成。『白き手の猟人』で神秘的な象徴詩を完成した。『赤とんぼ』の作詞者。

室生犀星（むろうさいせい　一八八九〜一九六二）

父が女中ハルに生ませた子で、誕生と同時に、住職室生真乗の内妻ハツの許にやられそこで生まれた子どもとして届けられる。寺は貧しく、ハツはあばずれで、他の三人の貰い子と共にかなりすさまじい幼年期を送る。九歳の時、実父死去。実母も家を出て、犀星は生涯実母に会っていない。『あにいもうと』他。

坪田譲治（つぼたじょうじ　一八九〇〜一九八二）

八歳の時、突然、父が死去。以来「死とは何か」、「目で見えるものの向こうに神秘的な何かがある」と考えるようになる。小説、童話に一貫して童心の世界を描き、小川未明亡き後の指導的役割を果たした。『子供の四季』他。

広津和郎（ひろつかずお　一八九一～一九六八）

小学校入学の年に、母を失う。『神経病時代』で作家的地位を確立。戦後、一〇年余にわたり松川事件の裁判批判を行う。納得できないものは納得できないとする柔軟なフリー・シンカーであった。

久米正雄（くめまさお　一八九一～一九五二）

七歳の時、小学校の校長であった父が、失火の責任をとって割腹自殺。菊池寛、芥川竜之介らと第三次、第四次「新思潮」を興し、後通俗物に転じ、句作もする。『学生時代』他。

芥川竜之介（あくたがわりゅうのすけ　一八九二～一九二七）

生後七カ月で実母が統合失調症発病。ために母の実家の芥川家の養子となり叔母たちに育てられる。幼年時代は非常に神経質であったが、知能は抜群であった。学生時代から『羅生門』、『鼻』等を発表。終生、自分の生母が精神病であったこと、牛乳によって育てられたことに、劣等感を抱いていた。三五歳で、睡眠薬自殺。

吉川英治（よしかわえいじ　一八九二～一九六二）

一一歳の時、父の会社がつぶれ、小学校は四年で中退。行商、印刷工などの職業を転々とし、病父と幼い弟妹を抱える母を助ける。船具工として働いていた時、足場からドックの底に転落し、一カ月の病院生活を送る。生計の見込みが立った二三歳の頃、浅草の借家に家族で住むようになったが、間もなく父が死去。続いて母も亡くす。生活苦と闘いながら、懸賞小説に応募。三編が当選、連載を載せるようになる。四三歳で二五歳年下の文子夫人とめぐり逢い、二男二女にも恵まれて、傑作を次々と発表した。剣豪小説、大衆歴史小説で日本人の圧倒的支持を得た大衆文学の巨匠。剣の求道者の生きる姿を描いた『宮本武蔵』は代表作。「文化勲章」受章。

江戸川乱歩（えどがわらんぽ　一八九四～一九六五）

祖母に可愛がられ、お婆さん子として育つ。空想好きで、いじめられっ子にもなり、そのことで空想癖をますます強くした。大学でエドガー・アラン・ポーに出会い、卒業後色々な職業を転々。どれも長続きせず、会社にも出勤せず、独身寮の押入で一日中物思いにふけることもあった。この頃の歩みが「乱歩」の名にも込められているという。現実の社会生活よりも、幼い頃から描いていた独自の夢の世界を表現する道を選んだ。『怪人二十面相』他。「江戸川乱歩賞」制定。推理小説の先駆者。

芹沢光治良（せりざわこうじろう　一八九七～一九九三）

五歳の時、父が天理教に入って故郷を去ったため貧しく育つ。東大経済学部、農商務省を経て、結婚後新妻を伴いソルボンヌ大学に留学。結核に倒れ、スイス、フランスで療養所生活。帰国後、小説を書き始める。日本ペンクラブ会長、芸術院会員。『人間の運命』他。

川端康成（かわばたやすなり　一八九九～一九七二）

一歳半で父を、二歳半で母を失う。祖父母に育てられるが、七歳で祖母、一四歳で祖父を亡くす。別の親戚に預けられていた一人いた姉も夭折し、天涯の孤児となる。二三歳の時に一六歳の伊藤ハツヨと恋愛、婚約しながら一方的に破約された苦い恋愛体験を持つ。「ノーベル文学賞」受賞。『雪国』、『伊豆の踊り子』他。ガス自殺。

川口松太郎（かわぐちまつたろう　一八九九～一九八五）

実の母親の愛情というものを知らずに育つ。『愛染かつら』、『明治一代女』他、多くが映画化され、新派劇になるなど大衆的人気を博す。「私は自分の作品を後世に残したいとは思わぬ。現世に多くの知己を得て、現世に繁栄したいのが絶えざる願望である」と書いた。

山口誓子（やまぐちせいし　一九〇一～一九九四）

小学生の時、母が死去。母方の祖父に預けられ、東京、樺太豊原（サハリン）で少年期を送る。学生、サラリーマン時代、戦後と療養生活が続き、俳句と強く結びついた。俳句界に新風を吹き込んだ。戦後の現代俳句を牽引。文化功労者。

小林多喜二（こばやしたきじ　一九〇三～一九三三）

四歳の頃、貧しさゆえに、新天地北海道を目指し一家で小樽に移り住んだ。この地で労働者たちが監視の許に日夜酷使されている姿が目に焼きつけられる。高校時代はパン屋で働きながら家計を助け、勉学。大学時代、マルクスに影響を受ける。結婚の翌年、特高に逮捕され、拷問を受け、獄中死。小説『蟹工船』が代表作。プロレタリア文学運動の先駆者。

島木健作（しまきけんさく　一九〇三～一九四五）

二歳の時、父死去。母が内職で生計をたてる家庭で成長。高等小学校中退後、銀行の給仕となり、一六歳で上京して苦学、過労で肺結核になり、帰郷。プロレタリア文学運動の過渡期に登場。『生活の探求』他。

林芙美子（はやしふみこ　一九〇四～一九五一）

行商人と宿屋の娘との間に生まれた非嫡出子。七歳の時に母が男と出奔、それについて関西、四国、九州と行商して回り木賃宿を転々とする。四年間に七回も転校、一五歳で尾道の小学校を卒業。尾道高等女学校へ進学、図書館の本を読みふけり、夜や休日は働いた。一九歳で、高女卒業直後、恋人を頼って上京するも、相手の親に反対され、大学生との恋に破れ、女中、露天商、女給などを転々とし、同棲しては別れるを繰り返した。日記をもとに体験を書き綴った自伝小説『放浪記』がベストセラーになり、舞台化、映画化、テレビドラマ化された。森光子主演の舞台は、公演二〇一七回を数えた。「花の命は短くて苦しきことのみ多かりき」。『浮雲』、『めし』他。

堀　辰雄（ほりたつお　一九〇四～一九五三）

父が妻との間に子がなく、町家の娘を愛してもうけた子。三歳の時、父と別れ、母子は他家に引き取られる。一八歳の時、関東大震災で母を失う。三〇歳の時、婚約者矢野綾子が療養所で死去。若くして肋膜炎を患い、肺結核の持病に苦しめられた。『風立ちぬ』他。

幸田　文（こうだあや　一九〇四〜一九九〇）

七歳の時、母を失い、継母に育てられる。父露伴に、六歳の時から百人一首を毎日一首ずつ覚えさせられ始める。その日の和歌を露伴が三度読み、それを翌朝までに暗記するように命じられた。米のとぎ方、魚のおろし方、雑巾の絞り方、箒の持ち方、薪割りまで、父親から伝授されている。結婚し、病弱の夫を助けて家業に励んだが、性格の相違などで離婚。娘を連れて帰り、父露伴と死ぬまで生活を共にした。小説家、随筆家。

丹羽文雄（にわふみお　一九〇四〜二〇〇五）

四歳の時、生母が家出し、愛情的孤児となる。父と義理の祖母に関係が生じたためであった。真宗のお寺に生まれたため、早稲田大国文科を卒業後、一度僧侶になる。戦時中も風俗小説の名手として活躍。戦後、『厭がらせの年齢』、『親鸞』、『蓮如』など、作品に深みと広がりを見せた。「文化勲章」受賞。文化功労者。

石川達三（いしかわたつぞう　一九〇五〜一九八五）

九歳の時、母死去。東京府立中受験に失敗、一浪。早稲田英文科中退。大阪朝日の懸賞小説に入賞。移民船でブラジルへ渡航、農場で仕事。『蒼氓』で第一回芥川賞受賞。人生論的に人間のモラルを追求した作品が多く、社会性の強い日常的正義感に裏打ちされた作風があった。社会派作家として、『人間の壁』、『四十八歳の抵抗』など数多くのベストセラーがある。積極的に行動もし、日本ペンクラブ会長も務める。

高見　順（たかみじゅん　一九〇七〜一九六五）

一歳の時、母、祖母と共に東京に移り、実父とは生前一度も会う機会がなかった。東大英文科卒。治安維持法違反で検挙され、留置中に妻に去られ、転向と家庭崩壊で虚無状態になる。転向文学から出発、孤立した知識人の内面的な苦悩を描いた。『如何なる星の下に』他。

井上　靖（いのうえやすし　一九〇七〜一九九一）

六歳の時、両親の許を離れ、郷里の祖母の許で育つ。京大哲学科を二九歳で卒業。『あすなろ物語』、『天平の甍』他。『井上靖小説全集』全三二巻などが出ている。

菊田一夫（きくたかずお　一九〇八～一九七三）

二、三歳で、父母に捨てられる。転々と他人の手で養育された末、五歳の時、菊田家の養子となる。小六の時、薬種問屋に売られ、年季奉公。その後、丁稚奉公（でっちぼうこう）を続け、数十種に及ぶ作業を経験、一七歳の時、文学に心ひかれて印刷工となる。連続放送劇『君の名は』などで一世を風靡した。

田中澄江（たなかすみえ　一九〇八～二〇〇〇）

七歳の時、結核闘病五年の父が死去。祖母は生まれる前の年に死去。弟に母を取られ、いつも祖父と一緒に寝る身であったが、六歳の時、寒さに震えたある明け方、祖父の体は冷たくなっていた。カトリックに入信。『がらしあ・細川夫人』他。テレビドラマ、映画シナリオの作品も多い。

太宰　治（だざいおさむ　一九〇九～一九四八）

乳母の乳で育ったが、その乳母が一年足らずで去り、母の妹きえに育てられる。三歳前から子守の少女たけの世話になり、六歳の時きえが家を去るが、この叔母を実母と思い込んでいた。学校に入る時むりやり本家に連れ戻される。小学校二、三年までは母を知らなかったと述懐。『走れメロス』他。五回自殺をはかり、最後は、同棲相手と多摩川上水に入水自殺。

松本清張（まつもとせいちょう　一九〇九～一九九二）

高等小学校卒。印刷会社の版木下書き工の仕事などを経て、朝日新聞西部本社広告部でデザインを担当。四〇歳を過ぎてから小説執筆。週刊朝日の懸賞小説に入選。ついで芥川賞受賞。四年後勤めをやめて執筆に専念するようになる。社会的に抑圧された人々を主人公に下積み生活の苦労や執念につかれた姿を描いて深い共感を呼ぶ。社会派推理小説の巨匠。独特のマスク、厚い唇で語る語りに特徴があった。残した作品は、原稿用紙約八万枚。『点と線』他、七五〇冊。脳出血で倒れる直前まで連載小説を書き続け、四カ月後に逝去。肝臓癌。

椎名麟三（しいなりんぞう　一九一一～一九七三）

小三の時、父と別れ、母と共に母の里に帰り、母及び妹弟と暮らす。中三の時、家庭の事情から家出し、色々な職を転々として自活、「全協（日本労働組合全国協議会）」に加盟、ある闘争の共産党のキャップとなる。投獄され転向、出所、哲学書、聖書を耽読する。戦後、実存主義を基調に庶民的実感を踏まえた作風で登場。『深夜の酒宴』他。

戸川幸夫（とがわゆきお　一九一二～二〇〇四）

幼少の頃に、実母が亡くなる。一歳の時に、医師でハンターでもあった戸川益勇の養子となる。幼少から動物好きで、動物学者になることを志し、動物に関する本を耽読。動物への深い愛情と知識に根ざした独特の作風の関連の著書を多く残す。「日本文学に動物文学という新しいジャンルを開き、独自の高峰をうち立てた」として、芸術選奨文部大臣賞受賞。

織田作之助（おださくのすけ　一九一三～一九四七）

一八歳の時、父親の突然の死で一家離散。学資に苦しみ肺を患い、三高を退学。二二歳の時、京都のカフェで働いていた宮田一枝と出会い同棲、五年後結婚。翌年『夫婦善哉』発表。三四歳、肺結核で急逝。

北条民雄（ほうじょうたみお　一九一四～一九三七）

二歳の時、母を失い、祖父母に育てられ、高等小学校を卒業後、商店の小僧になり、一九歳の時、帰郷して結婚。翌年、癩発病、離婚して上京、左翼活動に走り、入院。川端康成に原稿を送り、激励を受け、以後、原稿を川端を通じて発表するようになる。『いのちの初夜』他。二三歳で早世。

野間　宏（のまひろし　一九一五〜一九九一）

一〇歳の時、父を失う。五歳頃から、父の宗門の後継者として宗教的修行をつまされる。戦後派文学の中心的担い手であり、社会問題についても広く発言。『真空地帯』他。

一色次郎（いっしきじろう　一九一六〜一九八八）

幼少時に、父が獄死。母も悲惨な事故死。鹿児島生まれの小説家。太宰治賞、菊池寛賞を受賞。死刑廃止運動にも打ち込む。代表作に『日輪太郎』、『青幻記』他。

柴田錬三郎（しばたれんざぶろう　一九一七〜一九七八）

父の早世により、母の手ひとつで育てられた、三男。第二次大戦中撃沈され七時間漂流、奇跡的に助かる。この漂流は、彼の生の傷となり、また精神の新しい発条となった。恩師の佐藤春夫に叱られて発奮。円月殺法の『眠狂四郎』、『図々しい奴』他、多くの大衆作品を出す。

福永武彦（ふくながたけひこ　一九一八～一九七九）
　七歳の時、母を失う。中学の英語教師等を勤めるが、七年間の療養生活を経験。内部世界の真実を知的抒情で織りなす作風で登場。小説『風土』、評論『ゴーギャンの世界』他。

中村真一郎（なかむらしんいちろう　一九一八～二〇〇二）
　三歳の時、母が結核で死去。一〇歳の時、父が再婚するが一三歳の時、継母も結核で死去。一六歳の時、父が莫大な借金を残して死去。叔母の許に引き取られる。東大仏文卒。作家、評論家、フランス文学者。代表作に『空中庭園』。

水上　勉（みずかみつとむ　一九一九～二〇〇四）
　小学校五年の三学期に、親許の富山若狭を離れ京都の相国寺瑞春院の小僧になる。五人兄弟の次男。口減らしのためであったが、寺の小僧になれば中学校に行けるということもあった。出家をし、名も集英となったが、辛い修行、和尚の指導に耐え耐えきれず、脱走。見知ってもらえていた法類(寺の親類)の和尚に拾われ助けられる。後に還俗。立命館大国文科に学び、宇野浩二に師事する。様々な職業を遍歴しつつ小説を書く。幅広い題材と、弱者に向けられた暖かいまなざしで数多くの作品を執筆、昭和を代表する人気作家となった。『雁の寺』で直木賞、『宇野浩二伝』で菊池寛賞、『一休』で谷崎潤一郎賞、『寺泊』で川端康成賞、『良寛』で毎日芸術賞などを、受賞。他に『飢餓海峡』、『五番町夕霧楼』、『越前竹人形』、『金閣炎上』など。日本芸術院会員。文化功労者。

近藤啓太郎（こんどうけいたろう　一九二〇〜二〇〇二）

生後半年の頃、父が病死。劣等感の強い義父が母に残酷に当たり、これを激しく憎む。一六歳の時、その義父が死去。一七歳の時、母が生母でないことを知る。三六歳の時、『海人舟（あまぶね）』により芥川賞を受賞。

五味康祐（ごみやすすけ　一九二一〜一九八〇）

誕生の年に、父死去。家業の映画館をのっとられ街頭に放り出される。母方の祖父母に育てられ、七歳の時、祖父死去。病弱で、小中学校時代しばしば学校を休み、文学書に耽溺。早大英文科中退。各種の職業を転々とし、結婚後定職を持たず覚醒剤中毒になる。三一歳の時、『喪神』が芥川賞を受賞。『二人の武蔵』、『柳生武芸帖』他で、剣豪ブームを巻き起こす。

三浦綾子（みうらあやこ　一九二二～一九九九）
肺結核を病み、一三年間の闘病生活を送る。その間、病床でキリスト教の洗礼を受ける。「朝日新聞」一〇〇〇万円の懸賞小説に、『氷点』が入選。『塩狩峠』他。

遠藤周作（えんどうしゅうさく　一九二三～一九九六）
小学校入学後、両親離婚。小四で母と共に大連より帰国。灘中卒業後三年浪人し、慶應義塾仏文に入学。父の命ずる医学部を受けなかったためひどく叱責され、家を飛び出し、以後アルバイトを続けながら学校に通う。叔母の影響で一二歳の時、カトリック受洗。『白い人』で芥川賞。『深い河』で毎日芸術賞。他に、『沈黙』等。日本の精神風土とキリスト教の相克をテーマに、神の観念や罪の意識、人種問題を扱って高い評価を受けた。「文化勲章」受賞。文化功労者。日本ペンクラブ会長。日本芸術院会員。

星野哲郎（ほしのてつろう　一九二五～二〇一〇）
生まれるとすぐ、両親が離婚。おばあさん子に育つ。船乗りになるが、二二歳の時から五年目ごとに肺結核、腎臓結核、腎臓の片方を切除、心筋梗塞など、何度も死ぬ目に遭う。ために船乗りを諦め、四年間の闘病中に作詞を学び、曲を作り始める。戦後歌謡界を代表する作詞家の一人。作った曲は四〇〇

○曲に近い。代表作に『なみだ船』、『三百五歩のマーチ』他。「昭和歌謡」を牽引した作詞家星野哲郎と作曲家船村徹のゴールデンコンビは、数多くの名作を世に輩出した。

永井路子（ながいみちこ　一九二五～二〇二三）

子どものない永井家（叔父）の籍に入る。父が、顔を覚えないうちに他界。母が再婚し、祖母も叔父も死去し、一二歳で永井家の戸主となる。屈折の思い深く少女期を過ごすが、心やさしい戸籍上の母、本好きの大叔父に慈しまれる。授業中にこっそり、ヘッセ、ジイドなどを読み、東京女子大に入ってからもトルストイ、ロマン・ロランなどを飽きずに読む。小学館に入社。『炎環』で直木賞、『雲と風と』で吉川英治賞、歴史小説に新風をもたらした功績により菊池寛賞などを受賞。現代感覚に富んだ歴史小説を書き続けた。

井上光晴（いのうえみつはる　一九二六～一九九二）

父は北満に放浪して消息を絶ち、母とは四歳の時生別し、祖母や妹と共に親戚を頼ったりする生活。生活が困窮、小学校高等科一年を中退、一四歳で製鋼所の見習い工となり、炭鉱などで働く。戦後、日本共産党に入党、離党。『井上光晴長編小説全集』一五巻などが出ている。

立原正秋（たちはらまさあき　一九二六〜一九八六）
九歳の時、父が自殺し、三年後に母が再婚。物心つくかつかないうちに、雲水と共に礼仏座禅、漢籍の素読、作務という生活を送る。職を転々としながら、六〇〇〇枚の原稿を書きためる。『冬の旅』他。

向田邦子（むこうだくにこ　一九二九〜一九八一）
秘めていたある妻子ある男性との恋が妹和子著『向田邦子の恋文』で発表される。かつて向田家は父親の浮気で家族が大きく揺れた。そのつらさを知るからこそ自分の不倫を封じ込めたのであろう。取材旅行中に飛行機事故に遭って帰らぬ人となる。『あ・うん』、『阿修羅のごとく』他。女流作家、テレビ脚本家。生涯独身。

野坂昭如（のさかあきゆき　一九三〇〜二〇一五）
母の死去により、養子に出される。中学時代、空襲で養父も失い、疎開先で妹を栄養失調で亡くす。早大中退。在学中からアルバイトで様々な職業を遍歴。「焼跡闇市派」を自称、小説家。歌手、作詞家、タレント、政治家。『火垂るの墓』他。

開高　健（かいこうたけし／けん　一九三〇〜一九八九）

一三歳の時、父が腸チフスで死去。二八歳の時、『裸の王様』で芥川賞を受賞。遅筆で知られ、受賞後第一作となる「文学界」から依頼された原稿を、締め切り間近になっても上げることができなかった。先に講談社の『群像』に提出していた原稿を持ち帰り「文学界」に提出してその場を凌いだ。しかし、講談社の怒りを買って絶縁状を叩きつけられ、一六年もの間講談社から干されてしまう。アマゾン川他世界中で釣行し、釣りをテーマにした作品も多い。食通でもあり、食と酒に関するエッセイも多数ある。

五木寛之（いつきひろゆき　一九三二〜）

一二歳の時、平壌で敗戦の混乱のさなか、母が死去。早大露文科入学後、アルバイトで生計をたてるかたわら、露文学を読みあさる。二〇歳の時、父親が結核で病死するが、旅費の工面がつかず帰郷できないまま。授業料未納で大学六年で抹籍届け提出。以後、文筆関係の職業を転々とし、三三歳の時、精神科医の五木玲子氏と結婚。『さらばモスクワ愚連隊』で作家生活に入り、三七歳で、『青春の門』の連載を初め、二〇一九年まで続く。多くの作品、受賞がある。

井上ひさし（いのうえひさし　一九三四〜二〇一〇）

五歳の時、父死去。中学生の時、一家の窮乏化のため、カトリックの児童養護施設に引き取られる。一六歳で受洗。上智大学ドイツ文学科に入学、講義に失望、休学を続ける。卒業後、放送作家として活躍。五年間続いたＮＨＫの放送劇『ひょっこりひょうたん島』が人気を集める。戯曲、小説、ＳＦ、エッセー他、多くの力作がある。日本ペンクラブ会長などを歴任。文化功労者。

大江健三郎（おおえけんざぶろう　一九三五〜二〇二三）

九歳の時、父が急死。高校時代に雑誌を編集、詩、評論などを書く。一浪して入った東大で、一九歳の時、学生演劇の脚本などを書き始め、二三歳の時、『飼育』で芥川賞を受賞。二八歳の時、長男が、頭蓋骨異常で誕生する。多くの短編、長編小説がある。一九九四年に「ノーベル文学賞」受賞。

阿久　悠（あくゆう　一九三七〜二〇〇七）

サラリーマンを経て「悪友」をもじった「阿久悠」の名で一九六七年、作詞家デビュー。『北の宿から』、『勝手にしやがれ』、『ＵＦＯ』等、五〇〇〇曲以上の作品を手掛け、一九七〇〜八〇年代、昭和の歌謡曲黄金期を代表する作詞家で、作家としても活躍。『どうにもとまらない』、『せんせい』、『北の螢』等、アイドルポップスから演歌までジャンルを問わないヒットメーカー。作詞シングル総売上が七〇〇〇万枚近く。日本レコード大賞等、多数受賞。聴く人の心に深く刻み込まれる多くの歌を生み出した。しわがれた声で、もの静かに語る。七〇歳、尿管癌で死去。淡路島出身。

なかにし礼（なかにしれい　一九三八～二〇二〇）

七歳の時、満州から一家引き揚げの途中、父親を失う。貧苦の中、高校、大学へと進み、やがて日本を代表する作詞家となる。特攻隊上がりの一四歳年上の兄に悩まされ続け、その物語『兄弟』は直木賞候補に。『長崎ぶらぶら節』で直木賞受賞。『今日でお別れ』、『花の首飾り』等、ヒット曲多数。

7〈美術〉

雪舟等楊（せっしゅうとうよう　一四二〇～一五〇八）

一二、三歳の頃、相国寺に小僧として入る。四八歳で中国に渡り、帰国後も山口、大分、島根、岐阜、山形、再び山口と各地の寺を転々、画技を磨いた。臨済宗の僧で水墨画の大家。『四季山水図』他。

池　大雅（いけのたいが　一七二三～一七七六）

四歳の時、父死去。日本の伝統画派や西洋画の画法を採り入れ、自由奔放に個性を打ち出し、独特の画風で大雅様式を確立。江戸中期の文人画家。日本文人画の大成者。

葛飾北斎（かつしかほくさい　一七六〇～一八四九）

四歳の頃、母の実家へ養子に出される。一九歳の時、浮世絵師の門に入る。二六歳で独立するが、破産。勝川門下に復帰するも、師が没して破門され、雌伏生活を余儀なくされる。作画界で表立っての活動を開始したのは、三六歳の時。後に完全独立し、志を改め、北斎と改名した。作画活動七〇年と長期に及ぶなか、子どもに次々と先立たれたり、不肖の孫の放蕩などで物心両面から悩まされた。七二歳から『富嶽三十六景』、七五歳から『富嶽百景』を出版。九〇歳の死に際まで作品を描き続けた。その卓抜した画法はフランス印象派の画家にも大きな影響を与えた。

安藤広重（あんどうひろしげ　一七九七〜一八五八）

一三歳の時、春に母が、秋に父が相次いで死去。その年、家督を継ぎ定火消同心（じょうびけし）となる。一五歳で歌川豊広に入門。無名時代二〇年程。三七歳年長の葛飾北斎のもとを訪れ、その影響で名所画を描き始める。『東海道五十三次』が代表作となり、その後も二万点に及ぶ作品を残し、ゴッホにも影響を与えたという。

岡倉天心（おかくらてんしん　一八六二〜一九一三）

八歳の時、母死去。翌年母の菩提寺、長延寺に預けられる。八歳から英語を学び、東京大学でフェノロサに学び、一八歳で卒業。二八歳で東京美術学校校長に。日本美術院を創設。米国ボストン美術館東洋部長等、国際的にも活躍。著書はいずれも英文で、『茶の本』他。また、恋多き人生を送った。インドで知り合ったある女流詩人へ死の直前まで送り続けた大量の恋文が戦後発見され話題になった。

上村松園（うえむらしょうえん　一八七五〜一九四九）

誕生の二カ月前に、父死去。店を一人で切り盛りする気丈な母の手で育てられる。母は松園の一番の理解者であった。二八歳で息子を出産しているが、死ぬまで相手の名を口にしなかった。清澄で香り高い、珠玉のような美人画の傑作を数多く描いた女流日本画家。女性初の「文化勲章」受章者。『序の舞』、『鼓の音』他。

小林古径（こばやしこけい　一八八三〜一九五七）

三歳で母を、九歳で兄を、一〇歳で父を失う。明治、大正、昭和の三代に活躍した日本画家。『髪』他。東京芸大教授。「文化勲章」受章。

北大路魯山人（きたおおじろさんじん　一八八三〜一九五九）

誕生前に父が死去。生後まもなく母と別れ、転々として養父母が変わり、不遇の少年時代、三度の食事にも事欠く状態であった。小学校を出て薬屋に奉公しているうちに日本画家になろうと志したが、書道と篆刻（てんこく）の研究に打ち込むようになる。三〇歳頃料理への関心を深め、京橋に友だちと古美術骨董店を開き、「美食倶楽部」を起こし厨房長となり、食通の評判を勝ち取る。その食器を得るために陶芸に手をつけ、異色の陶芸家として名声を得るに至る。生涯に五度結婚し、五度離婚した。書家、料理研究家、陶芸家。

竹久夢二（たけひさゆめじ　一八八四〜一九三四）

一六歳の時、家が没落、家出同然に上京。中学を四年で中退。藤島武二に憧れ、画家を志す。岸たまき、笠井彦乃、お葉と恋愛をくり返しながら、美人画と感傷的な詩文で一世を風靡した。作品に『女十題』、詩作に『宵待草』等がある。

伊東深水（いとうしんすい　一八九八〜一九九二）

幼くして養子となり、生活のために小学校を中退、印刷所や新聞社でアルバイトの中、絵を習う。遊びは好んだが、酒もタバコも絵を描くために邪魔になるとして口にしなかった。江戸浮世絵の流れをくむ美人画で好評を博する。日本芸術院会員。

棟方志功（むなかたしこう　一九〇三〜一九七五）

小学校卒業後、鍛冶職の手伝い、青森地方裁判所の勤務の中で、画家を志して油絵を独学。生まれつき目が弱かったが、ゴッホの『ひまわり』を見て、画家となることを決心。さらに、ゴッホも賛美した日本の木版画に転向。日本の伝統的な木版画法を駆使し、民芸調の、太く力強い独特の線と構図で、存在感の躍動する奔放な作風の作品を数多く創作。国際賞を多数受賞。「世界の棟方」となる。『釈迦十大弟子』他。「文化勲章」受章。

東山魁夷（ひがしやまかいい　一九〇八〜一九九九）

父親が事業に失敗、兄と弟も肺結核に倒れ、さらに母親も脳溢血に倒れるという不幸に次々と見舞われる。多額の返済を迫られるという経済的窮迫状態の中、世に認められたいという一心で懸命に絵筆を握り、改組第一回帝展に出品するが落選。やがて父が病没。病身の母と弟、さらに妻を残して、召集を受け熊本へ。死を身近に意識していた時熊本城趾から肥後平野を眺望し、その時「風景開眼」を経験する。終戦後、郷里でその感動を作品に描き、その『残照』が第三回日展で特選に輝く。三九歳であった。「描くことは祈りである」と述べる。現代における日本画の最高峰の一人。

土門　拳（どもんけん　一九〇九〜一九九〇）

幼少時、父母が共に出稼ぎで家を離れ、祖父母に育てられる。中学時代に、父が別の女性の許に走り、母一人子一人となる。リアリズム写真を確立した写真界の巨匠。ライフワークであった『古寺巡礼』は土門の最高傑作とされ特に著名であるが、『ヒロシマ』、『筑豊のこどもたち』、『風貌』ほか数多くの作品を残し、いずれも不朽の名作群として名高い。土門拳の芸術は、日本の美、日本人の心を写し切ったところにあるといわれ、その業績に対する評価は極めて高い。紫綬褒章、勲四等旭日小綬章受章。酒田市名誉市民第一号。

いわさきちひろ（一九一八～一九七四）

三人姉妹の長女。一四歳の頃デザインと油絵を習いはじめる。二〇歳の時、心から信頼していた母に勧められた結婚をするが、生真面目な銀行員であった夫をどうしても好きになれず、避けてしまう。これを気に病んだ夫はノイローゼになり、首つり自殺する。夫を死に追いやってしまったと強い自責の念にかられ、様々な書物を読む。自分も皆の幸せのために何かをしたいと生き方を模索。戦争に反対していた共産党に出会う。どこか憂いあるその絵は、子どもの純な表情や姿を通して、深い人生の色々な喜びや悲しみ、希望や夢を訴えかけている。

山下　清（やましたきよし　一九二二～一九七一）

軽度の知恵遅れで小学校は五年まで。小四の時、父病死。母は三人の子ども連れで再婚。暴力を振るわれ、すぐに逃げだし、母子で母子ホームに入る。「放浪の天才画家」。

平山郁夫（ひらやまいくお　一九三〇～二〇〇九）

中学三年の時、広島にいて、爆心からわずか三キロしか離れていない所で被爆。たまたま小屋の中にいて、水や食べ物を口にしなかったことが幸いし、九死に一生を得たが、その後長く後遺症に苦しむ。同期の日本画科を主席で卒業した美知子を妻に得て、共に副助手として東京芸術大学に残る。シルク・ロードを訪れること八〇数回。作品に『仏教伝来』他。「文化勲章」受賞。文化功労者。

星野富弘（ほしのとみひろ　一九四六～）

中学校体育教師として赴任後二カ月目、体操の授業中不慮の事故により、手足の自由を失う。九年間の病院生活の後、口を使っての詩画を発表するようになり、これが世に認められるに至る。『愛、深き淵より』、『かぎりなくやさしい花々』他。「努力し続ければ、きっと叶う時が来る。諦めたら、そこで終りなんだ。病気と言う事に甘えないで、私も頑張らなくっちゃと思うようになりました〈ハンドル名：yu-ki〉」。

8〈音楽家〉

滝廉太郎（たきれんたろう　一八七九～一九〇三）

役人であった父の転勤により、横浜、富山、東京、大分、竹田と住まいを転々。大分県竹田は十二歳の時から、ここで多感な少年期を過ごす。極度の近視であったために、父が官吏にすることを諦め、好きな音楽の道に入ることを許し、オルガンを勉強させた。日本で初めてのピアノの留学生としてドイツに学ぶが、病を得て帰国。二年後、二三歳の若さで亡くなる。『荒城の月』は、彼が最も愛したといわれる竹田の岡城址をイメージして作られた。『花』、『鳩ぽっぽ』、『お正月』もよく知られている。

山田耕筰（やまだこうさく　一八八六～一九六五）

九歳の時、父死去。父の遺志でキリスト教系の自営館に入れられ、最年少であったため、夜間学校へは行かず終日働かされる。自営館のまわりにはからたちの垣根があったが、辛い時はそこに逃げて泣いたという。一三歳の時、病気で家に戻ったが、自活のための労働が続いた。一八歳の時、母死去。岩崎小弥太の給費でベルリンに留学、六学期間、王室アカデミー高等音楽院で作曲と指揮を学ぶ。日本最初の管弦楽団東京フィルハーモニーを結成。交響詩、オペラ、ピアノ曲等、一六〇〇曲を残している。特に三木露風、北原白秋等と親交を結んで、『からたちの花』、『この道』、『赤とんぼ』などの名曲を生んだ。許嫁ドロテア・シュミットの住むベルリンに帰れなくなり、婚約解消、華やかなラヴ・アフェアーに世間から中傷を受けたりもした。レジオン・ドヌール勲章、「文化勲章」受章。

宮城道雄（みやぎみちお　一八九四～一九五六）

生後七カ月の頃に角膜炎を患い、視力が落ち始める。二歳の時に両親が離婚、祖母の手によって育てられる。七歳くらいより目がすっかり見えなくなり、二代中島検校に入門、生田流箏曲を学ぶ。九歳の時、その師匠の病死に遭い、改めて三代中島検校に師事。一一歳の時、父が暴漢に襲われて負傷し、送金不可能となり、代稽古の役で自活するようになる。一三歳の秋、仁川に移り、一家の生計を支える身となり、生活苦にあえぎながら、一四歳にして処女作『水の変態』を作曲。琴の作曲演奏家、東京芸大教授、日本芸術院会員として多数の弟子を育てる。一七弦、大胡弓を開発。三五〇曲作曲。鉄道事故死。『春の海』他。「邦楽の父」。

古賀政男（こがまさお　一九〇四～一九七八）

五歳の時、父死去。七歳で兄を頼って故郷を捨て母と共に韓国へ渡る。七歳で大正琴を従兄弟より、一五歳でマンドリンを四番目の兄より譲り受ける。母が長兄の嫁とうまく行かず自殺をはかる。一七歳で初恋の人と別れ、朝鮮半島を後にし、明大に入りマンドリンクラブを創る。黙って明大に入ったことで長兄より勘当される。自殺を考えた時に『影を慕いて』を一晩で書き上げ、二五歳でこれをレコード化、作曲家としてスタートする。藤山一郎の歌で発表した『酒は涙かため息か』が一〇〇万枚売れる。一度結婚するが、夫婦仲がうまく行かず、一年あまりで破綻、以後独身を通す。作曲した歌謡曲は五〇〇〇を越えた。「国民栄誉賞」受賞。

フジ子・ヘミング（Ingrid Hujiko V. Geogii-Hemming　一九二八～）

五歳の時、両親と共にベルリンから帰国。スエーデン人の父が日本を離れ、以後ピアニストの母の手一つで東京に育つ。十七歳で、ピアノリサイタル。東京芸大在学中にＮＨＫ毎日コンクール入賞など。卒業後、日本フィルなどとの共演の後、渡欧。ベルリン音楽学校卒業後、ヨーロッパで活動。一六歳の時の右耳に続き、今度は風邪が原因で左耳の聴力を失い、一時演奏活動を中断。孤独と絶望の時期を過ごし、極度の貧困も経験。現在、左耳のみ四〇％回復。母の死を機に、三〇年振りに、日本で再デビュー。ＮＨＫのドキュメント番組が大反響を呼び、苦難を乗り越えた「奇跡のピアニスト」として、ブームを巻き起こす。『奇跡のカンパネラ』他が、異例の大ヒット、クラシックＣＤの記録を更新中。世界の恵まれない人々への支援も、継続中である。

園田高弘（そのだたかひろ　一九二八〜二〇〇四）

八歳の時、ピアニストであった父が三二歳の若さで亡くなる。一九五五年ベルリンフィルの定期公演に独奏者としてデビューして以来、欧米各地で演奏活動を続け、ジュネーブ国際音楽コンクール、ショパン・ピアノコンクールなど、世界各地のコンクールで審査員を務める。戦後の日本の音楽界を演奏者・指導者としてリードした。「園田高弘賞ピアノコンクール」。

船村　徹（ふなむらとおる　一九三二〜二〇一七）

一一歳の時、父死去。父六〇歳、母四二歳の時の子。東洋音楽学校ピアノ科時代に、朋友高野公男の作詩を得、『別れの一本杉』が大ヒット。翌年、その高野が肺結核で他界。船村宛ての『男の友情』が絶筆であった。『王将』は戦後初、『兄弟船』もミリオン・セラーとなり、これまでに世に送り出した作品、四五〇〇曲。「故高野公男三十三回忌」には、全国規模で、追悼供養演奏を行った。日本音楽著作権協会名誉会長。日本作曲家協会最高顧問。紫綬褒章受章。

宮下富実夫（みやしたふみお　一九四九〜二〇〇三）

一一歳の時、父死去。一六歳でロックグループ結成、欧米ツアー、アルバムの世界発売など積極的に活躍。渡米して演奏活動中、腰を痛め、東洋医学などを学び音楽療法を研究。独自のヒーリングミュージックを完成、「音楽による精神と肉体の解放」をテーマに、制作発表を続ける。六〇万枚のロングセラー『瞑想』、三〇万枚の『誕生』、『やすらぎ』等、多数のＣＤ、ビデオをリリース。音楽療法の第一人者。

喜多郎（きたろう　一九五三〜）

高校卒業後、母親を騙し、豊橋から名古屋に出て、ロックグループを組む。建設作業のかたわら、四畳半に五人の共同生活を送る。富士山麓に一人で二年間、シンセサイザーに打ち込み、瞑想にふける。ロンドン生活の後、アジアを放浪。帰国後、デビュー、自作自演の『天界』を発表した。ＮＨＫ『シルクロード』の音楽で注目されるようになり、八九年に米国へ移住。九三年には米ゴールデン・グローブ賞の作曲賞を受賞。米音楽界最高峰のグラミー賞受賞、ノミネート一七回。

辻井伸行（つじいのぶゆき　一九八八〜）

生まれてすぐ全盲と判るが、音に対する感覚が非常に敏感であった。二歳三カ月でピアノを弾き始め、四歳より正式に習い始める。母はフリーアナウンサーの辻井いつ子、父は産婦人科医の辻井孝。一人っ子。一一歳、全国ＰＴＮＡピアノコンペティション（毎年のべ四五〇〇〇組以上が参加する）Ｄ級で金賞受賞。一二歳、サントリーホールでソロリサイタル。一七歳、ショパン国際コンクール、ポーランド批評家賞。二〇〇九年六月に米国テキサス州フォートワースで行われたヴァン・クライバーン国際ピアノ・コンクールで日本人として初優勝。以来、日本の主要コンサートホールでのツアーをはじめ、アメリカ、ドイツ、スイス、イギリス等、数多くの国々でリサイタルやオーケストラとの共演、圧倒的な成功を収める。作曲家としても注目され、映画『神様のカルテ』で日本映画批評家大賞を受賞。趣味は水泳、スキー、スケート、登山、ハイキング、カラオケ等。

9〈歌手〉

淡谷のり子（あわやのりこ　一九〇七〜一九九九）

母一七歳の時の子で、最初、隠居所で育てられる。高等女学校では不良少女。一六歳の時、母、妹と共に上京、東洋音楽学校に入学。母が内職、質屋通いで貧乏暮しの中、自らヌードモデルをして家計を助ける。一度結婚するが、四年で別れる。最愛の人の子どもを身ごもるが間もなくその相手が病死。一九九九年、九二歳で死去。「ブルースの女王」。

笠置シズ子（かさぎしずこ　一九一四〜一九八五）

実父の家政婦を母に生まれる。養父母が実父母でないことを知ったのは一八歳の時。実母とは名乗らないままに終わる。二九歳の時、二二歳の吉村興業の一人息子と恋仲になり子どもをはらむが、結婚を許されないまま、相手は若くして亡くなる。励ますために、恩師服部良一が贈った曲が『東京ブギウギ』であった。一四八センチと小柄。死ぬまで、ひどい潔癖症に苦しむ。「ブギの女王」。

並木路子（なみきみちこ　一九二一〜二〇〇一）

唱歌と体操以外はまったくダメで、松竹少女歌劇団に入団、戦時中は全国を回り、大陸にも出かけた。この間、父親は船が撃沈され行方不明、長兄は海軍で消息をたち、次兄は戦死。東京空襲で隅田川に母と飛び込んだが、助かったのは自分一人であった。抜擢されて『リンゴの歌』を歌った時、何度やり直しても、明るさの中にもどこかもの悲しいあの歌声となった。戦後初のヒット曲を歌い、焦土に立つ日本人を大いに勇気づけ、懐メロブームでまた返り咲いた歌手。心筋梗塞で死去。

三波春夫（みなみはるお　一九二三〜二〇〇一）

一三歳の時、父が事業に失敗して新潟から上京、小学校の後、魚河岸などで働く。一六歳で日本浪曲学校に入り、出征。四年間のシベリアでの強制労働の後に帰国、浪曲会に復帰。浪曲師から歌手に転じ、演技を取り入れた浪曲演歌を案出。『チャンチキおけさ』でデビュー、東京オリンピック、大阪万博のテーマ曲を大ヒットさせ、『俵星玄蕃』他多くを歌った国民的歌手。美声と笑顔、「お客様は神様です」の名セリフで親しまれ、多くの観客を魅了した。子どもの頃から本好きで、人物評伝『熱血！　日本偉人伝』を上梓している。「国民栄誉賞」受賞。

鶴田浩二（つるたこうじ　一九二四〜一九八七）

幼時に、父母離婚。母を追う子に分からぬように母が去る。母方の祖母に育てられる。時代劇から任侠物まで、幅広いファンを獲得した俳優。『傷だらけの人生』では、数々の音楽賞受賞。戦友の遺骨収集のためのチャリティーショーを開くなど、学徒動員で入隊し、二〇歳の海軍少尉として終戦を迎えた体験を最後まで忘れなかった。肺癌。

越路吹雪（こしじふぶき　一九二四〜一九八〇）

宝塚歌劇学校の卒業式の校長訓話で、「彼女は、予科・本科とも卒業する時は宝塚始まって以来の不良少女で、劣等生でした。が、努力次第であれほどのスターになれるのですよ」と、励ましの言葉に使われたという。「日本のシャンソンの女王」と呼ばれた伝説の歌姫。『愛の賛歌』、『サン・トワ・マミー』他。

村田英雄（むらたひでお　一九二九〜二〇〇二）

身ごもった母は一八歳、実父は消息が途絶え、実父を愛していた姉弟子に育てられる。七歳の時、浪曲師に預けられ浪曲界に花咲き、古賀政男に見い出され歌謡界、映画にと活躍することになる。

三橋美智也（みはしみちや　一九三〇～一九九六）
四歳の時、父親が炭鉱で事故死。物心がついた時から舞台に立ち、九歳の時、北海道全域の民謡コンクールで大人達にまじり優勝。二一歳の時、高校に入学。その美声と真面目な歌い振りは長期にわたり日本中を風靡した。昭和三一年『哀愁列車』他。

松尾和子（まつおかずこ　一九三五～一九九二）
幼時に、父死去。キャバレーの歌姫から実力でのし上がる。甘く切なく悩ましいハスキー・ボイスで、和田弘とマヒナスターズと共に歌った『誰よりも君を愛す』が大ヒット。映画に出演するなど人気を集めたが、晩年は必ずしも幸せではなかった。「ムード歌謡の女王」。

竜　鉄也（りゅうてつや　一九三六～二〇一〇）
幼時に、ハシカの後遺症で失明。マッサージ師から演歌師へ転身。故郷飛騨高山の夜の街で流しを始め、生母に生き別れ、離婚も経験。経営を始めた演歌酒場『呑竜(どんりゅう)』が焼失。四五歳の時、修行の汗と涙の結晶『奥飛騨慕情』が売れ始め、孫もいる中年新人が誕生した。ロング・ヒットでミリオンセラーを記録する。

雪村いづみ（ゆきむらいづみ　一九三七～）

九歳の時、父が自殺。母は洋裁店を失敗、貧困の中学時代を経験、都立高校の入学金が払えず、やむなく働き始める。貧乏のドン底時代を経て、認められてビクターと契約を交わすまでになる。江利チエミ、美空ひばりと組んだ三人娘の一人。女優としても高く評価される。

島倉千代子（しまくらちよこ　一九三八～二〇一三）

小学一年の時、左手に四七針も縫う大けが。一六歳でデビュー。家族の反対に我を通して結婚、やがて離婚。声の自信を失い紅白歌合戦を辞退したこともある。巨額の借金をかかえ、そのあげく乳癌の宣告と手術。堕胎した三人の子ども達に「忍」という名を与える。母との確執、長姉の自殺、弟との絶交、ほとんど一家離散の状況であった。童女のように可憐で、しみ通るような優しさの「島倉調」で歌う。紫綬褒章受章。

舟木一夫（ふなきかずお　一九四四〜）

小一の時、父母離婚。父の所には新しい母親が、現れては消えて、九人目の母親に救われることに。父は、しつけには厳しかった。一八歳の時、『高校三年生』でデビュー、売れっ子スターに。超多忙とストレスなどで、自殺をはかるまでに。幾度もの困難を乗り越えて、二〇二二年、芸能生活六〇周年を迎えた。

マイク真木（まいくまき　一九四四〜）

八歳の時、二年前から肺病で病床にあった母が死去。以来父親が、一人っ子の壮一郎（本名）を育てる。型破りでユニークな生き方で、自分流を貫くフォークシンガー。デビュー曲『バラが咲いた』がヒットする。二度の離婚を経験、炊事洗濯をして、三人の息子たちを一人で育てる。一八歳年下の女性と、再々婚。

みなみらんぼう（一九四四〜）

一一歳の時、母が脳溢血で死去。「ＮＨＫみんなの歌」で放送された『山口君ちのつとむ君』が１５０万枚以上のミリオンセラーを記録。シンガーソング・ライター、俳優。エッセイや自然番組などでも活躍。

美川憲一（みかわけんいち　一九四六〜）

二歳の時、父に捨てられ、母子家庭となる。四歳の時から母の姉に預けられ、実母の姉夫婦を実の親と思い育つ。幼時に養父が他界。中学時に、伯母であることを知る。高校を中退し、一七歳で芸能界入り。実父の死を、死後七年で知り、その墓を訪問、異母兄とも面会。歌手でタレント。

森　進一（もりしんいち　一九四七〜）

病弱にムチ打ち働く母、妹、弟と共に、極貧の少年時代を過ごす。一五歳の時、集団就職で大阪へ。職歴一七を数えていた時、オーディションに合格。『女のためいき』でデビュー。『花と蝶』で紅白出場となり、次々とヒット曲を出す。ファンという女性に母が手紙を出したことがきっかけで「婚約不履行」で告訴される事件が起き、思い詰めた母が四七歳で自殺。『襟裳岬』で歌謡大賞受賞。昭和六一年、森昌子と再婚、子ども三人に恵まれる。「おしどり夫婦」として知られていたが、仕事と家庭の両立の困難、教育方針の違いからすれ違い、二〇〇五年離婚。二四年三月七日二〇時からと次週の二回、デビュー五十五周年記念として、ＴＶ番組「歌謡プレミアム」に特別出演。「お前もいつかは世の中の傘になれよと教えてくれた」の『おふくろさん』他を熱唱。相変わらずの健在ぶり、「女心は分からない」とトーク。

山本リンダ（やまもとりんだ　一九五一〜）

一歳の時、米軍兵士の父が朝鮮動乱で帰らぬ人となり、父の顔を知らずに成長。中三の時、歌のコンテストに挑戦、認められて遠藤実に紹介される。『どうにもとまらない』などが大ヒットする。

新垣　勉（あらがきつとむ　一九五二〜）

ラテン系アメリカ人を父に沖縄でうまれ、助産婦の手違いによって全盲となり、父母の離婚、失踪、天涯孤独という悲惨な生活を経験する。「障害者ゆえの、混血ゆえの差別を受け、父を、母を、助産婦を恨んで、『殺してやる』とまで思っていた私は、自分のような人間はなくてもいいや、と思って生きていました。自殺を試みて友人にとめられ、ひとり悶々としていたその時、ラジオから賛美歌が聞こえてきて……。自分に与えられたこの歌という、声という楽器を使って、その人でしか生きることのできない素晴らしい人生があるのだということを、歌い続けたいと思います」。その澄んだ、青空のような歌声が、聴く人の心を励ましてくれる。『さとうきび畑』他。

山口百恵（やまぐちももえ　一九五九〜）

父には別に妻子があった。誕生の時より母に育てられ、精神的、経済的に辛酸をなめる。「スター誕生」で歌手デビュー。森昌子、桜田淳子らと「花の中三トリオ」と呼ばれアイドル的存在となり、テレビドラマや映画に出演。下は小学生の女の子から上は中年のおじさんまでと幅広いファン層を保持、数々の賞を獲得、国民的歌手への道を歩む。『伊豆の踊り子』での初共演以来、三浦友和との共演が続き、リサイタル中に三浦友和との「恋人宣言」を発表。日本武道館で「わたしのわがまま、許してくれてありがとう。幸せになります」と挨拶、『さようならの向こう側』を最後に、白いマイクをステージにそっと置いて去っていった。引退、結婚後は芸能活動は一切行わず主婦業、子育てに専念する。

桂　銀淑（けいうんすく　一九六一〜）

誕生の時、父なく、母に育てられる。一五歳の時、実父に会い、中二の時、母の先夫の子である姉に会う。高校卒業後、モデル業。韓国でアイドル歌手となり、失恋して日本に渡り、歌手として成功する。

田原俊彦（たはらとしひこ　一九六一〜）

小学校の時、父死去。『三年B組金八先生』に出演、デビュー。「たのきんトリオ」田原、野村、近藤の一人。歌って踊れるシンガーの草分け的な人。

尾崎　豊（おざきゆたか　一九六五〜一九九二）

一歳五カ月の時、母が突然発病、入院し、飛騨高山の父の実家に預けられる。小学校時代、転校していじめにあい、登校拒否になる。高校停学三回、結局退学。一八歳でデビュー。出したアルバムはいずれも大ヒット。一年間単身ニューヨーク生活。日本で活動再開直後、覚醒剤所持で逮捕され、最後は反逆のヒーローとして変死。遺作のＣＤが爆発的に売れた。

安室奈美恵（あむろなみえ　一九七七〜）

幼稚園時に、母三二歳で離婚。以後母は、夜はスナックを切り盛りしながら一人で三人の子育てに奮闘。奈美恵は強い母の生き方に学び、わがままを言わない我慢強い子に育った。デビュー三年目に『Try Me』が大ヒット。ソロ史上最年少で、日本レコード大賞を受賞。翌年も同賞連続受賞。二〇歳で結婚し子どもも生まれたが、母が不慮の死に会い、そのニュースが大きく報じられた。引退前のラストツアーは国内の約七五万席分に、五一〇万人以上の応募があった。

10〈俳優・タレント〉

沢田正二郎（さわだしょうじろう　一八九二〜一九二九）

三歳の時、父死去。「新国劇」を創設。劇界の風雲児と呼ばれ「沢正（さわしょう）」の愛称で親しまれたが、中耳炎が元で急死。日比谷音楽堂に一〇万人の会葬者が集った。

浪花千栄子（なにわちえこ　一九〇七〜一九七三）

四歳の時、母死去。極貧の中に育ち、口減らしのために女中奉公に出される等辛酸をなめた。二一歳で芸能界に入る。演技表現の妙を極め、芸達者な脇役女優として、新喜劇、映画、放送等で明彩を放った。渋谷天外と結婚。花菱アチャコとコンビを組んだラジオ番組「お父さんはお人好し」等で広く親しまれた。

長谷川一夫（はせがわかずお　一九〇八〜一九八四）

道ならぬ恋の落とし子で、父親の顔を知らない。叔父の芝居小屋に通いだしたのが四歳。六歳の時、代役で初舞台。一座の地方巡業について回り、学校はろくに通っていない。三七年間に、三〇一本の映画にほとんど主演で出演。匂うような色気があると言われた時代劇大スター。二九歳の時、二枚歯の剃刀で一二センチに渡る傷を左の顔面に受ける。傷痕の部分を埋めるメークに腐心。六六歳で、宝塚歌劇『ベルサイユのバラ』を演出。「役者は……いや、人生は孤独なもんやなー……」の言葉を残す。「国民栄誉賞」受賞。

伴淳三郎（ばんじゅんざぶろう　一九〇八～一九八一）

小五の時、父死去。小六で丁稚奉公に出るが、寝小便などで一年も続かず戻される。一四歳で役者の世界へ。「アジャパー」がヒットする。喜劇役者。

田中絹代（たなかきぬよ　一九〇九～一九七七）

二歳の時、父死去。家業没落の後、大阪の少女歌劇に入団。母の猛反対をよそに松竹入社。日本的すぎる個性で行き詰まり、どん底時代も経るが、清水宏監督との結婚、離婚を始め、名監督に愛され、自らも監督をこなした、日本映画史に残る代表的な女優。長兄は徴兵忌避で行方不明、三番目の兄がパーキンソン氏病となり、この面倒を一生見る。少女時代から晩年まで第一線のスター。『愛染かつら』、『西鶴一代女』他。

望月優子（もちづきゆうこ　一九一七〜一九七七）

三歳の時養女にもらわれ、貧困の中で育つ。高等女学校に入学するが学費が払えず、一年で中退。コーラスガールとして初舞台を踏む。「民芸」、映画で活躍、母親役で熱演。参議院全国区に一期当選。

山田五十鈴（やまだいすず　一九一七〜二〇一二）

新派の女形山田九州男と芸者との間に生まれ、二人の離婚によって赤貧洗うがごとき生活を送る。五歳から芸事を始め、一〇歳で清元の名取。一三歳ではじめて無声映画に出て以来、トーキー、舞台、テレビで活躍。一九歳の若さで女の業の深さ、エゴイズムを完璧に演じることができた。離婚後、俳優、プロデューサーと恋愛遍歴を重ねる。長谷川一夫と共演の『婦系図』のお蔦役他。

高峰三枝子（たかみねみえこ　一九一八〜一九九〇）

一七歳の時、父が急死。家族を養うため松竹入り。筑前琵琶宗家の父の血をひく気品と知性に満ちた美貌で、社長令嬢、ヒロインにと役を得、クールな雰囲気とドライなせりふ回しの〝近寄りがたさ〟も、一般大衆の人気の的であった。歌手としても活躍、『湖畔の宿』は戦地で大ヒット。テレビ司会でも人気を博すが、結婚、離婚、長男の覚醒剤違反容疑逮捕と悲運が続いた。

山口淑子（李香蘭）（やまぐちよしこ　一九二〇〜二〇一四）

満州生まれで、両親は日本人だが、李家の養女となる。「満映」専属で、昭和一三年来日。日本人であることを伏せる。戦後は日本で活躍、ハリウッド映画にも出演。彫刻家イサム・ノグチと離婚後、大使館職員と結婚、引退。以後、女性キャスター、参議院議員で活躍。『暁の脱走』他。

原　節子（はらせつこ　一九二〇〜二〇一五）

家庭の経済的事情で、一五歳の時、高等女学校を中退、女優を目指す。黒沢明、木下恵介、小津安二郎監督らの作品で演技。実兄が撮影現場で事故死。小津の死後、四二歳で引退、以後、隠遁生活を送る。「永遠の処女」と言われた。

ミヤコ蝶々（みやこちょうちょう　一九二〇〜二〇〇〇）

四歳の時、父母離婚。父と元柳橋の芸者、おさきさんとの三人で神戸に移る。七歳、旅廻り一座で初舞台、少女漫才で各地を回る。一六歳、漫才の相方と駈け落ち。二四歳、三遊亭柳枝と結婚。二七歳、離婚、南都雄二と結婚。四二歳、離婚。「夫婦善哉」のコンビは続行する。

森　光子（もりみつこ　一九二〇〜二〇一二）

母を亡くして後、従兄の嵐寛寿郎宅に身を寄せ、小六の時、嵐寛プロから女優デビュー。下女同様の扱いを受けて、新興キネマに移るがちょい役ばかり。歌手として立とうとするも、デビュー盤が発禁になり、前座の前歌を歌う地方巡りをするなど、苦労が続く。菊田一夫に見いだされ、以後、数々の舞台を踏むことになる。林芙美子の一生を描いた『放浪記』は、一九六一年の初演以来一度も公演を休まず、二〇〇三年九月には、一六〇〇回公演を迎えている。これは同一主演俳優による最多上演記録。過去に肺炎で入院した際、病院から舞台に通ったという。文化功労者。「文化勲章」受章。「国民栄誉賞」受賞。

高峰秀子（たかみねひでこ　一九二四〜二〇一〇）

五歳の時、おかっぱ頭の子役でデビュー。貧しい養父母を助けるため、仕方なくしていた女優業であったが、『小島の春』の杉村春子に感動して、改心。天才子役から、娘役で一躍青春スターとなり、戦後は暗い世相を吹き飛ばす明るいキャラクターを熱演、国民を元気づけ、三十路を超えてからは『二十四の瞳』、『浮き雲』でトップ女優となった。多数の主演女優賞獲得。夫君は松山善三監督。

京マチ子（きょうまちこ　一九二四～二〇一九）

三歳の時、父が母子を置きブラジルに渡り、五歳の時、音信が途絶える。母と祖母に育てられる。大阪松竹少女歌劇団を経て、大映に入社。女優魂には傑出したものがあり、黒沢明監督も感度のよさに脱帽している。豊満で伸びやかな肢体を見せつけた『痴人の愛』、『浅草の肌』、国際級の卓抜な演技力を示した『羅生門』、『雨月物語』と、その活躍は一時代を画した。名実共に日本を代表する国際スター。

乙羽信子（おとわのぶこ　一九二四～一九九四）

母は芸者で、物心つかぬ内に養女にやられ、父母の顔を知らずに育つ。宝塚劇団に入団、戦後大映に入社、『処女峰』で映画デビュー。新藤兼人監督と四半世紀もの間内縁関係にあったが、前妻の死後、五三歳の時に正式に結婚。新藤監督の数多くの映画に出演。ＮＨＫテレビ『おしん』でも話題を呼ぶ。「百万ドルのえくぼ」のニックネームで親しまれた。肝臓癌で死去。

宮城まり子（みやぎまりこ　一九二七～二〇二〇）

父の事業の失敗と、母の死去のため、一二歳で学校を中退、地方巡業等をする。二一歳で女優を目指し上京。紅白に連続出場等、スターとなる。吉行淳之介の実質的妻となり、その作品に大きな影響を与える。四一歳の時、障害児のためだけの日本で初めての肢体不自由児療護施設「ねむの木学園」を設立。上皇明仁・上皇后美智子と四〇年の親交があり、両者は度々学園やその美術館を訪問して、まり子に対面し、非常に懇意であった。

藤山寛美（ふじやまかんび　一九二九〜一九九〇）

四歳の時、父死去。四歳で初舞台。松竹新喜劇の中心となり、阿呆役の演技で人気を博す。

新珠三千代（あらたまみちよ　一九三〇〜二〇〇一）

一三歳で宝塚音楽学校入学。映画『人間の条件』、テレビ『氷点』、舞台『細雪』他、数多くの作品で活躍。着物が似合う日本的な美しさを持った女優。プライベートな部分を明かさず生涯独身。「宝塚で大事に扱われて、潔癖すぎてそりゃ大変だった。胸に触るシーンも、触っているように撮ったんだ」と三橋達也さんは振り返った。

いかりや長介（いかりやちょうすけ　一九三一～二〇〇四）

四歳の時、母が結核で死去。おばさん子。演芸好きの父親の影響を受け、浅草演芸、落語、講談を子守歌代わりにした。「ドリフターズ」のリーダーとして活躍した伝説のコメディアン。『八時だよ全員集合』は、一世を風靡した。晩年は、俳優としても成功する。

八千草薫（やちぐさかおる　一九三一～二〇一九）

幼時に、父死去。一人娘を母が育てる。小学校時代は引っ込み思案。宝塚音楽学校にパスし、一六歳で初舞台。純情可憐な娘役で一躍注目される。二〇歳で映画デビュー。二度の離婚歴のある二〇歳近く年上の映画監督と結婚。五〇年以上の女優業。テレビでも活躍。清楚で無邪気な少女の顔で、いつまでも変わらぬ「清純派女優」。『宮本武蔵』でお通、『蝶々夫人』で蝶々さん役他。

黒柳徹子（くろやなぎてつこ　一九三三～）

五歳の時、結核性股関節炎で数カ月ギブスで生活。松葉杖になるところを奇跡的に助かる。ＬＤ（学習障害）のためであったと言われるが、小学校入学後三カ月で退学させられる。ＮＨＫ放送劇団に入団、ＮＨＫ専属のテレビ女優第一号として活躍。日本で初めてのトーク番組『徹子の部屋』は、放送四八年目、一一、〇〇〇回(二〇二三年)を超える長寿番組。『窓ぎわのトットちゃん』は、戦後最大のベストセラー。一九八四年のユニセフ親善大使就任以来、アフリカ、アジアなど多くの国を訪問しており、内戦や貧困で苦しんでいる子ども達の現状を幅広く紹介し、救済を訴え続けている。社会福祉法人トット基金を設立し、福祉事業などに力をそそぐ。日本ペンクラブ会員、ちひろ美術館館長、東京フィルハーモニー交響楽団副理事長などとしても活躍。

仲代達也（なかだいたつや　一九三二〜）

小二の時、父死去。『人間の条件』で映画界に登場、『椿三十郎』、『不毛地帯』、『天国と地獄』、『影武者』、『乱』などに出演、日本人離れした容貌と声量で、舞台俳優を感じさせる。「無名塾」を主宰、舞台俳優教育に貢献している。

岡田茉莉子（おかだまりこ　一九三三〜）

一歳の時に、サイレント時代のスターだった父、岡田時彦が死去。母の手ひとつで育つ。吉田喜重監督と結婚。監督の方は、幼い時に母を亡くし、お手伝いさんと父親の再婚相手に大切に育てられていた。何度も夫婦で一緒に作品を作ってきたが、出演映画一五四本目になる『鏡の女たち』、これも主演で、夫が監督。

樋田慶子（ひだけいこ　一九三四〜）
誕生の時、母が、三人の子どもを残して死去。俳優座養成所を卒業、劇団新派に入団、花柳章太郎に師事。シェークスピアからブレヒト、時代劇まで幅広くこなし、舞台、テレビで存在感を示す。著書に、『つまらぬ男と結婚するより一流の男の妾におなり』。

上原美佐（うえはらみさ　一九三七〜）
父と死別、母が洋裁をして育てる。『隠し砦の三悪人』の雪姫役適任者捜しで苦労していた黒澤明監督により大抜擢される。黒沢一家のお姫様として、デビュー前にスターとなる。しかし、九作で「才能がない」と自ら引退、銀行員と結婚する。気品と野生の二つの要素がかもし出す異様な雰囲気を持ち、突き刺すような鋭い眼孔がセクシーであった。

江波杏子（えなみきょうこ　一九四二〜二〇一八）
六歳の時、母死去。その仕事を継ぎたいと、大映入社。翌年映画デビュー。悪女役の助演が続くが、若尾文子の代役で『女の賭場』に出演。以後、任侠映画の花〝昇り竜のお銀〟として、五年間に一七本主演。だが、『津軽じょんがら節』で演技派へ見事に転身。エキゾチックな彫りの深い顔立ちとクールなセクシーさが魅力で、研ぎ澄まされた美しさの悪女役もいい。

桑野みゆき（くわのみゆき　一九四二〜）

三歳の時、母女優桑野通子が撮影中に倒れ、子宮外妊娠でその日のうちに、三〇歳で死去。一三歳の時、脇役で純情派女優としてデビュー。『青春残酷物語』で清純派のイメージをかなぐり捨て、体当たりで演じ、これが代表作となる。しかし、突然結婚し、きっぱりと引退。『彼岸花』、『赤ひげ』他。

東野英心（とうのえいしん　一九四二〜二〇〇〇）

九歳の時、初代水戸黄門役を演じた英治郎が家を出て愛人の許に去り、長い間、父母の間に立たされて悩んだ。高校時代カミナリ族になって遊び回り、母が死去した際に父を激しく非難。ＮＨＫの『中学生日記』等で好演、奥行きのある脇役でファンを唸らせていた。五八歳の時、脳内出血で死去。

樹木希林（ききききりん　一九四三～二〇一八）

父は若いころ警察官で、管轄の神田神保町でカフェを経営していた母と知り合い結婚、結婚後カフェの主人になる。母は七歳上で、二人の先夫との間に一人ずつ子があった。千代田女学園に入学後は演劇部に在籍、薬剤師を目指すも、受験直前に足を骨折、受験を断念せざるをえなくなる。卒業式にも出れず、家でじっとしている自分を同級生と比べて、絶望感や疎外感を抱えたという。そんなとき、文学座の研究生募集を見つけ、一次試験に約千人いた中で合格する。一九六四年に俳優と結婚するが、四年後に離婚。一九七三年に内田裕也と再婚するが、一年半で別居。特に当り役は二〇代の頃から演じていた老け役。個性派女優として数多くのドラマや映画で、身に染みる演技を披露した。晩年は、病気との壮絶な闘いがあった。二〇〇三年に網膜剥離で左目を失明、二〇〇四年には乳ガンが発見され、翌年右乳房の全摘出手術。二〇〇八年、腸や副腎、脊髄にまで計一三カ所に「ガン」が転移しており、特別な放射線治療を受けた。そうした中、二〇一三年には日本アカデミー賞で最優秀主演女優賞を獲得、その授賞式で「全身ガン」を告白して、視聴者を驚かせた。フジカラーのＣＭには四〇年にわたって出演し続け、二〇〇二年消費者の好感度が最も高い女性ＣＭタレント一位に輝いた。

タモリ（たもり　一九四五〜）

幼時に、両親離婚。祖父母に育てられる。小三の時、下校途中に電柱のワイヤに顔をぶつけ、針金の結び目が右目に突き刺さって失明。二カ月休学して治療するも、視力は戻らなかった。父が大学時代に死去。一浪し早大西洋哲学科入学、一年で抹籍処分となる。朝日生命に入社、以後、職歴変転。卓抜なアイデアと芸で不動の人気を得る。

泉ピン子（いずみぴんこ　一九四七〜）

二、三歳の頃、母死去。そのことを小四の時、近所のおばさんに聞く。猛烈なショックを受け、継母に対して反抗的になる。高校入学の時、父からそのことを話され、知らない振りを演じていたことを告げる。日本音楽学校中退。一八歳の時、漫談の牧伸二に入門。キャバレーでの女漫談家として日本中の地方を巡る。八年間で得た財産を携え、日テレ『ウィークエンダー』に登場、一躍全国に知られることになる。丁々発止の語り、独特のバイタリティある演技、橋田寿賀子とのコンビなどで売れっ子女優となる。『おしん』の母親役、他。

前田美波里（まえだびばり　一九四八〜）

三歳の時、父母離婚。父がアメリカに戻り、母に育てられる。十五歳で、ミュージカルにデビュー。十七歳で、資生堂の夏のポスターに起用され、脚光を浴びる。ポスターの歴史を変えたといわれる。歌手マイク真木と結婚、離婚。『キャッツ』他、舞台を中心に幅広く活躍中。男優真木蔵人は長男。

テリー伊藤（一九四九〜）

四男一女の末っ子、築地の卵焼き屋に生まれ、好奇心旺盛、仕事より遊びの方が大切と父から教えられ育つ。日大闘争に参加、左目に投石を受け、視力をほとんど失い、それが後遺症となる。テレビ界に入り、多くのヒット番組を生み出し、テレビに自ら出演、異彩を放っている。本業はテレビ番組やコマーシャルの演出家。独特の感性で、時代の一歩先を見つめ、常識に挑戦している。著書も多数。

オスマン・サンコン（Osuman Youla Sankhon　一九四九〜）

中学の時、父死去。高校二年生の時、サッカーの試合中、右足を骨折。以来、びっこを引く身となる。大学卒業後、フランスに国費留学。日本に、ギニア大使館を設立するために来日。八年後アメリカの大使館で働き、再来日。以後、独特のキャラクターで人気を博し、タレントとして活躍中。

草刈正雄（くさかりまさお　一九五二〜）

生まれた時から母子家庭で育ち、小学生時代、新聞配達、牛乳配達を掛け持ちするなど家計を助けた。母が時代劇映画が好きで、一緒について行った。中卒後、本のセールス、文具の配達員などで働きながら、定時制高校に通い、軟式野球部のピッチャーで全国大会に。モデル事務所を紹介され一七歳で上京、都立青山高校定時制に転校。売れっ子モデルになり二年後、俳優へ転向。朝鮮戦争で戦死したと聞いていた父が、実は生還し一〇年前まで生きていたと、ＮＨＫ『ファミリーヒストリー』（二〇二三年放送）で判明。母は、帰国を命じられて離れた父ロバートの写真を全部処分していた。二三歳の第二子を、転落事故で失っている。テニスが、趣味。自らを「面倒くさがり」と自認。著書に、『人生に必要な知恵はすべてホンから学んだ』。

岸本加世子（きしもとかよこ　一九六〇〜）

若い時の苦労が実り、一九七七年、「ムー」でドラマデビュー。アイドル的な人気を得て、女優となる。ドラマでは、「ニューヨーク恋物語」、「氷点」、「トットてれび」他、映画では「男はつらいよ　寅次郎紙風船」、「HANA-BI」等、多くの作品に出演。先輩美空ひばり、ビートたけし監督、奈良岡朋子、大地喜和子さん等に大事にされ、交流することができた。その演技には、現実が厳しくても楽観主義で耐える、どことなくにじみ出る優しさがある。色紙に、「たくましき楽観主義　岸本加世子」と書く。

柳葉敏郎（やなぎばとしろう　一九六一〜）

八歳の時、父病死。一九歳、役者を目指して上京。最初の役は一〇人死体の一番下の役など苦悩のエキストラ時代を経て、実力派のマルチタレントに成長、活躍中。元「一世風靡セピア」のメンバー。

宮沢りえ（みやざわりえ　一九七三〜）

生後四カ月の時、父母離婚。父親オランダ人。小四まで伯母の家で育つ。五年生の時、モデルでデビュー。一八歳のヌードで騒がれる。母子家庭に育ったりえにとって、映画監督勅使河原宏氏は恩師というだけでなく父親のような存在だった。「透明感があって、世俗臭さがない」と『豪姫』の主役に抜擢され、スターの座を確立することになった。氏の葬儀に際しては、その遺影を前に、何度も号泣、式の間終始ハンカチを放さなかった。

えなりかずき（一九八四〜）

「ボクにとって父は絶対的な存在、コーチですね。私生活でも仕事でも。ただ、一回も手を上げられたことはありません。父いわく『自分はたたくほど甘くはない。もっと冷たい』。２ＤＫのわが家ですか。ま、たとえるとハムスターの家。ボクの部屋なんてない〈ザ・インタビュー、毎日〉」。三歳から芸能人。『渡る世間は鬼ばかり』（ＴＢＳ）、『お江戸でござる』（ＮＨＫ）など、多くのテレビドラマ、バラエティ番組に出演。赤穂浪士四七人の名前を暗記しているとのこと。

11〈芸能・他〉

松旭斎天一（しょうぎょくさいてんいち　一八五三～一九一二）

父の代に、福井の家が断絶、阿波在住の叔父住職の寺に預けられ、両親が相次いで病没。以降いくつかの寺を放浪など。大阪の見世物小屋で西洋手品を見て感動。西洋人ジョネスと知り合い、西洋手品を学ぶ。共に、上海他で巡業も。帰国して、明治一三（一八八〇）年、天一一座を旗揚げ。政財界の知遇を得て、奇術界の第一人者となる。天一、天二、天勝の師弟三枚看板で欧米を巡業する。「日本近代魔術の祖」。

中村雁治郎（初代）（なかむらがんじろう　一八五九～一九三五）

三歳の時、父母離婚。母の許に残され、母と二人の苦しい生活を送る。十五歳の時、役者になることを決意。後に関西歌舞伎界を代表する人となる。

川上音二郎（かわかみおとじろう　一八六四～一九一一）

一四歳で、母を失ったことに衝撃を受けて故郷を出奔。東京で放浪生活を送る。お供えの仏飯を盗んで捕らえられ、小坊主となる。散歩中の福沢諭吉に拾われ、慶應義塾の小使いとなる。オッペケペー節を歌い、人気を得る。六回監獄に入る。〝正劇〟運動、女優の養成、帝国座建設、などに手腕を発揮、初の日本演劇海外公演を果たす。

徳川夢声（とくがわむせい　一八九四〜一九七一）

母親が何度も代わる。母親に甘えることを知らずに育つ。『宮本武蔵』の朗読などで独自の話芸を完成させる。

林家彦六（はやしやひころく　一八九四〜一九八二）

幼くして母一人子一人の生活となり、小学校を出るとすぐ奉公に出され、以後転職を続ける。八代目正蔵を襲名、以後、八五歳まで三〇年間、林家正蔵として活躍。

横山エンタツ（よこやまえんたつ　一八九六〜一九七一）

継母とうまくゆかず中学二年で家を飛び出す。喜劇役者として各地を回り、吉本興業に入り、「しゃべくり漫才」で人気を博す。

花菱アチャコ（はなびしあちゃこ　一八九七～一九七四）

家が貧しく子沢山で小学校は五年まで。その後額縁屋に丁稚奉公、鉄工所のフイゴ吹きなどで家計を助ける。横山エンタツとコンビを組み、近代的な漫才の芸を確立。ラジオドラマ『お父さんはお人好し』で人気を博す。

溝口健二（みぞぐちけんじ　一八九八～一九五六）

家が貧しいために、芸妓となった姉によって育てられた。終生変わらぬテーマ「聖なる女性」は、この姉への思いから生まれている。一七歳の時、母死去。二二歳で、日活撮影所へ。二七歳の時、同棲していた女性に、痴情の果て剃刀で背中を斬られる。川口松太郎が小学校の同級生で、二人の交友は生涯に渡って続いた。『西鶴一代女』、『雨月物語』、『山椒大夫』で、ベネチア国際映画祭三年連続受賞。完全主義、ワンシーン・ワンカットの長回しで知られる。邦画界にリアリズムを確立、日本ばかりでなくフランスのヌーベル・バーグにも影響を与えた、世界的映画監督。

円谷英二（つぶらやえいじ　一九〇一〜一九七〇）

三歳の時、母死去。その時、養子の父が家を去り、以後祖母に育てられる。一五歳で日本飛行学校に入学。活動写真技師に拾われ、カメラマンとなる。『ゴジラ』、『ウルトラマン』の生みの親。「特撮の神様」。

小津安二郎（おづやすじろう　一九〇三〜一九六三）

寄宿舎から追い出され、自宅通学の合間に映画を見る習慣ができる。笠智衆、原節子主演の『東京物語』、『秋刀魚の味』などの傑作を世に送る。市民生活の細部を独特のローアングルで凝視。夫婦や親子、人生の機微を丹念に描き、「小津調」と呼ばれた。「最も日本的な映画」とも言われ、死後、芸術的声価が世界に浸透した。監督総作品数、五四本。映画監督として初めて日本芸術院会員。母との二人暮しで、生涯独身。

榎本健一（えのもとけんいち　一九〇四〜一九七〇）

幼時に、母死去。一七歳で父親を亡くす。一五〇センチの短躯。晩年に一人息子を失い、脱疽のため片足切断するが、舞台では最後までギャグを連発した。愛称「エノケン」。「喜劇王」。

黒沢 明（くろさわあきら 一九一〇〜一九九八）

四男四女の末っ子。生粋の軍人だった厳格な父から武士の精神をたたき込まれる。一三歳の時、関東大震災に遭遇。限りない数の死体の山を見せて回った映画説明者の兄が、二七歳で心中自殺。同年、長兄死去。『羅生門』がベネチア国際映画祭金獅子賞。『生きる』がベルリン国際映画祭で銀熊賞。『七人の侍』がベネチア国際映画祭で銀獅子賞。六一歳、手首と首を切り自殺未遂。『影武者』がカンヌ国際映画祭でグランプリ。七五歳の時公開された『乱』では、一人の女性にあやつられる男たちを描く。男らしさとヒューマニズム、大胆で細心、世界に日本を知らしめ、三〇本の名作を残した映画監督。「文化勲章」受章。「国民栄誉賞」受賞。「世界のクロサワ」。

中村歌右衛門（六代）（なかむらうたえもん 一九一七〜二〇〇一）

生まれながらに左の脚を脱臼していたために、二歳頃まで歩くことができなかった。手術を繰り返したが、一生を通じて左足が不自由だった。「芝居を見に来るお客様には何の関係もないこと」と自らに言い聞かせ、常に人に足の悪いことを気づかせないように努めた。五歳で、初舞台。若い時身の回りの世話をしていた男衆と「駆け落ち」したこともある。芸術院賞を史上最年少で受賞。「歌舞伎の女形」として歴史に残る数々の名演を見せ、また急速に変わり行く戦後社会の中で歌舞伎の発展を支えた。慢性呼吸不全で死去。女形の最高峰で戦後を代表する歌舞伎の「人間国宝」。

やなせたかし（一九一九〜二〇一三）

四歳の時、父死去。母が再婚し、弟と一緒に、開業医の伯父宅に引き取られる。少年時代、『少年倶楽部』を愛読、中学時代、絵に関心を持ち、官立旧制東京高等工芸学校図案科に進学。グラフィックデザイナーとして勤務後、漫画家となる。月刊『詩とメルヘン』刊行。「アンパンマン」の生みの親。アニメ『それいけ！アンパンマン』が大ヒット、様々な賞を受賞。ミュージカルを企画、『見上げてごらん夜の星を』の舞台美術、『手のひらを太陽に』の作詞作り。編集者、舞台技術家、演出家、司会者、コピーライター、作詞家、シナリオライター。多彩で、困った時のやなせさんとまで言われる。晩年は色々と病歴を重ねながら、「笑いながら死ぬんだよ」と明るく、九四歳で没するまで、幅広く貢献した。幼児層に絶大な人気を得た。日本漫画家協会代表理事理事長・会長等を、歴任。

長谷川町子（はせがわまちこ　一九二〇〜一九九二）

一三歳の時、父死去。一五歳で、漫画を描き始める。二六歳で『サザエさん』の連載開始。「国民栄誉賞」受賞。生涯独身。

玉川スミ（たまがわすみ　一九二〇〜二〇一二）

幼時に、父母死去。三歳で初舞台。六歳で座長。以後様々な芸で知られるようになる。一二〇本の扇子を広げて、口や片足で支えて持ち、松の木を芸で演じる『松づくし』は圧巻。育ての親を含め一三人の親を持つ。平成三年秋に芸能界で第一号の勲五等宝冠章を受章。女流俗曲師。芸歴九〇年。

おおば比呂司（おおばひろし　一九二一〜一九八八）

一三歳の時、父死去。幼少より画才をあらわし、兵役の後、北海道新聞社の挿絵描きの明け暮れ、これがおおば漫画の原点となる。画風はどこまでもほのぼのとして温かく、あたかも水鳥の水面をゆうゆうとすべるさまにも似ており、水面下では、あわただしく細心に水をかく、努力の人。漫画家。

鳳　啓助（おおとりけいすけ　一九二三〜一九九四）

二歳の時、父死去。三歳で祖父の劇団の子役で出演。一九歳で一座を作る。京唄子と二度目の結婚。啓助の浮気で、離婚。その後も二人は漫才コンビを続け、「おもろい夫婦」は一七年、「唄啓劇団」も一七年続く。四人目の妻の看病の許、癌で死去。漫才師で台本作家。

桂　米朝（三代）（かつらべいちょう　一九二五〜二〇一五）

小学校卒業寸前に、父死去。現代の落語界を代表する落語家の一人。第二次世界大戦後崩壊寸前だった上方落語の継承、復興への功績から「人間国宝」に。「文化勲章」受章。

富永一朗（とみながいちろう　一九二五〜二〇二一）

三歳の時、父肺結核で死去。五歳の時から父の郷里の大分県佐伯市に移り、中学卒業までそこで育つ。小四の頃から田河水泡を真似て、漫画を描き始める。佐伯中学(現佐伯鶴城高校)に二番の成績で合格。同校一年の時、地元で小学校の教員をしていた母が、不倫事件を起こして子どもを生み東京に出奔、このため祖母に育てられる。台湾の台南師範学校(現国立台南大学)が無試験かつ学費無料であると知り同校に入学。空襲を受け、逃げ回っていた。引き揚げ後、佐伯市立鶴岡小学校で理科と図画の教師に。一九四八年に佐伯小学校に転勤、図画を教え、全国の図画コンクールで特選を取るほどの児童を育てる。教職を辞して上京、出会いがきっかけで、才能が認められ漫画を投稿、掲載。三五歳の時に描き始めた『チンコロ姐ちゃん』は代表作。長寿番組(1976〜1994)「お笑いマンガ道場」にレギュラー出演。「マンガ文化の町づくり」にも貢献。佐伯市の国道二一七号線には、富永の作品をモチーフとした陶板「イチロードロード」が残されている。

手塚治虫（てづかおさむ　一九二八～一九八九）

幼少年期、痩せこけたひ弱なチビで、髪は天然でチリチリ、メガネをかけて、団子っ鼻に特徴があり、ずっと「いじめられっ子」であった。ガキ大将、番長クラスに朝から晩まで酷い目に会い、クラスメートからも馬鹿にされ、いびりの標的であった。厳しい躾を受けていた母からは「今日は何回泣かされたの」と尋ねられる始末。母が買ってくれた漫画をセリフだけでなく、画面も残らず暗記してしまうほど何度も読み返し、漫画を描いていた。それがいじめ対策になることに気づく。小五の時、ノートに一冊分の漫画を描き、先生にほめられて、これが転機となる。戦争体験から生命の尊さを深く知り、医学の道を志して後年医学博士になるが、漫画家の道を選ぶ。愛すべきキャラクター『鉄腕アトム』たちは、漫画からさらにテレビを通じて日本中を席巻、アメリカ、ヨーロッパ、アジアの各国にも輸出され、世界の子ども達の夢を育んでいる。

三波伸介（初代）（みなみしんすけ　一九三〇〜一九八二）

一二歳の時、母脳溢血で死去。一三歳の時、長兄二二歳で戦死。一〇歳の時、児童劇団「東童」に入団していたが、日大芸術学部に進み、中退。家業の洋服店を継がず、二四歳で自活を始める。「てんぷくトリオ」、「笑点」の司会。ＮＨＫの『減点パパ』等、テレビで活躍する。

山田洋次（やまだようじ　一九三一〜）

幼い時、父母離婚。旧制中一の時、敗戦。大連から伯母のいる山口へ引き揚げる。兄と朝から街角に並んでピーナツを売って生活費を稼ぐ。東大卒業後、松竹大船撮影所入社。四八回続いた『男はつらいよ』寅さんシリーズ、『学校』シリーズ、『たそがれ清兵衛』等、実直、素朴な人間の営みによせる優しいまなざしにみちた作品で知られる。現役でキネマ旬報ベストテンに最多入賞した監督。菊池寛賞、日本アカデミー賞監督賞など受賞。

大山のぶ代（おおやまのぶよ　一九三六〜）

五歳の時、男の子のような変わった声のことを、幼稚園の参観授業で取りざたされる。中学に入り、母からこの声に挑戦するように言われ、放送部に入る。高校一年の時に、その母が癌で入院、八カ月後に帰らぬ人となる。反対する父の許を去り、俳優座養成所に入所。結婚後、一年で長女を死産、六年後に次女が未熟児で生まれ、三カ月で死去。これらを乗り越え、独特の声を逆に生かしての『ドラえもん』役がはまり役となる。著書に、『大山のぶ代のおもしろ酒肴』（一三六万部のミリオンセラー）、『大山のぶ代の毎日のおかず』等。

梶原一騎（かじわらいっき　一九三六～一九八七）

早稲田大学入学が決まった直後、父親が死去。野球を題材にした連載漫画『巨人の星』が爆発的なヒット。続いて『柔道一直線』、『あしたのジョー』等、テレビ化、映画化され、人気を博した。

笑福亭仁鶴（しょうふくていにかく　一九三七～二〇二一）

八歳の時、母死去。工業高校卒業後、一八歳の時、父親の鉄工所を手伝ううち、桂春団治の落語を耳にし、レコードを買い入れ、すり切れるまで聞き、覚える。一九歳頃民放の素人演芸番組に出るようになり、二四歳の時、松鶴師匠に入門、落語家の道を歩み始める。以後、独特の持ち味を生かし、演芸、放送、映画と幅広く活躍する。ＮＨＫでもレギュラーの司会で活躍した。

湯川れい子（ゆかわれいこ　一九三九〜）

七歳の時、父死去。ジャズ専門誌『スウィング・ジャーナル』への投稿が認められ、ジャズ評論家でデビュー。ラジオのＤＪ、ポップス評論、解説を手掛けるほか、講演会、テレビでの審査員、コメンテーターとしても活躍。音楽を愛し、人を愛し、家族を愛し、好きなことに素直に情熱を傾けるそのさまは、最も自然体で、現在活躍する女性の先駆者的存在として高い支持を得ている。又、ボランティア運動に多くの時間を割き、環境問題、反核・反戦平和運動などに積極的に取り組んできた。作詞家、音楽評論家、翻訳家、ＵＳＥＮ放送番組審議会委員長。

和田　勉（わだべん　一九四〇〜二〇一一）

一一歳の時、母死去。父、再婚せず。「父は僕が『本を買う』と、とても喜んだ。小学校、中学校と、ぼくは町の文精堂という一番大きな本屋さんで、すべての本を父のはからいでツケで買うことができた。また、敗戦直前に防空壕で、父の『現代日本文学全集』総計四三巻をほとんどすべて中学三年生で読みつくしてしまった」。ＮＨＫに入社。女優操り師、怪物ディレクターなど異名を持った。著書に『素敵な女ほどウソがうまい』。演出家。

宮崎　駿　（みやざきはやお　一九四一〜）

三歳の時に、母親が難病の脊椎カリエスを発症し、以降九年間、自宅療養をする。母は結核に侵され、その菌が脊椎にも及んでいたために、幼少期、駿少年が「おんぶしてほしい」と言うと、母親は、「出来ない」と、涙ながらに断ったという。ベッドに寝たきりが多かった母親に、素直に甘えることができない四人兄弟の次男坊であった。その母親は、本来は明るく、活発で言うことはズバリと言う、勝気で、そして心はやさしい人柄であったという。療養する母・宮崎美子が、『となりのトトロ』などのモデルになったと言われる。宮崎駿監督の心の中に潜んでいた、幼少期からの母親との関係の葛藤などが、NHK〜ポニョ密着三〇〇日〜で放映されている。彼の描く母親は、トトロの時の若く美しい母親以外は、鼻のとんがった、魔法使いのような外見のおばあさんが多い。しかし、その心の芯には、温かなユーモアとやさしさを秘めている。彼はスタジオジブリを設立し、『天空の城ラピュタ』や『千と千尋の神隠し』、『魔女の宅急便』、『風の谷のナウシカ』、『崖の上のポニョ』、『風立ちぬ』、『君たちはどう生きるか』など、数々の長編アニメを生み出した。作品の特徴として、子供の視点に合わせたアニメを制作することへのこだわりを持っている点がある。それと同時に、彼の作品は細部まで描き込まれた世界最高峰の、子供から大人まで幅広く愛されるアニメーションとなっている。素晴らしい想像力で、凄まじい仕事量をこなして多くの大作を生み出している。国際的な評価を得ている、日本を代表する映画人である。

桂　文枝（六代）（かつらぶんし　一九四三〜）

生後一一カ月で、父肺結核で死去。母は、静也を引き渡して離縁するようにという河村家の話を拒否、材木工場に住み込みで勤務、次いで静也を兄の家に預けて旅館で働いた。市岡商業高校で演劇部に入部。先輩に触発され、同級生とともにＡＢＣラジオの『漫才教室』に出演して賞金を稼ぎ、大阪で名の知れた存在に。関西大学商学部第二部商学科に進学。三代目桂米朝の口演を聴いて、落語に惹かれる。朝日放送の『新婚さんいらっしゃい！』で「同一司会者によるトーク番組の最長放送」としてギネス世界記録に。同番組の司会は二〇二二年三月まで五一年間務めた。創作落語を自作自演する作家活動も長く続けており、作品数は二〇二〇年で三〇〇本になっている。二〇二三年七月、ＢＳよしもとで新番組、『桂文枝の全国の首長さんに逢いたい！』スタート。

ビート・たけし（一九四七〜）

武の母さきは、生まれてすぐにその母を亡くし、父と祖父に育てられたが、小学校を出る頃に父も亡くなり、一四歳の時、奉公に出る。仕事は便所掃除などの下働き。その奉公先で出会ったのが義太夫の指導者北野うしで、後に武の祖母になる人であった。結婚後、七カ月で夫は急死する。塗装職人の菊次郎が、二度目の夫となり、武の父親となる。飲んで遅く帰宅する夫と修羅場を繰り広げたと『孤独』の中で回想。浅草に三男として生まれ、足立区で育つ。小中高と野球部、高校時代に、ボクシングも。さきは家に一本しかない包丁で子供たちの鉛筆を削ることを欠かさず勉強を徹底させ、内職を掛け持ちし家計を支えた。明大工学部に現役合格。しかしその先の未来が描けず、三年の時学校を辞める覚悟をかため家出を決意。

立川志の輔（たてかわしのすけ　一九五四〜）

三歳の時、両親と別れ母方の祖父母に育てられる。明治大学で落語研究会に入り、立川談志に入門。落語家の看板を掲げながらレポーター、司会、講演、落語会と大活躍。にっかん飛切落語会奨励賞を二年連続受賞。著書に『笑われる理由』、『志の輔・好江のつっこみ料理』、『古典落語一〇〇席』、『千字寄席』等。主な出演番組はＮＨＫ『ためしてガッテン』等。

明石家さんま（あかしやさんま　一九五五〜）

和歌山県串本町の水産加工業の次男。三歳の時、母が病死。奈良県に転居、実家は一階が工場の二階に自宅。「ムササビを捕まえた少年」として話題になる。高学年の時、父が再婚。連れ子がいて、継母に馴染めず苦労する。奈良県相撲大会で、準優勝。中学時代、同級生二人と「アーアーズ」といういたずらグループを結成、遊びに興じ、植木等のモノマネをする。「自分の頂点は一七歳」と公言するほど、高校時代はじけて、英語教師から「杉本、おまえ、吉本入れ」と言われ、高三の二月に、笑福亭松之助師匠に弟子入りする。

桂三木助（かつらみきすけ　一九五七～二〇〇〇）

四歳の時、父死去。立教大学経済学部在学中に、亡くなった父、三代目三木助の親友であった柳家小さんに弟子入りする。四代目三木助となったが、「落語界の新人類」と呼ばれ、派手な生活もしていた。芸術祭賞演芸部門の優秀賞を受賞、親子二代受賞が話題となった。晩成を期待する批評家もいる中、四三歳で自死。

12〈スポーツ〉

嘉納治五郎（かのうじごろう　一八六〇～一九三八）

一五七センチ足らずの小躯。一八歳の時に初めて柔術と出会う。道場「講道館」を開設。古来の柔術を改良した講道館柔道を完成。第五高等中学校校長。日本最初の国際オリンピック委員会（ＩＯＣ）委員。大日本体育協会創立、初代会長。第一二回東京オリンピック招致に尽力。

宗　道臣（そうどうしん　一九一一～一九八〇）

八歳の時、父死去。天理教を信仰していた母に育てられる。一〇歳の時、父方の祖父と満州に渡る。一五歳頃、母と二人の妹が相次いで死去。翌年祖父も他界し、天涯孤独の身となる。工作員として再び満州に渡り、そこで少林寺拳法の師に出会う。日本の「少林寺拳法」の創始者。

双葉山（ふたばやま　一九一二～一九六八）

一〇歳の時、母死去。六歳の時、吹き矢が右目に当たりほとんど視力を失う。又小学生の時に滑車に挟まれ左小指を第一関節から失う。小学校四年で父が事業に失敗。現役時代は相手に右眼のことはさとられなかったが、引退後そのことを打ち明けられた出羽海は、感動のあまり思わず双葉山の手を握って号泣しという。土俵生活の中につねに道を求めてやまない姿は力士の理想像であった。二場所時代に六九連勝。

エディ・タウンゼント（Eddie Townsend　一九一四〜一九八八）

ハワイ・ホノルル生まれ。父はアイルランド系アメリカ人、母が日本人。三歳の時に、母が病死。母の妹と父が再婚。新しい母と折り合いがよくなかった。一四歳の時、ボクシングを習い始め、ボクシングジムにスカウトされ、アマからプロに。戦争勃発で現役を引退、トレーナーに。四四歳で二五歳のダンサーと結婚。力道山の招きで来日。トレーナーとして多数のジムを渡り歩き、その間ガッツ石松、井岡弘樹等、六人の世界チャンピオンを含む、多くのボクサーを育成した。癌で、死去。

スタルヒン（Victor Starffin　一九一六〜一九五七）

九歳の時に祖国ロシアから亡命して来日。マウンドで野次を飛ばされるとポロポロ涙を流しながら投球を続けた。年間、四二勝三八完投、年間最多一八連勝達成。初のプロ野球三〇〇勝投手。交通事故死。

古橋広之進（ふるはしひろのしん　一九二八〜二〇〇九）
　中学三年の時、勤労動員の作業中歯車にかまれ、左手中指の第二関節から先を切断。これを発憤材料にして猛練習に打ち込む。日大では朝は四時半から五、六〇〇〇メートル、授業終了後全体練習で六、七〇〇〇メートル、寝る前にはまたプールに向い、手足が棒のようになるまで泳ぎ続けた。更に脚力強化のために、考えつくことには片っ端から挑戦。結果、昭和二四年全米選手権自由形で、四〇〇、八〇〇、一五〇〇、八〇〇リレーで世界新樹立。「フジヤマのトビウオ」と呼ばれ、三三の世界新記録を作り、戦後の人々に生きる勇気を与えた。日本水連、世界水連副、日本オリンピック委員会（ＪＯＣ）会長等を務める。「文化勲章」受章。

荻村伊智朗（おぎむらいちろう　一九三二〜一九九四）
　二歳の時、父を失う。高一で、卓球を始める。卓球台は、空襲で屋根の焼け落ちた体育館に、皆でアルバイトをして買った中古品。都立大では、一日八時間の練習。日大卓球部の八尾板監督に誘われ日大へ移り、軟式、硬式で日本選手権獲得。二一歳の時、ロンドンの世界選手権に、卓球仲間の街頭募金や後援会のカンパで出場、根強い反日感情の中、男子シングルスに初優勝。三三歳で現役を引退するまでに、世界タイトル一二。米中国交回復のきっかけとなった世界選手権名古屋大会を成功させ、世界選手権千葉大会では、南北朝鮮統一チームを実現させた。国際卓球連名会長。世界一の卓球選手で指導者、水泳の古橋に続く戦後日本スポーツ界のヒーローであった。肺癌で死去。

野村克也（のむらかつや　一九三五〜二〇二〇）

三歳の時、父が戦死。病弱の母、兄と三人で貧乏に苦しむ。九歳から新聞配達。高卒で南海に入団。戦後初の三冠王となる。捕手、四番打者で、監督を務めるが、解任され去る。後に少年野球チームの監督として全国優勝。万年Bクラスのヤクルトを日本一のチームに育て上げる。幼少の時から亡くなる直前まで、野球を続け、オフや休日にも講演やテレビ出演、執筆活動等数え切れないほどの仕事をこなした。現役時代は捕手兼任監督を務め、監督としての試合出場三二〇四試合。

青木宏之（あおきひろゆき　一九三六〜）

小三の時には、第二次大戦で母、姉、弟をそれに兄をも失っており、孤独の少年期を過ごす。子どもの頃から虚弱体質で仲間遊びを知らなかったが、中央大法学部で空手部に入部。二期連続主将。松濤会で空手を指導、「楽天会」を結成。心身を開発する現代人のための「新体道」を創始。自身が提唱する「天真思想」をベースにした「天真書法塾」開講、「瞑想カレッジ」開講。

遠藤幸雄（えんどうゆきお　一九三七〜二〇〇九）

小三の時、母親を亡くし、中学から高校までを福祉施設で過ごす。アルバイトをしつつ東京教育大を卒業。日大の講師となってから体操界で頭角を現す。昭和三七年から全日本選手権四連覇。三九年の東京オリンピックで個人総合優勝し、団体優勝をも導く。四三年のメキシコ五輪では、団体優勝の牽引車となり、開会式では日本代表選手団の旗手を務める。紫綬褒章、旭日中綬章受章。食堂癌のため七二歳で逝去するまで、福祉施設への寄付を続けた。

王　貞治（おうさだはる　一九四〇〜）

中華民国(台湾)籍。出産時は仮死状態でその後も病弱で、「三つまで立つことすらおぼつかず、四歳でやっと丈夫になれた」と本人が述べている。同じ日に生まれた双子の姉は、一歳三カ月で死去。兄が野球部に入ったことがきっかけで、野球好きになる。小四でクラス仲間とチームを作る。懸垂もできず腕相撲もからっきし弱かった子が、野球はうまく投手で四番を打つようになる。町工場のおやじさんが作った高校生主体の野球クラブに中学生で加わり、このチームで、後に王のコーチとなり師匠となる荒川洋に出会う。左投げ右打ちを、左打ちに変えるようにと指導され、荒川の母校でもあった早稲田実業で野球部に入る。「一本足打法（軸足で立ったままの姿勢を保つフラミンゴ打法）」。通算本塁打世界記録八六八本。「国民栄誉賞」受賞者第一号。ソフトバンク球団取締役会長終身ＧＭ等。

山手　勝（やまてまさる　一九四二〜）

三歳の時、空襲で被弾し、左腕を失う。家出をして日本中を転々。米国に片腕のプロゴルファーがいると聞いて発奮。八時から五時まで勤務し、夜明けから練習。夜も炭坑のキャップランプで訓練。五年かかって、三七歳の時、一八ホールを回れるようになる。平成三年にプロ入り。日本で唯一の「隻腕のプロゴルファー」として大成。逆境に負けず努力する姿は、多くの人々に感動をもたらし、生きる勇気と希望を与えてくれる。

アントニオ・猪木（アントニオ・イノキ　一九四三〜二〇二二）

五歳の時に、父死去。実家石炭問屋が倒産。一三歳の時、貧困を抜け出せるかもしれないと、祖父、母親、兄弟と共にブラジルへ渡り、サンパウロ市近郊の農場で少年時代を過ごす。ブラジル移住後最初の一年半は、農場で早朝五時から夕方五時までコーヒー豆の収穫等を中心に過酷な労働を強いられた。幼少時代は運動神経が鈍かったが、移住後は陸上選手として全ブラジル陸上競技選手権少年の部で砲丸投げ円盤投げの二種目に優勝。その際、遠征中の力道山の目に留まる。新日本プロレスの創業や、異種格闘競技戦で活躍。参議院議員(二期)、スポーツ平和党代表、日本を元気にする会代表等を歴任。「燃える闘魂」。

星野仙一（ほしのせんいち　一九四七〜二〇一八）

誕生前に、父死去。母の手一つで育てられる。巨人入りの夢がかなわず、中日ドラゴンズに入団。中日一筋に一四年間、エース、打倒巨人に燃えた闘将として、「ジャイアンツキラー」の異名を取る。中日の監督となってからは、リーグ優勝二回。阪神の監督となって二年目、四年間最下位であった阪神を、十八年振りにリーグ優勝に導く。最愛の妻扶紗子さんを五年前に亡くし、母の死に向き合った直後のことであった。「正しいと思ったことは、信念を持ってやり遂げなさい」の母の言葉は、強い心の支えであったという。

衣笠祥雄（きぬがささちお　一九四七〜二〇一八）

幼少期は、母方の祖父に育てられ、小学校三年の時、母が再婚してから一緒に暮すようになる。小学校の卒業作文に「将来、プロ野球選手になりたい」と書く。プロ野球の連続試合出場の日本記録、世界二位記録の保持者。「鉄人衣笠」と呼ばれる。「国民栄誉賞」受賞者。筆者は若い時、本人がプリンスホテル品川のエレベーターから丁度出てきた所に、対面で出くわし、思わず右手を差し出してしまった。それをしっかり握り返してもらえた。ほんの一瞬のことであったが、奇跡的で、感動的な出来事であった。握手させてもらった握った時の少し浅黒かったその手の感触を今でも覚えている。

貴ノ花（たかのはな　一九五〇～二〇〇五）

五歳の時、父死去。七歳の時に、母と共に子ども達五人が、兄二子山の家に引き取られ、室蘭から杉並へと転校。中三の時、一〇〇メートルバタフライで中学新記録樹立。母の意見に従い、相撲界へ。二〇歳の時、憲子夫人と結婚。藤島部屋親方として、若貴兄弟横綱を誕生させる。「土俵の鬼」と謳われた第四五代元横綱・初代若乃花の弟という血筋のよさに加え、細身で均整のとれた体格と甘いマスクから角界のプリンスと呼ばれ、大相撲の歴史上、または日本のスポーツ史上屈指の人気を誇った。

松田宏也（まつだひろなり　一九五五～）

誕生する二カ月前、父が手術中に麻酔でショック死する。兄と二人、母に育てられる。中二の夏休み久住山で見た満天の星が心に残る。四川省ミニヤコンカの北東稜からの登頂で頂上に向かった二人の内の一人。悪天候のため、トランシーバー凍結、交信途絶え、頂上付近で消息を絶つ。生存絶望と判断されたが、一九日の彷徨の後、地元民に救出される。寒気、飢餓、疲労、凍傷、幻聴、幻覚で極限を経験。ザイルの取り払われた絶壁を見て、絶望の淵に陥る。両手指両足の患部切断。「奇跡の生還」であった。答礼の再訪の時、「すべては昨年とまったく変わっていなかった。ただ、僕だけが大きく変わった。ミニヤコンカという一つの山を舞台として、僕の人生は大きく転換した」と書いた。著書に、『ミニヤコンカ奇跡の生還』、『足よ手よ、僕はまた登る』他がある。

山下泰裕（やましたやすひろ　一九五七～）

小学校入学の時、すでに六年生並の身体。低学年時から元気を持てあまし、かなりの問題児であった。親が学校に呼び出されたり、近所から苦情が出たり、小四の時はそのために登校拒否の子が出るしまつ。これを家人が心配、将来を危ぶみ、柔道でも習わせればということで始めたのがきっかけ。中学の柔道部で白石礼介先生との出会いがあり、文武両道の精神の大切さを教えられる。オリンピックチャンピオン、「国民栄誉賞」受賞、全日本の監督八年、日本オリンピック委員会（ＪＯＣ）会長。引退から逆算して二〇三連勝(引き分け含む)。

大仁田厚（おおにたあつし　一九五七〜）

小三の時、父母離婚。長崎から東京に移り母と別れて暮らす。中学時代に、新聞配達、左官と以後全部で一八の職業を経験する。一六歳の時にジャイアント馬場に出会い、プロレスラーになる。ＦＭＷを結成。元参議院議員。

寺　尾（てらお　一九六三〜二〇二三）

高校生の時、母が乳癌で急死。母は死ぬ直前に「相撲取りになって」と寺尾に告げていた。母の死のその日、弱虫、泣き虫の甘えん坊が、角界入りを決意。蔵前小町と呼ばれた母の二〇歳の時の写真をいつも持ち歩く。朝と夜、ベランダに出て空を見上げながら母親に話しかけると妻の弁。名関脇鶴ヶ嶺を父に、兄弟が揃って関脇まで昇進、兄弟揃って三賞受賞。きっぷのいい取り口、彫りの深い顔立ちと均整の取れた体、軽量をカバーする技量、常に全力を尽くすことで、格別の人気があった。

智ノ花（とものはな　一九六四〜）

一一歳の時、両親離婚。失語症となる。父の弟成松光法に引き取られ相撲を勧められる。選抜高校宇佐大会で優勝。日大三年の時、彼女に「先生になるなら結婚してもいい」と言われ、相撲を捨て体育の教師となる。四年間の教師生活中、全日本相撲選手権で優勝。後輩舞の海の活躍を見て、二七歳の時、教職を捨て角界入りする。

今給黎教子（いまきいれきょうこ　一九六五〜）

一〇歳の時、父死去。少女の頃、『ダブ号の冒険』で少年達がヨットで世界一周する物語を読み、触発された。ヨット「海連」に乗って「単独無寄港世界一周」を二七八日間で果たす。

舞の海（まいのうみ　一九六八〜）

千代乃富士の例を出して小さくても勝てると父になだめられ考え直したのは小五の時。日大では体重不足からレギュラー出場がかなわず、悔しい思いをしていたが、四年の時、巨漢の後輩が朝起きた時、急死しているのに遭遇。自分の命もはかないものであることを身をもって実感。母の反対も押し返して、命を賭して望む道に邁進することを決意。角界入りの検査の時は、頭頂を一〇センチ以上にわたって開き、高さ四センチのシリコンを縫い込み規定の一七四センチをパス。身長一七〇センチ、体重は九〇キロ足らずの小兵で一九九四年小結に昇進。「平成の牛若丸」。ＮＨＫ大相撲専属解説者。

イチロー（一九七三〜）

チチロー鈴木宣之さんは、高校時代、野球部で練習中、硬球を左耳下にまともにくらい、野球を断念せざるを得なかった。イチローにかける並々ならぬ情熱は、その無念さから端を発している。三歳の時、オモチャ代わりに買い与えられたプラスチックのバットとボールをイチローはいたく気に入り、外に遊びに出る時には必ずそれを持って出た。右利きのイチローを左バッターに変えたのは、二歩分くらいは一塁に近いからであった。バッティングフォームは最初にバットを握った時から作られていた。小三で野球部に入部。「おやじはこれまで僕にウソをついたことがない……」。午後三時すぎに学校から帰って来ると、二人は毎日グラウンドへ出かけ、日が暮れるまで練習をした。家の近くのバッティングセンターにも小三の時から通い始めている。練習が終わると、家で夕食。それから珠算と習字の塾に行った。そのあと親子はバッティングセンターへ。中学になると一二〇キロに満足できず、一三〇キロの球を出せるバネを特注してもらう。その選球眼はここで身につけたに違いない。その「目」の確かさと、身体の対応の訓練は、チチローによれば、小六で終えていた。

千代大海（ちよたいかい　一九七六〜）

三歳の時、父病死。小五の時に母再婚。中学の時、一人で一一人の高校生を相手に喧嘩に勝つ。悪いことはしつくす札つきの非行少年で、遅刻早退無断欠席の常習犯であった。ゴムを巻いた竹の束で、母から叩かれて育つ。中卒後始めたとび職は続かず、相撲部屋に入った時はそりを入れ、眉は薄く、金髪であった。入門後六年で、大関に昇進。一四代九重親方。

佐々木朗希（ささきろうき 二〇〇一年〜）

陸前高田市出身、三人兄弟の次男。幼少期はいたずら好きで、外をずっと駆け回る活発な少年であった。小三の時、兄の影響を受け、同じスポーツ少年団に入り、野球を始める。兄父と練習に励むも、四年生への進級直前、二〇一一年三月、東日本大震災に襲われ、津波に、父(三七歳)と祖父母を奪われ、実家も流されてしまう。大船渡第一中の軟式野球部に入部、投打で実力を認められ、中二の秋からエースナンバーを背負うも、股関節系の怪我等で不調が続き、翌春腰の疲労骨折が判明。半年近くリハビリなどが続く。故障が癒えた秋、県大会で九年振りの優勝。大船渡高校では、秋の県大会で高校二年生史上最速タイの球速一五七キロを出す。ロッテで、日本プロ野球史上最年少の完全試合達成。「令和の怪物」と称されている。

13〈宗教家〉

鑑　真（がんじん　六八八～七六三）

一四歳の時、出家。五五歳の時、第九次遣唐使として「唐の国より授戒師を連れ帰れ……」の特命を受けた僧栄叡（ようえい）と普照（ふしょう）に、日本への渡来を要請され、出国禁止の中、渡航を決意、「これ仏法の為なり、なんぞ命惜しからむ」。第一回渡航計画、密告により失敗。第二回渡航計画、嵐で船が大破。第三回、大嵐で船大破。第四回、密告により失敗。第五回、六一歳の時、ようやく出国に成功するが、嵐で一四日間漂流、海南島に漂着。一行は一年ほどここで過ごすが、途中栄叡死去。和上の眼、潮風に侵されて失明。第六回、第一〇次遣唐使の帰国に合わせて和上他一行が密航、ようやく沖縄着。瀬戸内海を抜け、難波津着。一二年を経て、この時六七歳。明けて四月、東大寺大仏殿前の戒壇で天皇以下四三〇名に受戒を授けた。我国「律宗」の祖。

最　澄（さいちょう　七六七～八二二）

一二歳で出家。一八歳、東大寺で正式の僧となり、比叡山にこもり修業。二二歳の時、一乗止観院（後の延暦寺）建立。鑑真が伝えた一切皆成仏、すべての人が仏になれるという天台宗の教えに心を奪われ、三七歳の時、渡唐、天台山に登り、多くの教典を入手。翌年帰国、宮廷から天台宗を開くことを許される。仏教が日本に伝わって二〇〇年、道鏡のように貴族や天皇にとりいって出世にのみ力をつくす僧が現れた時代。多くの反対があったが、「人は身分に関係なく仏になれる」という天台の教えは、民衆の間に広まり、やがて鎌倉時代にいろいろな宗派として花開くことになる。平安初期の僧、「伝教大師(でんぎょうだいし)」。「日本天台宗」開祖。「一隅を照らさば、これ則ち国の宝なり」。

空海(くうかい　七七四~八三五)

一九歳の若き求道者空海は、非僧非俗の行者としてきびしい山岳修行に入った。役(えん)の行者の大峰山、葛城山をはじめ四国の高峰に挑み、阿波の大滝ヶ嶽、伊予の石槌山、土佐の室戸岬と必死の苦行を続けた。正式に僧侶となったのは三一歳の時。入唐後、真言を正統に伝える惠果に非凡の才能を認められ、門弟一〇〇〇人を飛び越え三カ月で正統を継ぐ第八祖におされる。僧にとっては「親厚スレバ、諸悪ノ根源、嗷々(ごうごう)(騒ぎ)ノ本ナリ、故に女人ニ親近スベカラズ」と、女性を修行のさまたげとした。四国八十八ヶ所は、空海が開いた霊場。「同行二人」の文字は、大師様(空海)と二人連れという意味。書家三筆の一人。

源　信（げんしん　九四二〜一〇一七）

七歳の時、父死去。その遺言に従って出家を志し、一三歳で得度受戒。比叡山の良源の弟子となった。身の栄達を願わず、もっぱら念仏、読経にはげみ、著述に専念した。その代表的な作品、『往生要集』は四四歳の力作。浄土教の理論的基礎を築いたもので、往生するためには念仏をもって本とすることを力説。その論拠を求めた典籍は一一二部、引用六一七文に及び、後年、法然をはじめとする念仏門の多くが本書によって浄土門への眼を開かされた。平安中期の天台僧。

法　然（ほうねん　一一三三〜一二一二）

九歳の時、父、眼前で非業の死。一家没落の悲運にあう。同年の暮れ山寺に入る。修行一二年間の比叡山に、一三歳で登る。母親行方不明となる。一五歳で出家。「寝てもさめても、一心に念仏をとなえることを忘れなければ極楽往生は間違いありません」と平重衡にさとした。「浄土宗」開祖。

栄　西（えいさい／ようさい　一一四一〜一二一五）

八歳の時、出家を志し、一三歳で比叡山に登り天台学を修す。一四歳で剃髪。二八歳で渡宋、天台山で禅を学び、帰国して禅の布教につとめる。四七歳で再び渡宋、茶の輸入栽培に尽力。政治的才覚があった。

慈円（じえん　一一五五〜一二二五）
誕生の翌年、母死去。一〇歳で父死去。一一歳で寺に入り、翌々年出家。三八歳で、当時仏教界最高の地位、比叡山の天台座主となる。この頃和歌を学び始める。『愚管抄』は日本最初の歴史哲学書。

親鸞（しんらん　一一七三〜一二六二）
幼時に、両親と死別。数えの九歳で剃髪出家、比叡山延暦寺に入り、二〇年を過ごす。恵信尼との生活について、『教行信証』に「愛欲の広海に沈没し……」と告白。「浄土真宗」開祖。

明恵（みょうえ　一一七三〜一二三二）
八歳で、母と父が相継いで死去。九歳で山城高尾山に登り文覚上人について出家、苦練修行。鎌倉時代の僧。「華厳宗」中興の祖。

道　元（どうげん　一二〇〇〜一二五三）
三歳で父、八歳で母死去。「慈母の喪に遇ひ、香火の煙を観て、潜に世間の無常を悟り、深く求法の大願を立つ」。一三歳で出家、比叡山に登り、顕密を学ぶ。日本の僧侶に満足を覚えず、二四歳の時入宋。天童山の如浄禅師の許に三年間随侍し、二八歳で帰朝。只管打座（しかんたざ）の禅風をおこす。永平寺を開き、大著『正法眼蔵』九五巻の執筆と弟子の育成にあたる。「曹洞宗」開祖。

叡　尊（えいそん　一二〇一〜一二九〇）
七歳の時、母死去。一七歳で剃髪。戒を重んじる。「真言律宗」開祖。

日　蓮（にちれん　一二二二〜一二八二）
数えの一二歳で父母の許を離れ、清澄寺の寺主道善阿闍梨に師事する。一六歳で出家。鎌倉、比叡山、奈良、高野山などで修行し、「日蓮宗」を開く。

一　遍（いっぺん　一二三九〜一二八九）
一〇歳の時、母死去。無常の理を悟り、出家。諸国を遊行、済度利生に熱心であった。一度妻帯、後、回心、妻を捨てて参籠。「阿弥陀仏の名号を称え、一切衆生に流布すべし」の託宣を得たのが、三六歳の時。「念仏踊り」を民衆に勧める。鎌倉中期の僧。「時宗」開祖。

夢窓疎石（むそうそせき　一二七五〜一三五一）

三歳の時、母死去。母の遺言に従い、九歳で出家。一〇歳の時、母の七回忌に法華経を読誦する。南禅寺住職、天龍寺を建立。西芳寺（苔寺）、瑞泉寺などの造園も手掛ける。

一休宗純（いっきゅうそうじゅん　一三九四〜一四八一）

後小松天皇の寵愛を得た女性が母。母親が正妻でないために、密かに暮らすことを余儀なくされ、出家せざるを得ないという恵まれない環境に育った。六歳で出家。禅院の腐敗に抗し、一揆や飢饉の頻発する動乱の世を放浪する。遊女や湯女を買って、放埒な生活もする。二一歳と五四歳の時二度、自殺未遂。二回目の自殺未遂を契機に、人生を肯定する方向にそのエネルギーを凝集させていく。晩年七七歳の時は、盲目の美女を愛したと詩集『狂雲集』に載せている。室町後期の臨斉宗の僧。

蓮　如（れんにょ　一四一五～一四九九）

六歳で本願寺の下女であった母と生き別れ。生涯この母を追慕する。継母の許で四三歳まで部屋住みの苦労をなめる。相続争いに勝ち法主につくが、比叡山衆徒に襲われるなど様々な法難に会う。生涯五度の結婚で二七人の子どもをつくった。七三歳から八四歳まではほとんど毎年子どもをつくった。「浄土真宗」中興の祖。

沢　庵（たくあん　一五七三～一六四五）

一〇歳で出家。将軍秀忠に流罪にされたが、家光に帰依された。柳生但馬守宗矩に剣の極意を授ける。「死んだらすぐ東海の寺の裏山に穴を掘って埋め、経も供物も墓もいらない」と遺戒で述べる。

鈴木正三（すずきしょうさん　一五七九～一六五五）

四二歳の時、秀忠に仕え武勲もあった旗本の身を捨て出家。諸国を行脚。武士道精神を加味した一流の禅をとなえ、「仁王禅」と名付け、禅を士農工商すべての人々の生活に生かすように勧めた。

隠　元（いんげん　一五九二～一六七三）

六歳の頃、父親が旅行に出たきり行方を絶つ。二〇歳より三年間父を求めて放浪、その途中仏道に帰依。母が亡くなって、二九歳で出家。福建省の生まれ。招かれ来日。わが国「黄檗宗」の祖。

白隠慧鶴（はくいんえかく　一六八五～一七六八）

一五歳の時、自らの動機で出家。一九歳で母死去。悟りの後の修行（悟後の修行）の重要性を説く。「大悟十八度、小悟数知らず」という言葉を残す。「隻手音声（せきしゅおんじょう、片手でなんの声やある）」は、創案した禅の公案の一つ。菩提心の大切さを説き、四弘誓願｛煩悩無尽誓願断（ぼんのうむじん せいがんだん）：煩悩が尽きるまで誓って断ち切ることを願う、等｝を貫き、民衆教化に努め、弟子を育てた。「臨済宗」中興の祖。

慈　雲（じうん　一七一八～一八〇四）

一二歳の時亡くなった父の臨終の遺言で出家。一四歳で仏法に開眼、仏法を誹謗した誤りを悔いた。真言正法律の開祖となったがその説くところは超宗派的であった。山岡鉄舟などから「今釈迦」と言われた。

一尊如来きの（いっそんにょらいきの　一七五六～一八二六）

八歳の時、両親と死別。幼少から孤児同然の身の上。伯父の許で育てられる。一三歳で女中奉公に出る。二三歳で結婚、夫の不身持ちから結婚はすぐ破れ、再び女中奉公四〇歳まで。郷里で夫もなく女一人の生活を経て、四七歳、突然神がかりに陥り、金比羅を使者として地上に遣わした天地を創造し主宰する神「如来」の教えを説き始める。「如来教」開祖。

良　寛（りょうかん　一七五八～一八三一）

父が若くして家出同様にして家を出る。一六歳で家督を継ぎ、名主見習いとなるが、一八歳で家業を捨て、出家。二六歳の時、他郷で母の死を聞かされる。三四歳で印可（悟りを得た）証明を受ける。四〇歳で「五合庵」に住みつき、一九年間、ここを本拠地として、托鉢一筋の生活を送る。晩年は、村童を友とする脱俗生活を送っていたが、六九歳の時、二三歳で夫と死別した二九歳のみめうるわしい尼僧、貞心尼が、その歌にこがれて訪れて来る。七三歳で没する時、しっかりとつきそって末期の水をふくませたという。「焚くほどは風がもてくる落ち葉かな」他、和歌、漢詩、書も残した。

黒住宗忠（くろずみむねただ　一七八〇～一八五〇）

両親が痢病のため七日の間に相次いで死去。慟哭して、絶息すること再度に及び、悲しみ極まって、労咳（肺患）を病む。百方治療の甲斐なく再起不能となり心中天命を覚悟、従容自若として死を待つうち、神の声を聞き、心機一転、死線を突破する。この時三四歳。病気は、開眼のための直接の機縁、父母の死は、その第一の関門であった。時空の制約を受けた有限なる個の親に代るに、天地を久遠にあたためる真の大父母を受く。人間及び万物の中に神性を徹見する。「迷えば、魔寄る」。「黒住教」開祖。

中山ミキ（なかやまみき　一七九八～一八八七）

身体が弱く内向的な性格であったが、一二歳でいとこと結婚。夫善衛は金と暇にまかせて放縦な生活。多年の自己犠牲と忍従に貫かれた生活の中で、夫婦の不和、子女の夭折、長男の重病に加えて、産後の不調が重なりあい、積もり積もった矛盾が爆発点に近づきつつあった。一七歳の長男の足の痛みを取り除く一心不乱の祈りの内に、四一歳で神がかる。「天理教」開祖。

出口なお（でぐちなお　一八三七～一九一八）

九歳の時、父死去。住み込み奉公に出る。前半生は息つく間もない生活苦と家庭的不幸の連続であった。夫が仕事場で重傷を負い寝つき、長男が仕事のつらさに耐えかねて、ノミでのどを突き重症の身で帰省、重労働のボロ買いや、糸ひきの賃仕事。五二歳で未亡人となる。三女が産後の肥立ちが悪く暴れだし座敷牢に入れられ、長女が発狂。しばしば神界に遊ぶ夢を見るようになり、五七歳で突然激しい神がかりに陥る。「大本教」開祖。

河口慧海（かわぐちえかい　一八六六～一九四五）

一五歳で戒律（酒を飲まない、肉魚を口にしない、女性を近づけない）を三年間守ることを信貴山の毘沙門天に誓う。これをほとんど生涯に渡って続ける。二七歳から非時食戒（ひじじき）（朝と昼の二食だけ）を決心、一生これを貫く。この年、チベット行きを決意。餞別に、禁酒や禁煙を要求。これに四〇人が応じる。鎖国状態のチベットに入る前、まずインドへ渡ってチベット語を学び、入国の機会を伺って苦難の末ヒマラヤ地帯を抜け、ついに国都ラサに到着。ダ・ライ=ラマに謁見、仏教の原点に触れる。前後二回にわたる旅行で、おびただしい数の経典類、動植物の標本、民族資料を採集。『西蔵（チベット）旅行記』も貴重な資料となっている。

牧口常三郎（まきぐちつねさぶろう　一八七一〜一九四四）

三歳の時、父が離縁して、単身北海道へ渡る。残された長七（幼名）は、母からも離され、七歳で叔母の嫁ぎ先である牧口家の養子となる。一五歳の頃小樽の叔父を訪れ、警察署の給仕をしながら夜間の尋常高等小学校に学ぶ。二一歳で教壇に立ち、教育に情熱を燃やし、書きためた膨大なメモを元に著作、後の『創価教育学体系』に取りかかり、この頃法華経に感動、日蓮正宗に入信する。弟子の戸田城聖と共に「創価教育学会」を結成。獄中で病死。「創価学会」創始者。

渡辺海旭（わたなべかいぎょく　一八七二〜一九三三）

幼時に、父死去。一四歳で得度。明治大正昭和の仏教の先駆的リーダー。禁酒運動の実践。新戒律主義。三時に起床、七時まで研学。生涯独身。

西田天香（にしだてんこう　一八七二〜一九六八）

生後すぐ生みの母から離される。妻に子どものなかった父が別の女性に生ませた子であった。小学校を卒業後、商売の見習いを始め、夜学に通い、二〇歳で結婚。この前後に両親を亡くす。小作人を連れて北海道に渡り、何事も突き詰めて考える性格からか自分の左足の名無指を切断、窮状を血書によって出資者たちに訴える。責務を果たせず、家を捨て妻子と離れ、愛染堂に篭もり断食。嬰児の鳴く声に目覚める。争いなき社会を目指して、独特のチャレンジを続け、彼の生活を受け入れた照月と再婚。救われた一女性が恩返しに建てた一軒家「一灯園」に彼の思想に共鳴した人々が集う。「一灯園」開設者。

山室軍平（やまむろぐんぺい　一八七二〜一九四〇）

九歳の時、経済的な理由から他家へ養子にやられる。養父が東京、岡山に出ることを許さず、家出を三度試み、成功。一四歳で上京。職工として苦労。また山室家に戻る。キリスト教の路傍演説に打たれ、受洗。同志社を途中放棄、迷い苦しみ「救世軍」に引かれ、二三歳で入隊、生涯をかけることになる。どんな無学な人でも分かるような福音を伝える人間になりたいと願った。日本救世軍を創設。キリスト教社会事業に貢献。著書に『平民之福音』他。

大谷光瑞（おおたにこうずい　一八七六〜一九四八）

幼稚園時より、父母の許を離れ、他家で成長。一五歳で浄土真宗西本願寺派門主、西本願寺住職就任。以来五〇年間その職を務める。

中村天風（なかむらてんぷう　一八七六～一九六八）

知人の許に預けられた中学時代、出刃包丁を持った中学生とつかみ合い、相手を死亡させ、退学させられる。日清、日露戦争で果敢なスパイ活動をした後、三〇歳の時、「奔馬性結核」に罹患。死の淵に立たされるが、インドの聖者カリアッパ師に出会い、ヨガ修行。「わが生命は大宇宙の生命と通じている」の悟りを得る。実業界で成功、四三歳の時、すべてを捨て、自ら生み出した「精神統一法」を広めるため、「財団法人天風会」を創設、草鞋ばき脚絆姿で布教をスタートさせる。松下幸之助等多くの政財界人に師と仰がれた。著書に、『運命を拓く』他。

暁烏　敏（あけがらすはや　一八七七～一九五三）

一〇歳の時、父死去。「母の語に順え、お経をよく習え」の言葉を残す。一五歳で得度。清沢満之の高弟。生涯にわたって強い影響を受ける。

澤木興道（さわきこうどう　一八八〇～一九六五）

幼時に、両親が相次いで死去。提灯屋兼博打打ちの養子となる。九歳の時に、売春宿で急死した男を偶然見て深い無常感を抱く。一七歳で家出、永平寺に入る。一八歳で得度。日露戦争で弾を受けて重症。道元の遺風を慕い、生涯、寺なし、金なし、女房なしで「宿なし興道」と呼ばれた。生涯、印可を受けることを拒否した。それを受けることはそのまま宗派の派閥に加わることを意味するからであった。

岡田茂吉（おかだもきち　一八八二〜一九五五）

虚弱体質で、一三歳頃まで薬餌に親しんだ。画家を志し、東京美術学校予備課程に入学するが、悪質な眼病にかかり、退学。一五歳の時、肋膜炎で入院。一八歳の時は重症の肺結核にかかる。さらに、右人差し指の筋をあやまって切断、右手の指が曲がらなくなる。父の死後、小間物商として独立し、二四歳で結婚。しかし、子どもの死産や妻の他界、事業の倒産、借金返済などが重なる。再婚後、大本教に入信。姉の子が大本教の本拠地綾部で溺れた店員を助けようとして溺死したために、入信後二カ月で大本教を去る。関東大震災で大打撃を受け、一歳の長男を震災後流行した疫痢で失う。再び入信。四五歳で大本教の布教師に転じ、神秘な神霊の力による救済活動に献身。その後、弟子たちと大本教を脱退、五三歳の誕生日に「大日本観音会」を設立。「世界救世教」創始者。

深田千代子（ふかだちよこ　一八八七～一九二五）

幼少にして母と死別。父親と幼い弟の面倒を見ながら成長。三三歳の時、天啓を受け、周囲の人々が不思議を求めて殺到することとなる。「円応教」創始者。

賀川豊彦（かがわとよひこ　一八八八～一九六〇）

芸妓の子に生まれる。四歳の時、父が死去、翌年母が死去。五人の兄弟はばらばらにされ、彼は祖母に引き取られる。一五歳で洗礼を受ける。肺病になり余命幾ばくもないと考え、愛の信仰を実践して死のうと決心、二一歳の時貧民窟に入る。神戸貧民窟で伝導、関西の友愛会の指導、農民組合・消費組合運動にも関係。戦後は伝導、生協組合運動、世界連邦運動に尽力。小説『死線を越えて』を著す。キリスト教社会運動家。

谷口雅春（たにぐちまさはる　一八九三～一九八五）

三歳の時、叔父夫婦の養嗣子となる。もともと文学青年、中五で維摩経を読む。早稲田英文に在学中に知り合った故郷の女性との同棲で、叔父から仕送りを止められ、中退。心霊、催眠に関心を寄せ、講演を聞くなどして大本教に入信。夢の中で神と対話の神秘体験。静座黙念の修行中、「実相とは神である」

という声を聞く。『生命の実相』刊行。「光明思想普及会」設立。以後、『白鳩』等、機関誌を発行、文書による伝道という生長の家の基本スタイルを確立する。各地で講習会を開き、自らの信念を語る。「生長の家」創始者。

山田恵諦（やまだえたい　一八九五～一九九三）

八歳で得度、一六歳で比叡山入り。天台座主大僧正。世界七大宗教の指導者が一堂に会しての比叡山宗教サミットを開くなど、世界平和の実現をめざした。織田信長に焼き討ちされた延暦寺法華総持院東塔を四〇九年ぶりに再建。昭和六一年にはイタリアのアッシジで開かれた「世界平和祈願集会」に九〇歳を越えて出席。日本宗教代表者会議名誉議長。

高岡智照（たかおかちしょう　一八九六～一九九四）

二歳の時、母死去。叔母に育てられる。一三歳で大阪宗右衛門町の舞子となる。結婚話を解消しようとした若旦那に自分で切った左小指を送り届けた事件は、一四歳の時。一六歳の時に、東京新橋の芸者となり、西園寺公望、桂太郎ら政財界の大物にひいきにされる。一八歳で政界のフィクサーの愛人となり、大阪へ戻り、二三歳の時結婚。亭主が米国の愛人の許へ行き、一年近くパリに放置され、日本人留学生と恋愛。自殺未遂もあり、二九歳で離婚。七つ年下の男と一緒になり、映画俳優、原稿書き、酒場のマダムなど次々経験するがうまく行かず、男を捨てて、奈良に戻り、三八歳で剃髪。四〇歳で、京都嵯峨野の祇王寺に入る。以後、五八年間、晩年は俳句に生きた。瀬戸内寂聴の小説「女徳」のモデルとなった人。

戸田城聖（とだじょうせい　一九〇〇～一九五八）

妻子を肺結核で失い、牧口常三郎に誘われ、日連正宗に入信。「創価」という言葉を発案。受験書『推理式指導算術』のベストセラー化により、牧口の『創価教育学体系』を刊行。獄中で法華経の読誦によって信仰を確立、第二の回心の宗教体験。「宇宙のエネルギーが生命である」、「宇宙がそのまま生命である」という宇宙の本源的働き、理法を認識。信者を七五万世帯へ拡大することを約束、これを六年間で実現させた。「創価学会」第二代会長。

御木徳近（みきとくちか　一九〇〇～一九八三）

小五の時に、母腸結核で死去。小学校高等科卒業後、黄檗宗本山万福寺の学寮に入る。父が御獄教徳光大教会の金田先生の弟子となった時、一六歳。一九歳で初恋に破れ、勉学に励む。「ＰＬ教団」開教。

小谷喜美（こたにきみ　一九〇〇～一九七一）

三歳の時、父死去。貧窮のどん底で、母は七人の子どもと寝たきりの祖父を養うために農業のかたわら、日雇いに出る。小五の途中で退学、叔母の家へ住み込み奉公。一七歳で結婚、一年足らずで夫と死別。上京し転々と女中奉公。二三歳で四〇歳の小谷安吉と再婚。夫の病を機に、題目を唱えながらの水行。「奇跡」を体験していっそう修行に励むようになる。「霊友会」教祖。

岡田光玉（おかだこうたま　一九〇一～一九七四）

一六歳の時、父が癌で死去。大病を患う。薬をすべて捨てる。五八歳の誕生日の早朝、最初の啓示を受ける。六六歳の時、五日間の人事不省から覚め、「天地一切、神の声なり、神理の充満なり。……」の、神示を受ける。「世界真光文明教団」創始者。

松原泰道（まつばらたいどう　一九〇七～二〇〇九）

三歳の時、母病死。中学へ進学の時、区役所で戸籍謄本をもらって初めて義母であることを知る。義母とのトラブルはすさまじいもので、生母恋しさの一念から、家出をはかったのは早大入学の時。「そして私はまた義母のよねから人生の苦難に耐え、逆境に意味を開発できるプラス思考の性格を恵んでもらいました、私は〝育ての母〟の恩愛をこころにいっぱい授けられています」。著書『般若心経入門』は記録的ベストセラーとなり、第一次仏教書ブームのきっかけを作った。仏教伝道文化賞、禅文化賞受賞。著書は百冊を超える。「南無の会」前会長。肺炎のため一〇一歳で死去。

伊藤友司（いとうともじ　一九一二〜一九六七）

四歳の時、父死去。祖母に育てられる。小一の時から店番などの仕事をさせられる。一八歳の時、その祖母が死去。真乗（しんじょう）と結婚。二人は一月三〇日の寒修行に、朝四時から白衣をつけて井戸端で水をかぶる。夫の真乗と共に、密教系の新宗教「真如苑」の創始者。

五井昌久（ごいまさひさ　一九一六〜一九八〇）

少年時代は病弱、関東大震災で家が焼け、叔父に連れられ父の故郷でお経を聞いたり、一人座禅を組んだりの生活。一三歳で織物問屋の店員となり、朝四時に起きての掃除、皆が起きるまでの勉強、昼間は荷車を引いて回る日課。一九歳で五井商店を開業。聖書や大蔵経を拾い読む。「生長の家」の谷口雅春の著書、『生命の実相』全編を読み、神秘体験を経て、自分の使命を自覚、既にいた信奉者と「讃仰会」を発足させる。「世界人類が平和でありますように」のステッカーを配り、「祈りは社会を変える最高の手段である」と社会に訴えた。「白光真宏会」教祖。

佐古純一郎（さこじゅんいちろう　一九一九〜二〇一四）

生後二カ月の時、母死去。寺に生育。死の問題は、母から自分自身の問題へと発展。賀川豊彦を先輩とする徳島の中学では、山で『歎異抄』を暗記。大学は宗教学を専攻。兵役前に、一〇〇〇冊の本を処分。古本屋が受け取りを拒否した聖書が手元に残る。丙種で合格、佐世保へ、更に対馬へ動き、すぐ隣の人が直撃弾を受けて瞬間的に顔を真っ二つに割られる場に遭遇。復員後、聖書の「凡そ我を信ずる者は、永遠に死なざるべし。汝、これを信ずるか」（ヨハネ第一一章）という個所にぶち当たり、翌日上京。キリスト者であった東大の森先生の隣に下宿。教えられ教会に通う身となり、幼子のように、教えを言われるままに受け入れることになる。文芸評論家、二松学舎大学名誉教授、日本基督教団中渋谷教会名誉牧師。

ひろさちや（一九三六〜二〇二二）

小二の時、父が徴兵され病死。「おばあちゃん子」で父母から離れて育ち、父の記憶はない。東大インド哲学科を卒業、仏教をはじめとする宗教の現代的意義を一貫して追求。気象大学校で二〇年間教鞭を執る。傍ら、「ひろさちや」のペンネームで、平易な言葉で多数の入門書を執筆。「ひろ」はPhilo(ギリシャ語)愛する、「さちや」は、satiya(サンスクリット語)で真理を意味する。著書に『釈迦とイエス』他。

宮原隆史（みやはらたかし　一九四三〜）

二歳と三歳の時、相次いで父母を失う。昭和一八年、寺の嫡男として誕生。祖母に育てられながら親戚を転々。小学校入学の時から、親戚の寺で小僧生活。中三で、龍蔵寺、宮原家の養子となり、中央大学文学部哲学科卒業。高野山専修学院で修行。福祉事業団勤務後、保育所所長。乳幼児保育、障害児教育、ボケ老人問題、龍蔵寺復興に全力を注ぐ。「幼い者も、年老いた者も、障害を持った者も、みんな平等。仲間がいる、金がある、五体がある、若さがある、……より恵まれた者が、それを自覚し、感謝し、真に人の為の毎日を過ごしているか？　せめて汗を、心を、時を、祈りを……彼らの為に、捧げたい！」

「心配すんな　物事はなる様にしかならん……鼓之滝　龍蔵寺　沙門隆史」。

14〈教育者〉

中江藤樹（なかえとうじゅ　一六〇八～一六四八）

九歳で米子（鳥取）の祖父に引き取られ、後継者となる。翌年、共に愛媛（伊予）に移り、一一歳の頃『大学』を学び、「天子より庶民に到るまで、壱にこれ皆身を修むるを以て本となす」に大いに感激し、これより聖人の道を学ぶことを一生の目的とした。一五歳の時、その祖父が死去。一八歳の時、父死去。二七歳、禄を返して脱藩、郷里の母の許に帰る。先天的に人間の心に是非善悪を判断できる本質「良知」があり、それは日常の実践を通して確かめられ〈知行合一〉、深められていく〈致良知〉とする、王陽明の「致良知説」を唱道。江戸初期の儒学者。わが国陽明学派の祖。「近江聖人」。

石田梅岩（いしだばいがん　一六八五～一七四四）

八歳の時、京都の商家に勤めるが、五、六年で帰郷。二二歳で再び京に出て商家勤め。「人の人たる道」を求めて独力で読書に励み三五、六歳頃からは、あちこちと町儒者たちの講義をも聴き歩いたが人性についての疑惑を晴らすことができなかった。禅僧の小栗了雲に邂逅、心服し、これに師事、その啓発によって、性は元無我（無心）であり、それは「ありべかかり」（あるがまま）にしてよく天理に合致するものであることを悟了、長年の疑問が解決した。四二歳の時商家を辞して独立、京都市中でたった一部屋から、聴講自由、入場無料の「心学塾」を開く。神儒仏三教の折衷、「先天良心説」に基づいて庶民を教化。五九歳で没するまで、自炊生活を通し、道を講じ、それを自ら実践した。「石門心学」の祖。江戸中期の思想家。生涯独身。

広瀬淡窓（ひろせたんそう　一七八二〜一八五六）

日田の御用商人の家に生まれ、二四歳で私塾（後の咸宣園）を開き、全国から集まった四〇〇〇名もの塾生を指導。生まれつき病弱で、たびたび休講を余儀なくされたが、七五歳の長寿を全う。五四歳から『万善簿』を二〇年間つける。

吉田松陰（よしだしょういん　一八三〇〜一八五九）

生後間もなく天然痘にかかり、高熱で一週間以上も生死の間をさまよう。やがて治癒するが顔にできた水泡が小さなくぼみとして後に残る。四歳で叔父吉田家の養子になり、山鹿流軍学師範としての厳しい教育を受け始め、六歳でその叔父の死後、吉田家を継ぎ、更に父の弟から師範としての教育をたたき込まれる。脱藩の後幽閉の身となるが、藩主の内命により江戸遊学。アメリカの軍艦での渡米を企てて失敗、捕らえられる。二年後、松下村塾で子弟を薫陶。幕府の条約調印に関しての非を責め、閣老の要撃を謀って捕らえられ、二九歳三カ月で、斬刑に死す。

福沢諭吉（ふくざわゆきち　一八三四〜一九〇一）

一歳の時、下級武士であった父が死去。次男。母子六人で大阪から中津に帰郷、貧しい少年時代を過ごす。十九歳の時、蘭学を志して長崎に遊学、翌年から大阪の緒方洪庵の「適塾」で猛勉強。中津藩の蘭学教師として江戸に上り、蘭学塾を開く。外遊三回、ヨーロッパ諸国を歴訪、議会や郵便制度、銀行、病院、学校など、見聞を広め、『西洋事情』、『文明論之概略』などを著し、「時事新報」を創刊、国際的な視野から、当時の日本人を啓蒙する。議会を中心に民権と国権との調和を図ることを主張、また婦人の自覚と婦道の向上とを切望、『日本婦人論』等も著した。『福翁自伝』も名著。上野の兵変にも耳をかさず、子弟の教育に専念。「天は人の上に人を造らず、人の下に人を造らずと云へり」は、『学問のすゝめ』の冒頭の警句。「慶応義塾」の創立者。六六才の書に、「独立自尊」（心身の独立を全うし、自らその身を尊重して人たる品位を辱めざるもの、これを独立自尊の人という）がある。

新渡戸稲造（にとべいなぞう　一八六二〜一九三三）

六歳の時、父死去。叔父の養子となり、貧窮の中で教育を受ける。札幌農学校四年の時、一〇年間会っていなかった母が亡くなる。米、独に留学、クエーカーに入信、米国人女性と結婚。京大教授、一高校長などを歴任。国際平和を主張し、国際連盟事務局次長、太平洋問題調査会理事長として活躍。カナダで病没。著書に英文の『武士道』他。

津田梅子（つだうめこ　一八六四〜一九二九）

七歳の時、初の女子留学生として、他の四人と共に親元を離れ渡米。以来一一年、ランメン夫妻のピューリタン精神あふれる愛情と教育の許で過ごし、一八歳で帰国。一九〇〇年、塾生一〇名の女子英学塾（現津田塾大学）を創設、女子の専門教育に尽力。すぐれた中等学校英語教師を生んだ。生涯独身。

岩田英子（いわたえいこ　一八七七〜一九三二）

六歳で父、七歳で祖父死去、一〇歳で母死去。六〇歳の祖母トヨと七歳の妹キクだけになる。一一歳で結婚、一四歳頃から機織り、米搗（つ）き、養蚕をし、高等小学校を卒業した頃には小作人との年貢の折衝、親類間の交際も自力で行う。夫で心身を労し「常に憂苦の旦夕（たんせき）」を送る。夫の没後、髪を切り、眉を落とす。大分「岩田学園」の創立者。

中村ハル（なかむらはる　一八八四〜一九七一）

七歳の時、母死去。四歳の時の股関節脱臼が尾を引き、生涯不自由を感じる身になる。父は後妻をめとらず、一二歳の頃には、家族雇人等十数人の食事を準備する。福岡師範卒業後、高等小学校訓導になり、以後教育畑を歩む。かたわら食を学び、専門教育の必要を感じて、福岡「中村学園」を創立するに至る。生涯独身。

小原國芳（おばらくによし　一八八七〜一九七七）

一〇歳の夏、母を、一二歳で、父を亡くす。七人兄弟の三男。一三歳で電信技手となり、なお向学の念止み難く、鹿児島県師範学校、広島高等師範学校と進み、二九歳にして京都帝国大学に学ぶ。成城学園の創立者沢柳政太郎の招きにより上京。後に成城学園長として教育改革運動に情熱を傾ける。昭和四年、玉川学園を創立。情熱溢れる弁舌で、著述で多くの人々に語りかけ、日本の教育発展に生涯を献げ、教育界に多大の影響を及ぼした。理想に燃えつつも、学校経営は困難を極めたが、独自の一貫教育の場として現在の総合学園に発展させた。「教え込む教師は上ではない。学ばせる教師が上の上である。教授よりも学習―study すること―が貴い。学生のことを student と呼ぶワケである」。

小泉信三（こいずみしんぞう　一八八八～一九六六）

六歳の時、父死去。少年時代、福沢諭吉にかわいがられ、父の死後は何かとその庇護を受けた。四五歳で慶応義塾塾長。五七歳の時、東京大空襲の際、顔と両手に大火傷、半年入院。その後、東宮参与として皇太子の教育に携わる。福沢諭吉の高弟。「文化勲章」授章。

森　信三（もりのぶぞう　一八九六～一九九二）

二歳の時、両親が別れ、転々ともらい乳をし、三歳の時、小作農の森家に養子となる。小学校高等科を卒業後、給仕から身を起こし、小学校教師を経て、広島高等師範に進み、京都大学哲学科大学院を修了。師範教諭一三年勤務、その講義録『修身教授録』が名著となる。戦後は、大学教授をつとめつつ執筆活動。それらが全三三巻の著書にまとまる。「人間は一生の内に、会うべき人には必ず会える。しかも一瞬早すぎず遅すぎず（巡り会いの必然性というものがある）」、「人生二度無し」、「わが身に降りかかることはすべてこれ天意」、「腰骨を立てよ」という言葉を残す。「国民教育の父」。

片岡仁志（かたおかひとし　一九〇二〜一九九三）

京都大学卒業後、長野県の教員養成所で、また長野と京都の女学校の校長として、さらに京都大学、華頂短大で将来の教育者たちの指導に当たる。教育には禅の思想を根底にした哲学が必要であるという方針であった。若干二〇歳にして悟りを得たと言われる。九一歳で亡くなる直前まで、その教えを聴きに人々が集まった。「全力で事に当たれ。いい先生とは本気でやる先生である。対象は何でもいい。大事なことはその姿を見せることである」。生涯独身。

渡辺和子（わたなべかずこ　一九二六〜二〇一六）

九歳の時、二・二六事件で、父が眼前で非業の死。機関銃で身体に四四発の弾丸を打ち込み、数人の兵が銃剣でとどめを刺して引きあげるのを、テーブルの蔭に隠れて至近距離から見る。尊敬するシスターに聖書を勧められたのをきっかけに、洗礼を受け修道女として信仰の道を歩みはじめる。一九六三年三六歳で岡山県のノートルダム清心女子大学学長に。歳が若いだけでなく同大学における初の日本人学長であり、地元とは縁のない人物の抜擢であったことなどから、古参職員の反発にあう。一九七七年には、うつ病を患う。一九九〇年に名誉学長、及び理事長に就任。一九九二〜二〇〇一年日本カトリック学校連合会理事長。著書多数。二〇一二年発売『置かれた場所で咲きなさい (Bloom where God planted you.)』が、二〇〇万部を超えるベストセラーになる。「誰かに、その姿のままで愛されることによって、傷があることを恥ずかしいことと思わなくなり……愛されている者は、かくて、心を開いてすなおになり、同時に、傷つくことを恐れなくなる」。

15 〈社会事業家〉

二宮尊徳（にのみやそんとく　一七八七～一八五六）

一三歳で父が、一五歳で母が死去。母は亡くなる一〇日前に実の父の葬式に出向くが、あまりにもみすぼらしい格好であったために金次郎（尊徳）と共に別の部屋に入れられ式には出ることを許されなかった。母は帰宅後泣き明かし、やつれ一〇日後に亡くなる。田畑、家を洪水で流され、兄弟三人ばらばらとなり、自らは伯父宅に寄食。荒地を開墾栽培、一家を再興する。乞われて小田原藩家老職服部家を五年間で再興。下野の桜町三村復興。常陸の青木村復興。また駿河、伊豆、相模の貧民救済等にもあたる。五二歳で小田原藩内の復興。五六歳で士分格を与えられ幕府の御普請役格に登用され、以後も日光神領、常陸の下館藩内陸奥の相馬藩内復興等を果たす。七〇歳で幕府の御普請役に就任。

瓜生　岩（うりゅういわ　一八二九～一八九七）

九歳の時、父急死。一七歳で結婚したが、夫が七年間の闘病後死去。四〇歳の時、戊辰戦争の惨状を目の当りにして決意、後の半生を窮民救済に捧げる。「日本のナイチンゲール」。

前島　密（まえじまひそか　一八三五〜一九一九）

生まれた年に、父死去。数年後叔父の許に奇遇し、一二歳の時、江戸に遊学する。郵便制度の創設をはじめとする、日本における近代的な通信、運輸制度の基礎を築いた。

16 〈その他〉

山内一豊の妻　千代（やまのうちかずとよのつま　ちよ　一五五七〜一六一七）

幼時に、父を失う。叔母の嫁ぎ先で育つ。夫の一豊も、早くに父と兄を失い、境遇が似ていた。結婚当時、山内家は四百石で貧しかったが、長浜二万石、遠州掛川六万石、そして土佐二四万石と夫を出世させた。夫のために嫁入り支度のお金で駿馬を買い求めた話は有名。聡明な女性であったらしく、千代紙はこの人の考案とされている。

春日局（かすがのつぼね　一五七九〜一六四三）

四歳の時、父打ち首となる。一七歳の時、後妻として嫁ぐ。夫は女癖が悪く耐えられなかったためであろうか、夫の愛妾を刺殺し、三人の子どもをつれて出奔。二六歳の時、眼鏡にかない、竹千代（三代将軍家光）の乳母となり、家光に信頼され、江戸城大奥を取り仕切った。

中浜万次郎（なかはままんじろう　一八二七〜一八九八）

九歳の時、父病死。一四歳の時、漂流、無人島に漂着一四三日の島生活の後、アメリカ船に救われ米国で教育を受け、二四歳で帰国。土佐藩、幕府に仕え、翻訳、航海、測量、英語の教授に当たる。ジョン万次郎とも呼ばれる。

大石順教（おおいしじゅんきょう　一八八八〜一九六八）

一七歳の時、養父が狂乱の末、一家五人を惨殺、巻き添えとなり両腕を失うが奇跡的に生還。絶望と周囲の好奇の目に耐えつつ、巡業芸人生活、画家との結婚、二児の出産、離婚などを経て、出家得度。自在会を設立し、身体障害婦女子の福祉活動に献身。一方、口で筆をとり絵画、書にはげみ、口筆般若心経で日展書道部入選。世界身体障害者芸術家協会員。

中村久子（なかむらひさこ　一八九七〜一九六八）

結婚後一一年目にして生まれた子で両親に可愛がられる。三歳で脱疽になり、両腕は肘関節から、両足は膝関節から切断。六歳で父、病死。九歳で一時期、両眼失明。一〇歳、母あやの厳しいしつけが始まる。一九歳、見せ物興業の世界に身を投じる。二三歳、母死去。結婚。二四歳、義足で初めて歩く。二六歳、夫病死。その後再婚。二八歳、再婚の夫が病死。二九歳、再々婚。三六歳、その夫と離婚。九歳年下の中村敏雄と結婚。四〇歳、ヘレンケラーと対面。四五歳、芸人生活をやめる。五一歳、ヘレンケラーと二度目の会見。五八歳、ヘレンケラーと三度目の会見。六四歳、宮中に参内。六五歳、ＮＨＫ「人生読本」で放送。

田岡一雄（たおかかずお　一九一三〜一九八一）

誕生前に父病死。七歳の時、母過労死。叔父夫婦の許でおどおどと暮らす。小四より四時起床、新聞配達五年間。小五で上級生をやっつけ、高等科でガキ大将を束ねる総大将となる。博打修行、三下（さんした）（渡世の最下級）修行、六年間の刑務所生活では五時起床、一二、三時間の労働。三四歳で暴力団「山口組」三代目となる。

大山康晴（おおやまやすはる　一九二三〜一九九二）

小学校卒業と同時に、木見九段に入門。名人一八期、Ａ級在位四四年、全盛期には、名人、王将、十段、王位、棋聖の五冠王となる。「史上最強の棋士」と言われた。棋士一五世名人。

中岡俊哉（なかおかとしや　一九二七〜二〇〇一）

「私は、父親の愛情をまったく知らない。父親のふところに抱かれたこともない。……六〇数年前、差別の激しかった時代に、〝父なし子〟というレッテルは死にも等しいくらいのものであり、何をするにもそれがついてまわった」。馬賊を志して満州に渡る。終戦で解放軍に抑留されて、北京放送局に配属される。帰国後、超能力、霊感などの研究に没頭、第一人者となる。著書に、『テレパシー入門』他。

細木数子（ほそきかずこ　一九三八～二〇二一）

七歳の時、父死去。生まれてすぐ、七歳まで、ばあやに育てられる。長年の研究の末、独自の六占星術を編み出す。陽明学の大家故安岡正篤氏に師事し、六占星術を「人間学」にまで高める。著書に、『あなたの運命』他。

木村正雄（きむらまさお　一九四〇～）

若くして父を亡くす。母が身を粉にして働くも報酬少なく、高校への進学を諦める。一九五五年、一五歳の時に、日本で最初の盆栽園である「藤樹園」の浜野さんに弟子入り。一一年間浜野さんの許で、知識や技術を磨く。二六歳で独立を果たす。弟子を取って後進を指導、活躍中。「盆栽の神様」という異名を持つ盆栽作家。居住地、さいたま市大宮盆栽村は、盆栽業者が集団移住してできた村で、日本以外の海外の盆栽愛好家に知られている。

坂井宏行（さかいひろゆき　一九四二〜）

戦争で夫を亡くした母、伊勢子は三人の子どもを連れて故郷鹿児島に引き上げた。貧しい中、働きづめの母の手助けがしたいと、少年時代の宏之は料理を作った。母はいつもそれを美味しいと言って食べた。フランス料理人。「料理の鉄人」としてテレビで報道される。

米長邦雄（よねながくにお　一九四三〜二〇一二）

一六歳の時、父が肺結核で死去。一三歳で佐瀬勇次八段に入門。中央大学経済学部に学ぶ。人柄は「さわやか流」、将棋は「泥沼流」と称される。著書に『人間における勝負の研究』他。将棋棋士。タイトル獲得数一九期は、歴代六位。日本将棋連盟会長(二〇〇五〜二〇一二)。

相川圭子（あいかわけいこ　一九四五〜）

一歳半の頃、父が四七歳で病死。七人兄弟の末っ子として生まれ、農家の母子家庭で育つ。「勉強は大好きで、あらゆる科目が得意でした」と自著で述べている。地元の工業高校へ入学。十代よりヨガ、瞑想を実践。一九七二年「相川圭子総合ヨガ健康協会」を創設。以来、日本全国五〇カ所以上でヨガ指導を展開。二〇代よりインドを訪れ、ヨガの研鑽を積む。一九八四年ヒマラヤの大聖者パイロットババジに出会って師事し、数年間に渡るヒマラヤ山中での修行を経て、「真のサマディ」を得たと認められる。インド政府、および瞑想・ヨガの世界的な機関 World Development Parliament より、兄弟弟子にあたるパイロット・ババジと世界で二人のみである「サマディマスター」の称号を受ける。「ヨグマタ(=ヨガの母)」、「現代瞑想の母」の尊称を受け、また二〇〇七年に聖者協会「ジュナ・アカラ」より女性初、また外国人初となる「シュリーマ・マハ・マンドレシュワリ(=偉大なる宇宙のマスター、仏教では大僧正に当たる位)」の称号を受けている。以来、インドや日本各地でヨガの指導を続けている。

長谷川岳（はせがわがく　一九七一〜）

北海道大学二年の時、兄の学ぶ高知医大病院に末期癌の母を訪問。テレビで「ソーラン踊り」を見た母が「病気の私でも、この踊りを見ているとワクワクして元気になれる」と喜び、母から勧められたことがきっかけで、その年の暮れまでに「よさこいソーラン祭り実行委員会」を旗揚げ。資金集めや呼びかけの推薦文を書いてもらうために、東京大学の文化人類学者を訪問し、高知県出身の川竹大輔氏と知り合う。二人で、当時の北海道知事（横路孝弘氏）と高知県知事（橋本大二郎氏）の対談を企画し、昼食帰りの高知県知事に路上で直訴。「おもしろそうじゃないか」と期待どおりの反応。北海道知事室長だった荒井聡氏によって、知事対談が実現。母の死後、取り憑かれたように祭りの準備に奔走。ＹＯＳＡＫＯＩソーラン祭り創始者で、同組織委員会専務理事や株式会社ｙｏｓａｎｅｔ取締役を務めた。自由民主党所属の参議院議員(三期)。

乙武洋匡（おとたけひろただ　一九七六〜）

先天性四肢切断。原因不明で、手と足がないという障害を持って生まれる。母親は一カ月後に、障害があることを聞かされた上でわが子に面会したが、抱いた感情は「悲しみ」ではなく「喜び」であったという。早大経済学部卒。「心のバリアフリー」に少しでも貢献するため、電動車椅子に乗って全国を飛び歩いている。「障害を持っていても、ボクは毎日が楽しいよ。健常者として生まれても、ふさぎ込んだ暗い人生を送る人もいる。そうかと思えば、手も足もないのに、ノー天気に生きている人間もいる。関係ないのだ、障害なんて。《『五体不満足』、あとがき》」

西　誠（にしまこと　一九八七〜）

生後まもなく父母は離れ、音信が途絶えた。生後七カ月で乳児院に入り、九〇年春、三歳で島原市の児童養護施設、太陽寮へ。これまで、父母と一度も会ったことがない。そんな自分の境遇を見つめ、中三で、「少年の主張」に応募、六九万人の応募の中から最優秀賞の総理大臣賞に選ばれた。「僕は立派に成長して生きていく」と、全国に向けて訴えた。現在、太陽寮の二階の居室「オリオン」で小五の二人、小二の一人と寝起きを共にしている。太陽寮には二歳児から高校生まで計六五人が暮らす。うち二〇人ほどは、帰る家がない。寮長は「家庭のある子よりも努力し、自分で道を開け」と説く。「海外協力隊に加わり、発展途上国の子どもの役に立ちたい。将来は車の会社に勤めたい」と語る。〈二〇〇二・一一・二一・朝日〉

ある教師（一九二四〜二〇二二）

一歳半の時、父母が朝鮮に渡り、叔母夫婦に預けられる。二人の弟と妹の四人兄弟の長男。小五の九月、叔母の夫が亡くなり、小六の夏休み、朝鮮の父母の許に一人で赴く。家族と一緒に生活すること半年で、京城師範に入学。寮に入ったためすぐまた父母と離れる。母親に会ったのは、六年生の二学期が初めてであった。母親を何と呼ぼうかと子供心に考えた。しかし、どうしても母親に馴染めんかった。一年の夏休みと冬休みに、朝鮮の家に帰った。商売気がない、つまらんと父親からもなぜか気に入られなかった。師範演習科二年の時、家族が本土に引き揚げて、一人残され、寮生活になる。師範四年の時から仕送りが途絶えた。本土への修学旅行があったが、参加できなかった。一時非行化。

ある教師に助けられ、朝鮮の幼年学校で教鞭を取り始める。家に呼び戻され、初恋の人とは、別れ別れにさせられ、兵役につき、朝鮮で終戦を迎える。

復員して宮崎の小学校に勤務することになるが、家の手伝いに呼び戻され、以来六年、豚の餌集めにリヤカーを引く身となる。農業が忙しい時は、手伝いに日向の家に帰っていた。二反の田んぼ作り、芋作り、稲刈り、精米所もあった。親との折り合いがつかないまま、結婚して、親子喧嘩をして、小学校の教師として、途中採用で教師に復職する。

その指導を筆者が受けたのは、田舎の小学校の六年生の時であった。先生の家の明かりは、夜中までいつもついているということであった。配られてくるガリ版刷りのプリントの枚数が定期的で多量で、算数、国語、理科、社会とそれぞれナンバー順にそろえると、一冊ずつの問題集ができるようになっていた。その問題は、項目別に難易度順になっており、易しいものは小学校の三、四年生位のものから、難しいものは六年生ではちょっとムリと感じさせられるものまで、順次段階を追って家庭学習するようになっていた。生徒は、いつでも、問題を解いてノートを提出すれば、合格するとハンコがもらえ、先に進める仕組みになっていて、問題に追いついてもすぐに新しいものが配られてくるという具合であった。採点は、スピードのある丁寧な子供を喜ばせる式のもので、四重丸、五重丸の大きな赤い丸と、達筆で書かれていた丁寧な講評が、目に焼きついている。

いじめが一掃されたこと、罰に運動場をクラス全員が何周も回らされたこと、できない生徒をできる生徒が勉強を手伝う形態をとっていたこと、できるまで家に帰してもらえなかったことなど、厳しい指導であった。各自が手作りで作った卒業アルバムが先生撮影の写真で一杯であったこと、謝恩会で先生が歌った「アリラン」が哀愁を帯びていたことなど、思い出に残っていることが多い。

朝早く一番先に学校に出てくる、ネクタイをしない、苦み走ったいい男で、正義感に溢れていた。非常に教育熱心な、その笑顔と優しい声が忘れられない。特別な思い出を残してくれている恩師である。

病気との闘いに負けなかったことも筆舌に尽くしがたい。六〇過ぎて、膀胱ガンになり、一命を取り留めたが、全摘手術になる。結果、人工膀胱、小腸を切って利用し、人工の袋を作って体内に埋め込む手術をして、三〇年を経過。毎日五、六時間ごとに、管を挿入して、溜まった尿を排出することを継続している。その気力は、外見の応接ではまったく感じ取れない、信じられないことが継続している。先生の言葉、「慣れたら、何ちゅうことはない」は、淡々としたもの言いで、何度も聞かされた。

下の子、息子さんの方が四七歳の頃、胃ガンであることが判明。先生は、胃ガンということを知らされていなかった。息子さん宅を訪問するたびに「親父ばかりがいいもんを食べるな」と先生は叱っていたと反省。「それが悔やまれる」と話した。息子さんの奥さんは、看護婦長をしていて、様子が分かっていたが、先生は、知らせてもらっていなかった。息子の希望を聞き、先生は二人で熊本の病院を訪問。

結果、どうしようもないガンの末期状況であった。息子さんは誰にも結果を知らせないでほしいと言い残して、検査から一週間後に突然旅立ってしまう。そのことを教えてもらえたのは、先生の奥さんから、それも随分後になってからであった。

息子さんの三人の男の孫の内の一人が、引きこもりで不登校になって中学は、三年間行かないままに終わったとのこと。とてもいい子で、私が一言もそのことを言わなかったから、とても懐いてくれていた。嫁もあまり口やかましく言わん方じゃやから、本人は悠々として過ごしていた。優しい性格の子である、と目を細めながら話した。「歳をとったら角がとれる」と、何度も口にされた。

話したかなあ、朝鮮の海州で教えた子が、福岡まで来てくれたちゅうことを。今八四歳の、男性が二人女性が一人、引き揚げ先の東京、滋賀、大阪から、三人そろって、去年訪ねて来てくれた。朝鮮では一クラスしか持たなかった、一年半で兵隊に行ったから。博多駅の昇降口で待っちょって、三人の顔がちゃんと分かったんよなあ。しかし、受け持った子供と話をするちゅうのは、ものすご楽しいねえ。この歳(九五歳)になって、五〇年も前の子供となあ。今頃、分かった。昔は考えなかったけどねえ。

そのクラスで気になったのが、よう子という子、努力家だったんじゃけど。その子からハガキが来たんよね。一杯きれいな字で書いてあって、その中に一節、この手紙を書くのにも身体が疲れてこの頃はいけませんと書いてあった。それを書いてくれた子が、その一週間後に亡くなった。後で聞いたけど、今でもやっぱり気にかかっちょるね。

もう一回、前の学級を持ちたい、当時は、無茶をしよったもんねえ、と、今なお気持ちの上ではやる気十分。

先生は、身体が弱く、養命酒を愛飲しておられた。そのお陰か、九八歳で入院する直前まで、頭脳明晰な状態を保たれた。しかし、先に亡くされた奥さんが、枕元に本当に現れたと、真顔になって話された。居なくなって本当に愛おしく思うようになったと。それが、先生の最後の言葉であったように思う。

海外編

1 〈政治家〉

始皇帝（しこうてい　前二五九～前二一〇）

一三歳の時、父、秦の荘襄王、死去。実父は呂不韋（りょふい）との説もある。幼少時には父と共に人質として趙にいた。父の跡を継いで即位。はじめは呂不韋に政治を専断されたが、成人すると彼を斥けて親政した。韓、趙、魏、楚、燕、斉を次々と滅ぼし、中国を統一。自ら始皇帝を名乗り、朕と自称し、天下を三六郡に分けて統治。「万里の長城」など巨大な土木工事、焚書坑儒などの思想統制も大規模に行い、また度量衡を統一した。

項　羽（こうう　前二三二～前二〇二）

幼時に孤児となる。叔父に引き取られて教育を受ける。叔父項梁と挙兵、劉邦（漢の高祖）と共に秦を滅ぼして楚王となったが、のち劉邦と覇権を争って敗れ、自刎（じふん）。

クレオパトラ（Cleopatra　前六九～前三〇）

誕生の年に、母死去。一八歳の時、父死去。二一歳の時、五三歳の執政官ジュリアス・シーザーと出会い、共通の敵を相手に一緒に戦う。シーザーはエジプト遠征の直後からクレオパトラの神性の助けを得てガラリと人柄が変わったと言う。暗殺されたシーザーに続いてアントニウスと組し、世界制覇を夢みるが、オクタビアヌスに敗れ、毒蛇に噛まれて自殺する。

劉備玄徳（りゅうびげんとく　一六一～二二三）

生まれた頃、家は貧しく、父は早く死に別れたので、母と共に履(くつ)を売り蓆(むしろ)を織って生計を立てた。人をひきつけるものがあり、関羽、張飛は早い頃からの仲間であった。三国蜀漢の初代皇帝。

諸葛孔明（しょかつこうめい　一八一～二三四）

九歳で母、一二歳で父死去。劉備の三顧知遇に感激し、軍師となる。三国時代、蜀漢の宰相。五三歳で没す。

朱　全忠（しゅぜんちゅう　八五二～九一二）

父親と早く死別。地主の家で働いたが仕事熱心でなく、いつも主人に殴られていた。反乱軍に参加、やがて一軍の将となり、時機を見て唐朝側に寝返る。唐を滅ぼし、後梁王朝の初代皇帝に即位。

チンギス汗（Chimgis Khan　一一六七〜一二二七）

九歳の時、父が毒殺され、他族の長老に預けられる。戦場においては極めて非情な反面、部下や友に慕われる人情を合わせ持っていた。一三世紀前半、アジアからヨーロッパにまたがる史上空前の大帝国を築く。記録に残っているだけでも三九人の后妃を持ったとある。モンゴル系、イラン系、ロシア系、ゲルマン系、インド系、中国系と世界の美女を後宮に迎える。都市に攻め込んだ軍隊はまず男を皆殺しにし、奪うものがなくなると犯した女を奴隷として引き連れ、次の攻撃目標に向かって移動していった。

ティムール（Timur　一三三六〜一四〇五）

貧しさのために教育も受けられぬ村のがき大将であったが、仲間を思いのままに動かす抜群の指導力で部族のリーダーとなる。二七歳の時、右腕と右脚に重傷を負い以後「障害持ちのティムール」と呼ばれる。モンゴル二万の大軍を一五〇〇騎で打ち破り、ついには、東は中央アジアから西はシリアに至る「ティムール帝国」を打ち立てる。オスマン・トルコを破り、明を討とうとする途上、シル河畔で病没。サマルカンドに壮麗な王宮やモスク、学校などを建設、多くの学者や芸術家を住まわせ、イスラム文化の発展に寄与した。

エリザベス一世（Elizabeth I　一五三三～一六〇三）

父ヘンリー八世が男子の世継ぎが欲しいばかりに、不倫の相手をはらませた結果誕生。二歳の時、母親が、父、ヘンリー八世によって処刑された。一三歳の時、父死去。二五歳で王位につく。国内の激しい宗教的対立を緩和させ、制海権を握り、植民地を拡大して英国の国勢を高めた。国民は女王の幸福と後継者の誕生のため、結婚を強く要請したが、生涯をはなやかな「処女王」として終わった。生涯独身。

クロムウェル（Oliver Cromwell　一五九九～一六五八）

一八歳の時、父死去。カレッジを退学、家督を相続、二一歳で結婚。二三年間、農牧、家庭、祈祷の生活を経て、議会へ進出。四三歳で軍務につき実力を発揮。「神を信じる正直な人間を将校に選べば正直な部下がついて来る」として陣容を固めチャールズ一世を処刑して共和制を布く。イギリスの海上制覇の端を開いた、ナポレオンと比せられる武将。

チャールズ二世（Charles II　一六六〇～一六八五）

一九歳の頃、父チャールズ一世がクロムウェル一派に首をはねられたという悲報を、父の忠告に従って亡命していたフランスで聞く。慎重に計画を練りながら機会を待って英国に戻り、クロムウェルの後継者たちを打ち負かす。彼は洞察力の鋭い政治家であり、国民たちから慕われた。イングランド、スコットランド、アイルランドの王。

ルイ一四世（Luis XIV　一六三八～一七一五）

父ルイ一三世の死去に伴い、五歳で、フランスの国王に即位。スペイン王女マリア・テレサと結婚。ヨーロッパ随一の陸軍創設、豪華なベルサイユ宮殿を造営。「朕は国家である」。

ベンジャミン・フランクリン（Benjamin Franklin　一七〇六～一七九〇）

イギリスからの移民の貧しいろうそく屋に、一七人兄弟の一五番目として誕生。牧師になるべくラテン語学校に入学したが、父親が学費を出せず一年で退学。一〇歳で学校をやめ、異母兄の印刷屋の見習い工になる。一七歳の時、この兄と喧嘩して別れ、印刷業を開始する。学校教育を殆ど受けず、すべて独学で、多くの外国語に通じ、多数の啓蒙的著作で名を成した。他方、避雷針を発明、独立宣言の起草委員、さらにはペンシルヴァニア州知事となり、合衆国憲法制定に最長老として参加、国葬をもって葬られた。自己修養のための「フランクリンの一三徳」は常識的かつ現実的な言葉で、これらの実際的な諸徳によって、自己を律することを勧めた。「第一三、謙譲、イエスとソクラテスに見習え」。アメリカの政治家、実業家、科学者、啓蒙思想家。著書に『フランクリン自叙伝』。

ワシントン（George Washington　一七三二〜一七九九）

一一歳の時、父が急病で他界。独立戦争を指揮した「アメリカ建国の父」。「桜の木」を切り倒したことを父親に正直に告白した話で有名。しかし、これは真面目で正直であったということから、伝記作家によって作られた完全な創作。任期の第三期目を拒否した。アメリカ「初代大統領」。

ジェファーソン（Thomas Jefferson　一七四三〜一八二六）

一四歳の時、父死去。二七歳まで共に過ごした母を憎む。王朝風のかつらの着用を辞め、大統領の誕生日を祝日にし国民が祝うことを廃止。ワシントンにならい、第三期を拒否。黒人使用人を愛人として息子三人娘一人を設けたことが、今世紀になってＤＮＡ鑑定の結果、事実であると立証された。アメリカ「第三代大統領」。

ネルソン提督 (Horatio Viscount Nelson　一七五八〜一八〇五)

九歳の時、母死去。叔父が少年ネルソンを、北極、西インド諸島等と連れ回り、マラリアにかかり家に戻され、勉学に励んで任官、二一歳で指揮官として最初の船に乗船。フランス軍の破裂弾の破片で片目を失明。右肘をぶどう弾によって砕かれ腕を切断。額にも傷を負う。ナポレオンのフランス軍をエジプトで破り、トラファルガーの戦いで祖国を護り、艦上で英雄的な死をとげ、国葬に付された。イギリスで最も人気があり勲功を上げた海軍指令官。

ナポレオン (Napoleon Bonaparte　一七六九〜一八二一)

一五歳の時、父死去。軍功により、二四歳で少将に。二七歳で、未亡人ジョセフィーヌと結婚。三〇歳で、フランス革命を終結させ、第一執政官に。ナポレオン戦争を推進、ヨーロッパを侵略・征服し、ナポレオン法典を公布。三五歳で、フランス皇帝。四〇歳で、皇后ジョセフィーヌを離縁。翌年マリー・ルイーズと結婚。ロシア遠征を始め、失敗、敗戦を経て、退位。イタリア西岸のエルバ島に流され、その後、復位して一〇〇日天下の後、イギリス政府により南大西洋の孤島セント・ヘレナに流され、厳重な監視下の許に孤独な余生を送る。五一歳で没す。革命精神を輸出して諸国民の民族意識を目覚めさせもしたが、ヨーロッパ支配の野望のために、フランスのみで、一〇〇万余の兵が失われた。

リンカーン（Abraham Lincoln　一八〇九～一八六五）

九歳の時、生みの母を失い、第二の母に愛され育てられる。幼少の時から貧しさの中に父と共に居を移し、船夫、教師の助手、商店主などを経て弁護士となる。教育は一二カ月ほど受けただけ。一二歳の頃から、本を手放さなくなる。リンカーンが本を手に持っていないところを見たことがないと従弟が言っている。本を借りに三〇キロも歩いて行くこともあった。二二歳で事業に失敗。二三歳で州議会議員に落選。二五歳で再度事業に失敗。翌年、婚約相手アン・ラトリッジが一九歳で病死。二七歳で神経の病。三三歳の時に結婚した相手は家柄もよく教養もあったが、癇癪持ちで、結婚生活は慰安よりもむしろ忍耐を要するものであった。三四歳から五年に三度下院議員に落選。四六歳で上院議員に落選。四七歳で副大統領になろうとするが失敗。四九歳で上院議員に落選。五一歳で「第一六代大統領」となる。奴隷を解放。南北戦争終了の五日後、凶弾に倒れる。

ヴィクトリア女王（Queen Victoria　一八一九～一九〇一）

赤ん坊の時、父（ジョージⅢの四番目の王子）死去。一八歳で女王となる。身長は、一五〇センチと小柄。夫アルバートが四二歳で急逝。英国史上最も長く女王として在位。ヴィクトリア朝時代の象徴であった。

ロイド・ジョージ（David Lloyd George　一八六三〜一九四五）

幼時に、父死去。靴屋の叔父に育てられ、弁護士のところへ徒弟奉公に入る。弁護士になり評判をとり、下院議員へと転身。チェンバレンを激しく攻撃、暴漢に襲われたが意見を変えなかった。大蔵大臣等を歴任、金持ちの負担を重くする「人民の予算」を提出、「国民保険法」を成立させ社会保険制度の基礎を作り、首相として連立内閣を作る。大戦でイギリスに勝利をもたらし、ヴェルサイユ講和会議でも影響力を発揮した。

ウィリアム・モリス・ヒューズ（William Morris Hughes　一八六四〜一九五二）

ロンドンに貧しい大工の子として生まれ、幼くして母と死別。二二歳で、オーストラリアに渡り、職を転々、労働党内で力を発揮。労働党政権の首相に就任。「強いオーストラリア」を掲げたその姿勢は国民から絶大な人気を博し、死後は国葬に付され一〇万人が参列した。

ガンジー（Mohandas Karamchand Gandhi　一八六九〜一九四八）

一三歳で結婚、三年後に父死去。妻との営みにふけっていたため、父の死に目に会えずに終る。一八歳の時、酒、女、肉食を断つ誓いを立て、ヨーロッパへ単身留学。三年間誘惑に負けず頑張る。南アフリカで言語に絶する人種差別を体験、決定的人生の転機となる。三七歳でヒンズー教の禁欲生活の誓いを立て、政治と宗教の指導者として全生活を捧げる。イギリスと対決、インド独立を勝ち取る。九回投獄され、一八回断食。ヒンズー教とイスラム教の和解をもたらそうとする運動の最中、ヒンズー教徒の狂信者による凶弾に倒れる。長男はやくざ崩れの生活をし、非業の最期を遂げた。

レーニン（Nicholai Lenin　一八七〇〜一九二四）

皇帝暗殺の謀略加担で、兄が絞首刑になり、七カ月後、本人も学生デモで逮捕される。国家検定試験を受け最高の成績で合格、弁護士となったが、革命運動に走る。一八九五年の投獄以後二二年間、ボルシェビキ派を指揮。その間、シベリア、ドイツ、フランス、イギリス、ポーランドを転々とする。シベリアで女性革命家クループスカヤと結婚。農民がロマノフ王朝に対して立ち上がると、絶好の機会が訪れたことを確信、ロシア統治の全権を治める。旧制度の破壊、新社会主義国家機関の創設、大規模所有地の没収、土地、銀行、大企業の国有化、赤軍の編成などをすすめ、ドイツと講話を結び内外の干渉からも革命を防衛した。ソビエト連邦の建設に努力した革命家。二〇世紀最大の政治的影響を及ぼした人物。スターリンに毒殺されたとも言われる。

マヌエル・アサーニャ (Manuel Azana Diez　一八八〇〜一九四〇)

九歳の時、母が、一〇歳の時、父が死去。幼くして孤児となり、少年時代を修道院学校で過ごす。マドリード大学院を出て、司法省に職を得、小説、評論などを手がけ、政治の世界に関心を示し、指導的役割を演じるようになる。共和主義行動党を結成、第二次共和政樹立に貢献。首相、大統領を歴任する。スペインの政治家。

ケマル・パシャ (Mustafa Kemal Ataturk　一八八一〜一九三八)

七歳の時、父死去。母の意向に反し、軍の幼年学校に入学、第一次大戦で、イギリス連邦軍を敗退させ勇名をとどろかせた。トルコ共和国を誕生させ、初代大統領に就任。女性解放、教育改革などの近代化政策を推進した。トルコの軍人、政治家。

フランクリン・ルーズベルト (Franklin Delano Roosevelt 一八八二〜一九四五)

一人っ子に生まれ母に溺愛され、後々も絶えず母から結婚を邪魔される。三九歳で小児麻痺にかかり下半身不随となり、補助具や杖がないと歩けなくなった。母は息子に政界からの引退を勧めたが、エレノア夫人は真っ向からこれに反対、歩行困難な夫を助ける。たった一度だけ、母の死後、母が残した形見を目のあたりにした時、人前で涙を見せた。「唯一の恐れるべきことは、恐れることそのものだ」と述べ、国民を勇気づけた。四選されたアメリカ「第三二代大統領」。第二六代大統領のセオドア・ルーズベルトは従兄弟にあたる。

蒋介石 (しょうかいせき 一八八七〜一九七五)

八歳の時、塩の小売商であった父が死去。父の三番目の妻が、しつけ、教育の責任を負う。抗日統一戦線のために内乱を休止、国内統一を図ろうとしたが失敗、台湾に逃れ、死に至るまで反共復国の望みを捨てなかった。共産主義を憎み、中国共産党との闘いに一生を捧げた反骨の軍人。中国国民党の指導者。

T・E・ロレンス（Thomas Edward Lawrence　一八八八〜一九三五）

父親の不義によってできた子。第一次大戦中、トルコの支配に対するアラブ人の反乱を指導。その英雄的行為は母親の名誉挽回のためであったといわれる。映画『アラビアのロレンス』の主人公となった人。四六歳の時、運転するオートバイが子どもを避けようとして転倒し、波乱の生涯を閉じた。イギリスの探検家、考古学者、軍人。

ヒトラー（Adolf Hitler　一八八九〜一九四五）

家政婦をしていたクララ・ベルツルを母に生まれる。一三歳の時、父病死。一八歳で母死去。実業学校を途中でやめ、美術学校の入試に失敗、一八歳から二五歳まで、職もなく、ボヘミアンの生活を送る。物事をはっきりさせ、そこから結論を出す能力、引き出した結論を過激な形で実行に移す勇気があった。軍事面、経済面で奇跡を行う人で、ドイツ人の九二％、ほとんど全国民を、一〇年足らずの間に業績によって支持者とした。当時、事故か心筋梗塞で倒れていたら、ドイツの最大の政治家の一人として終るはずであった。五六歳でピストル自殺。父の母アンナ・マリアは、ユダヤ人の雇主の息子に誘惑され、未婚のままメイドをしながら、ヒトラーの父、アイロスを出産した。ユダヤ人に対する憎悪はそこから出ているという見解もある。

ラサロ・カルデナス（Lazaro Cardenas del Rio　一八九一～一九七〇）

父が早くに死去、一四歳で小学校を卒業後、徴税吏事務所、印刷所で働く。革命軍に入って後、将軍になる。州知事の後、中央政界入りし、内務・国防大臣、党総裁を歴任、大統領となる。長年英米資本の独占状態にあった石油会社の国有化を、不屈の意志で決断、これを発表すると、熱狂した市民がメキシコ市の中央広場を埋め尽くした。

ホー・チ・ミン（Ho Chi-ming　一八九二～一九六九）

一〇歳の時、父の留学中に、母死去。父はその後、子ども達を、自活するにまかせる。ベトナムの独立を決意してフランスに渡り、植民地解放運動を開始、中国でインドシナ共産党を創設、ベトナムに密かに戻り、ベトナム独立同盟を組織、反仏、抗日ゲリラを指導。自らの目標を実現するために困苦欠乏と危険をくぐり抜け、飢えと寒さと病気をのりこえ、逆境と戦う。フランス、日本、中国、さらにアメリカを相手にし、アメリカ軍の第一陣が立ち去るのを見届けた時、心臓病で急死する。「ベトナム独立の父」。

チトー（Josip Broz Tito　一八九二〜一九八〇）

農家の一五人兄弟の七番目として生まれる。徒弟奉公をした後、機械工となる。軍に徴集され、捕虜となりロシアへ。帰国後、共産党に入党、ユーゴスラビア共産党書記長となる。反ナチス・ドイツ抵抗勢力、パルチザンを組織、首相兼国防相を経て、大統領となる。この間、スターリンと衝突、ソ連型を排除したユーゴ独自の社会主義を構築、歴史、宗教、文化を異にする多民族国家ユーゴスラビアを、安定した統一国家として発展させた。

フーバー（J. Edger Hoover　一八九五〜一九七二）

「ＦＢＩ長官」を、死ぬまで四八年間務める。何万人もの個人調査ファイルを保有する恐るべき法執行機関を作り上げる。二六歳で父死去。女は男子の出世の妨げになるとの信条を表明、孝行息子のフーバーは母の死を看取るまで母と生活を共にする。生涯独身。

周恩来（しゅうおんらい　一八九八〜一九七五）

一歳になる前、亡くなった叔父の家の跡継ぎとして養子に行き、その妻に育てられる。養母を母と呼び、実母を義母と呼んだ。九歳で実母、一〇歳で養母の二人の母が亡くなる。父は出稼ぎに出て、一〇歳の時九歳と四歳の下の子を連れて実家に帰り、家長として借金と家事を引き受けることになる。日仏独の三国に留学。中華人民共和国首相。

アヤトラ・ホメイニー（Ayatollah Ruhollah Khomeyni　一九〇〇〜一九八九）

イスラム法学者の子として生まれ、幼時期に、父を失う。学者としての評価を高め、アヤトラとなり、シャー（王）の政策に反対して国外追放される。シャーの近代化がつまずくと、イラン国内に支持層を広げ、帰国、熱狂的な支持を得て、カリスマ的存在として革命を成功させた。イラン・イスラム共和国の最高指導者。

イブン・サウド王（King Saud　一九〇二〜一九六九）

一族は一〇〇年にわたりアラビアの大部分を治めていたが、イブン・サウドが生まれるとすぐ、ライバルであるラシド一族に地位を奪われ、少年時代を貧しい亡命者としてクウェートで過ごす。亡命者として暮らす間、父親はイブンを鍛え毎日一番暑い最中に火のように焼けた岩や砂の上を素足で歩かせた。二〇歳の時、奪回を図り、数年後にアラビアを完全に掌握する。日に五回、必ずメッカに向かってひざまずき、祈りを捧げ、酒、タバコ、賭事には一切手を出さず、映画を見ることもなかった。アルコール類をことごとく禁止。一五歳の時に結婚した相手が六カ月後に他界。その面影は生涯彼の胸から消えなかったという。ただ、二〇〇人近くの妻を持ち、男四四人女六四人の子宝に恵まれた。

J・クビチェック（Juscelino Kubitschek de Oliviera　一九〇二～一九七六）

三歳の時、父死去。小学校教師の母親に育てられる。医者でスタート、連邦執政官の秘書官となり政界に入る。連邦下院議員、市長、州知事を経て、大統領に就任。ブラジリア建設と基幹産業の開発を実現する。しかし、急速な経済開発は悪性インフレなどを招き、後に軍事革命政権から一〇年間政治活動を停止させられる。自動車事故死。ブラジルの政治家。

ハマーショルド（Hammersold　一九〇五～一九六一）

中東の動乱に際して活躍。内戦調停のためコンゴへ向かう途中で、飛行機事故死。携えていた本の書名は『キリストに倣いて』であった。第二代国連事務総長。生涯独身。

キム・イルソン（金日成　一九一二～一九九四）

貧しい農村に三人兄弟の長男として生まれ、小学校を終えた年に、父が死去する。故郷を離れ、共産主義青年同盟に加わり、抗日パルチザン部隊の政治局員、指導者として活躍。三六歳で、朝鮮民主主義人民共和国（北朝鮮）の建国を宣言、初代首相に就任。中ソの干渉を排除し、北朝鮮の独立と主体性を確立させた。新憲法採択で、国家主席に就任。

ワレンバーグ（Raoul Wallenberg　一九一二〜一九四七）

誕生三カ月前に、父親が癌で死去。一人息子を亡くした祖父と母は甘やかすことなく国際人となるべくこれを教育。六歳の時、母再婚。高校を終えるまでに英独露語をしゃべるようになり、仏語を身につけるためにフランスに一年留学。アメリカの大学で、成績トップとなる。貿易会社、銀行などに勤め、世界中をまわる。三二歳の時、スエーデンの外交官としてブダペストに派遣され、六カ月の間にナチスの大虐殺から一〇万人以上のユダヤ人の命を救う。直後ソ連軍に逮捕され、以来釈放されないまま、一二年後刑務所で死去したと発表される。アメリカでチャーチルに次ぐ二番目の名誉市民に選ばれ、カナダ、イスラエルの名誉市民ともなる。

ケネディー（John Fitzgerald Kennedy　一九一七〜一九六三）

父親は四人の息子全員に、二番でなく一番であることを厳しく要求、ジョンも生まれた時から激しい闘争精神を教え込まれた。母親ローズは、四男五女を生み、一人一人の子どものファイルカードを作り、それぞれの成長の様子を記録した。子ども達が食堂に集まる途中の掲示板に新聞や雑誌の切り抜きを貼っておき、食事の時の話題にすることができるようにした。そして質問を出したり、論評したりして、巧みにリードし、食事の時間を、ものを考える力と議論する力をつけるのに役立てた。四二歳でアメリカ「第三五代大統領」となり、若さとはつらつたる知性とケネディー構想といわれた洋々たるビジョンで期待されたが、任期半ばで狙撃され暗殺された。そのニューフロンティア政策は、目標を一〇年先においた、人口、生存、教育、住宅、都市郊外、科学、余暇など多彩な分野にわたり、社会福祉政策、人種差別の廃止、平和共存の確立など、全世界的視野に立っての構想であった。

ネルソン・マンデーラ（Nelson Mandela　一九一八～二〇一三）

九歳になる前、父が病死。人種隔離闘争の中で反逆罪となり終身刑を受ける。二七年六カ月ぶりに釈放される。アパルトヘイト下の南アフリカ黒人二六〇〇万人の精神的支えとなる。一人一票の参政権が実現し、一九九四年五月、大統領に就任。一九九九年、退任。引退後も人気は根強く、二〇〇五年ＢＢＣが行った世界政府の大統領に仮定した世論調査ではトップに選ばれた。九五歳。酒を人には気前よく振る舞ったが、自分は飲まなかった。「ノーベル平和賞」受賞。

ガマル・ナーセル（Gamal Abdal Nasir　一九一八〜一九七〇）

八歳の時、母死去。中学生の時、反英デモに参加し、民主主義に目覚めた。陸軍士官学校に進み、軍人として指導性を発揮。六発の弾丸がナーセルをかすめたが、彼は演説を続けた。この沈着な行動と演説でナーセルはエジプト人の心をつかんだ。その二年後、同じ場所で、スエズ運河の国有化を宣言。イギリスの中東支配に対する公然たる挑戦であった。エジプトの大統領。

パーレヴィ国王（Reza Shah Pahlavi　一九一九〜一九八〇）

幼くして父が世を去ると、母と共にテヘランの親戚に身を寄せた。コサック旅団に十代で入隊、昇進を重ね、旅団の指導権を手にする。そのコサック旅団を率いてイランの首都テヘランを制圧、武力で実権を掌握した。宗教界が共和制に反対したために、大統領でなく国王となり、パーレヴィ朝が創始された。イランの軍人、政治家、国王。

ヘンリー・キッシンジャー（Henry Alfred Kissinger　一九二三〜二〇二三）

九歳の時、ユダヤ人教師であった父がナチスに教職を追われたため、ギムナジウムを退学させられ、ユダヤ人学校に入れられる。一四人もの親族がナチスの手で殺される。ユダヤ人迫害から逃れるために、一家はロンドンへ逃げ、さらにニューヨークへ移住。ジョージ・ワシントン高校に入学し、オールAの特待生となる。高校卒業後、シティ・カレッジの夜間コースに入り、昼間はブラッシュ工場の職工として働く。第二次大戦に従軍し、優秀な頭脳の持ち主であることを見いだされ、ドイツのクレフェルト行政機構の再建をまかされる。やがて、ヨーロッパ駐留アメリカ軍の情報学校教官となる。帰国後、ハーバード大学経営学部に入学、大学院を出て哲学博士となり、正教授となる。『核兵器と外交政策』を著し、ケネディー大統領やジョンソン大統領のブレインとなり、ニクソン大統領の特別補佐官、国務長官に任命され、アメリカ外交を切り回した。ベトナム和平協定の功労により「ノーベル平和賞」受賞。戦後一貫して反共反中国を通してきたアメリカ外交を一八〇度転換させた。

田原総一朗に日本への原子爆弾投下についてインタビューされたことがあり、「あなた方は広島と長崎に原爆を落とした。そしてまったく何の罪もない一般市民を大量に殺した。この責任をアメリカはどうとるつもりなのか」と聞いたら、キッシンジャーは「広島と長崎に原爆を落とさなければ日本は本土決戦をやるつもりだった。本土決戦で何百万人、あるいは一千万人以上の日本人が亡くなるはずだった。原爆を落とすことでその人数をかなり減らしたんだから、むしろ日本はアメリカに感謝すべきだ」と答えたという。『プラトーン』を監督したオリバー・ストーンは「キッシンジャーの見方は私たちの見方とはまったく違います。私たちは広島・長崎への原爆投下は必要なかったと思っていますし、キッシンジャーは何もわかっていない人だと思います。彼はノーベル平和賞を受賞しましたが、同時に南米各地でのアメリカの残虐行為に関わったということで、戦争犯罪人として入国できない国もたくさんあるようです」と述べた。

李鵬（りほう　一九二八〜二〇一九）

三歳の時、周恩来が指導した暴動に参加した革命烈士の父が国民党に処刑される。一一歳の時に、周恩来夫妻の養子になる。一七歳で共産党に入党。二〇歳で、モスクワ動力学院に留学。帰国後、各地の発電所に勤務。北京電力管理局を経て、国務院電力工業省次官、電力工業相、副総理を経て、総理に選出される。

イヴェット・ルーディ（Ivette Roudy　一九二九〜）

一二歳の時、母と死別。一六歳で工場のタイピスト。夜学と通信教育を受けたのみ。F・ミッテラン大統領に「女性の権利省」の大臣に抜てきされる。これを機に、コンプレックスの固まりのようなフェミニストが変貌を遂げる。「性差別禁止法案」を提出、これを通過させる。

サッダーム・フセイン（Saddam Hussein　一九三七〜二〇〇六）

誕生前に父が死去。父は妻子を捨てたとも。母方の親戚に育てられる。イスラムの世界では四人まで妻を持つことができるが、自分だけが妻であることを望んだ母は、先妻を追い出して再婚。無学な農夫であった継父は、フセインに鶏や羊を盗ませてはそれを売ったという。クウェート侵攻、湾岸戦争、イラク戦争などでアメリカ他の攻撃を受け、その身は二〇〇三年一二月米軍特殊部隊によって拘束された。政敵粛清、虐殺や毒ガス使用などで、国際的に悪評の高かった独裁者。イラクの元大統領。二〇〇六年、判決を受け、バグダードの刑務所にて、イラクの判断で絞首刑による死刑が執行された。

スー・チー女史（Aung San Suu Kyi　一九四五〜）

二歳の時、父親（ビルマ建国の父、アウン・サン将軍）が暗殺される。「ビルマにおける民主主義と人権への非暴力闘争」で、一九九一年四六歳で「ノーベル平和賞」授賞。一九八九年七月、軍政当局に軟禁され、二〇〇二年五月、軟禁を解除されたが、二〇〇三年五月また拘束された。軟禁にもかかわらず、ミャンマー国民の間では絶大な信頼がある。『スー・チー女史は善人か』なる本が出ている。一五年も前からロヒンギャに対する虐待問題が取り上げられている。世界は偽善に満ちていると。

クリントン（Bill Clinton　一九四六〜）

誕生の三カ月前に父が交通事故死。養父の酒乱による家庭内暴力を子どもの頃必死になだめる。高校生代表団の一員としてケネディ大統領と握手。その三カ月後に大統領が凶弾に倒れる。三二歳から州知事。一期目の州政ではその独断専行がそっぽを向かれたことがある。四六歳、歴代三位の若さで、アメリカ「第四二代大統領」に就任。

デヴィッド・ブランケット（David Blunkett　一九四七〜）

盲目に生まれ、四歳で隣市の盲学校の寄宿舎へ、一二歳で王立師範盲学校へ進学。その直後父親が煮えたぎる湯の入った巨大な桶の中に落ち、一カ月後に死去。一六歳で労働党に入党、貧困の中、働きながら猛勉強、大学へ。二二歳で市議会議員、教師となり、長年の市議会での活躍、教師としてのキャリアが認められ、一九九七年、英国で初の盲目の大臣、教育雇用相となる。二〇〇四年不倫スキャンダルを起こし、クリントン元大統領のそれに匹敵するほどの話題となり、世界中に衝撃を与えた。

ジャン・ベルトラン・アリスティド（Jean Bertrand Aristide　一九五三〜）

幼時に父を失い、敬虔なカトリック信者の母に育てられる。ハイチ国立大学を卒業後、カナダ、イスラエル等で神学と心理学を学ぶ。祖国で司祭になり、布教と奉仕活動を行うが、あまりにも急進的で、カトリック教会から追放される。大統領選挙で、貧民層の支持を集め当選、就任。軍事クーデターで国外に亡命。アメリカや国連の圧力と介入で政権復帰、任期を全うする。退任後、「民主主義のためのアリスティド財団」を設立。ハイチの神学者、政治家。

リゴベルタ・メンチュウ（Rigoberta Menchu Tum　一九五九〜）

少女時代はお手伝いとして、砂糖キビ、コーヒー、綿花栽培などに従事する。正式の教育は受けていない。二一歳の時、父親が軍事政権当局に焼き殺され、同年、母親と二人の兄弟が誘拐され、拷問の末、殺される。兄弟の一人は裁判なく、公開の銃殺刑であった。迫害を逃れるために八一年メキシコに亡命、本格的活動を始める。「先住民の人権闘争の実態を知らせる重要な役割を演じた」として評価され、一九九二年三三歳で「ノーベル平和賞」受賞。

2〈実業家〉

ジョージ・シン（George Shinn　一七七〇～一八三八）
八歳の時、父を亡くし、家計を助けながら高校を卒業し、ビジネス・スクールに学ぶ。卒業後、事業を始めたが失敗して破産の憂き目にあった。しかし、不屈の精神力で立ち直り、若くして三〇にも及ぶ会社のオーナーを務め、一代にして、三〇代の若さで巨額の財をなす。『やる気を起こせ！（The Miracle of Motivation）』は、知見に満ちた書。

アンドリュー・カーネギー（Andrew Carnegie　一八三五～一九一九）
毎日一六～一八時間働く母を熱愛して、二二歳の時、「お母さんがいる限り、僕はいつまでも結婚しません」と約束。結婚したのはその三〇年後、彼が五二歳の時、母が死んでからであった。母が亡くなって一五年間、悲しみのあまり母の名を口にできなかった。貧乏で、学校に通ったのは合計四年間だけ。一二歳の少年の頃から、糸巻きなどの仕事で家計を助け始め、二一歳で最初の投資。製鋼所は全米の五〇%を占め、大富豪となる。六六歳で仕事からすべて手を引き、巨万の富を「慈善事業」で社会に還元していった。カーネギー・ホールを初め、カーネギー財団、カーネギー研究所、カーネギー工科大学等を設立。各地の教会へ寄贈したパイプ・オルガンは総数七〇〇〇台。「鉄鋼王」。

ワナメーカー（John Wanamaker　一八三八〜一九二二）

貧しい家に生まれ、一〇歳で働きに出て、転々と職を変えた後、一八歳で紳士服店に勤める。自立に備えて睡眠時間を削って勉強を進め、三年後、無理がたたって病気に倒れ、父をも失う。不死鳥のような再起をくり返し、アメリカに一大百貨店網を張り巡らせるほどまでに成長。「我々に順風満帆はない。どんな難関でも前進、どこまでも前進！　ついには自信を得て一切の障害に打ち勝つ」。世界のデパート業の開祖。「デパート王」。

ジョーゼフ・ピューリッツァー（Joseph Pulitzer　一八四七〜一九一一）

ハンガリー生まれのユダヤ人。一七歳で、北軍への入隊を志願しアメリカに渡り、ドイツ語新聞の記者を経て、三一歳で新聞社主になる。「ワールド紙」を買い上げ、庶民の声を反映させ、アメリカ第一の新聞に仕上げる。毎年、ジャーナリズム、文学、音楽などで功績を挙げた米国市民に与えられる「ピューリッツァー賞」は、彼の遺志で創設された賞。

マーカス・サミュエル（Marcus Samuel　一八五三〜一九二七）

迫害を受けて、東欧からロンドンに移って来たユダヤ人一家の一〇番目の息子。一八歳で横浜に着いた時、懐には五ポンドしかなかった。貝の加工品を売ることを考え、商会を設立、タンカーを建造、ボルネオ油田の開発に成功、ロイヤルダッチ社を合併。「シェル石油」の創業者。

ジョージ・イーストマン（George Eastman　一八五四〜一九三二）

父親の早世により、一四歳で学校をやめて働く。二四歳の時、写真装置の改良を考え、写真乾板の製造プロセスを完成、終生の友ストロングとイーストマン乾板会社を設立。ボタンを押すだけのボックス型の「コダック」は、二年間に一〇万台以上売れ、ロールフィルムの製造を独占、ポケット・サイズは世界中に広まっていった。

リチャード・シアーズ（Richard Warren Sears　一八六三〜一九一四）

一四歳の時から、母と二人の妹を養うために地元の駅で働く。二二歳で、時計の前売り商売に成功、時計販売会社を設立。カタログを使った通信販売こそ将来を賭けるに足る事業であることに気づき、協力して、時計と宝石を中心にカタログ発行による通販事業を行う。一九〇四年、配布部数が春秋共に一〇〇万冊を越える。一九〇六年、シカゴに世界最大のオフィス・ビルを開設。売上高五〇七〇万ドルで全米一となる。

ヘンリー・フォード（Henry Ford　一八六三〜一九四七）

一二歳の時、母親を失う。一三歳の時、無軌道を走るスチームエンジン車を見て衝撃を受ける。一六歳で、車輌工場の見習い工となる。六日でそこをクビになる。真鍮工場を六カ月でやめ、造船所で六カ月、製材所で三カ月。職を変える度に新しい技術を身につけ、一〇代の終わりには、使い捨てた草刈り機を二年かけて改良する。二世が死去した後、八〇歳で社長にカムバック。「自動車王」。

ノースクリフ（Alfred Charles William Northcliffe　一八六五〜一九二二）

一五歳の時、父の急病により、長男として七男三女の兄弟たちを養う苦難に見舞われた。ケンブリッジ大学への進学を諦め、学歴を棒に振り、一七歳で新聞記者に。執筆だけでなく、経営、販売にも手腕を発揮、他の追随を許さぬ大衆紙「デーリー・メール」を作り上げ、イギリス新聞界の最大の実力者となる。「タイムズ」を始めイギリスの主要新聞、雑誌を独占する一方で、政府の密使としても活躍した。

キング・ジレット（King Camp Gillette　一八七四〜一九四九）

一七歳の時、父がシカゴの大火災で全財産を失い、自ら生計を立てざるを得なくなる。巡回セールスマンをしていたが、発明に興味を持ち、安全カミソリのアイデアを思いつく。ある技師との出会いが実現をもたらし、販売を開始。ある先見性のある投資家が莫大な開発費を援助。本社をボストンに置き、後に世界最大の安全カミソリメーカーへと成長した。

ヘンリー・ルース（Henry Robinson Ruth　一九〇三〜一九六七）

貧しい宣教師の子で両親と共に中国に渡る。八歳で発話が不自由になり、矯正治療を受けるが治らず、一四歳で、家族と離れ一人アメリカへ渡る。大実業家の未亡人の経済的支援でエール大学に入学、弁論部に入り、弁論大会で優勝する。大学で知り合ったハッデンと二人で、アメリカで初の本格的な週刊ニュース雑誌「タイム」を創刊、後に、「ライフ」、「フォーチュン」など雑誌創刊にも成功する。出版以外に、八つのラジオ、テレビ局、製紙会社、不動産会社を所有し、巨万の富を築き上げた。

ハワード・ヒューズ（Howard Hughes　一九〇五〜一九七六）

一六歳の時、母が急死、二年後に父も世を去る。一人っ子のため両親から溺愛され、過保護の母に植えつけられた種々の強迫神経症が後半生を支配。非常に内気、無気力、無目的の劣等生であったが、孤児になって、にわかに意志強固な性格を現し始め、親譲りのヒューズ会社の持株を一族から買取り、事業権を掌握、一九歳で大富豪となる。パイロットとして世界一周記録を破り、墜落三回。病原菌恐怖症など強迫的神経衰弱に陥り、晩年一五年以上外界と離れて生活。七〇歳で他界した「アメリカの億万長者」。

アリストテレス・ソクラテス・オナシス（Onassis Aristotle Socrates　一九〇六〜一九七五）

ギリシャ生まれのためトルコを追放され、一六歳の年アルゼンチンに渡り、以後六カ国語を自由に駆使して、さまざまな商売を手がけ、船主の仲間入りをしたのがきっかけで億万長者となる。所有する船舶の総トン数は六〇〇万トン以上、身辺にまつわる話には世界一豪華な「クリスチナ号」のようにすべて「世界一」の表現がついて回った。世紀の名ソプラノ、マリア・カラスと浮名を流し、女優のグレダ・ガルボ、ジーナ・ロロブリジーダ等数多くの女性とのロマンスの主として知られ、故ケネディ大統領の未亡人、ジャクリーン・ケネディ夫人と再婚した。しかし、晩年は必ずしも幸福ではなかった。最愛の息子を飛行機事故で失い、深い心の傷を受けた。死の床につきそったのは娘だけで、ジャクリーン夫人の姿はなかった。「海運王」。

ルチアーノ・ベネトン (Luciano Benetton　一九三五〜)

一〇歳の時、父を亡くし、一四歳で、洋品店の売り子として働き始める。二〇歳で、妹の編み物の才能を生かしてセーターを売る事業に乗り出す。以来三人の弟妹とスクラムを組んで「ベネトン」ブランドのニットウェアーを売りまくった。ヨーロッパの他の国々に販売網を広げ、アメリカやアジアにまで進出。広告戦略を強烈に打ち始め、イメージ広告を開始。上院議員も務める。イタリアのファッション界のレジェンド。

3 〈人文・社会科学系〉

孔子（こうし　Confucius　前五五一～前四七九）

三歳の時、父死去。その後、父の愛人であった母とも別れ孤児となる。人間相互の愛情こそ人間の任務であるとし、それを「仁」と呼び、この「仁」を理想の道徳とした。「学」すなわち読書による教養こそ、任務としての愛情すなわち「仁」の自覚的な完成のための必須の前提であり、また政治こそは「仁」実践の方法であるとした。諸国を歴遊して治国の道を説くこと一〇余年、用いられず、時世の非なるを見て、六八歳で魯の国に戻り、七三歳まで教育と著述に従事。『論語』は孔子と弟子たちの問答をまとめたもの。「儒家」の祖。

ソクラテス（Socrates　前四六九～前三九九）

ギリシャ彫刻の男性は、顔の彫りが深く、体型は均整が保たれ、美しいが、ソクラテスは小男で、その容貌は理想の男性像とはおよそかけ離れていた。しかし、彼は内なるものに美を秘め、大きな夢を抱いた。享楽を追い求める多くの人々を前にして嘆き、多くの学問を吸収、ついに結論を下し、決心。「己の無知を自覚するところからすべてのことは始まる。真の認識は『実践的能力(人生は実践)である』とした。五〇歳でクサンチッペと結婚、その妻に水をかけられ、人前で罵られもした。「国の認める神々を認めず青年に毒害を与える」とのかどで告発され、裁判の結果死刑となり、最後は毒杯を仰ぐ。

プラトン（Platon　前四二七〜前三四七）

幼時に、父死去。政治家を目指したが、ソクラテスの刑死に遭い回心。哲学を著作の形で世に問うたアテネ出身の哲学史上最大の哲学者。キケロによれば、プラトンは書きながら亡くなった。生涯独身。

デモステネス（Demosthenes　前三八五〜前三二二）

七歳の時、父死去。父に委嘱された後見人たちが遺産を使い果たしたが、生来の話し下手を克服しながら弁論修辞の法を修め、二〇歳の時、後見人たちを告訴、勝ちを得る。やがて、法廷弁論や弁論の法を教えるようになり、国事訴訟の原告として法廷に立つに至る。反マケドニア勢力の結集にも大きな役割を果たす。正義と祖国の自由のために論陣を張って、古代ギリシャ最大の雄弁家と目されるに至るも、最後は、親マケドニア派に死刑を宣告されて、服毒自殺。

アリストテレス（Aristotle　前三八四～前三二二）

若くして父母を失う。後見人である姉の夫に育てられる。アレキサンダー王子が王となるまで七年間その教師となる。古代ギリシャの哲学者。

孟子（もうし　前三七一～前二八九）

三歳の時、父死去。一人子。母から厳格なしつけを受ける。学を孔子の孫の子思の門人に受け、王道主義を以て諸国に遊説して用いられず、退いて弟子万章らと詩書を序し、孔子の意を祖述して『孟子』七編を作る。その倫理説は「性善説」に根拠を置き、仁義礼智の徳を発揮するにありとした。

司馬遷（しばせん　前一四五～前八五）

死期が近づいてきた父に対して、「先祖以来書き継がれてきた前代の知識を必ず著述にまとめる」と涙ながらに誓った、時に三六歳。宮刑を受け（去勢され）て出獄した時はすでに五〇歳になっていた。恥辱感と憤りに耐え、冷徹な目で現実を見つめつつ、以後歴史の著述に専念した。「極悪非道を重ねながら天寿を全うした大盗人の蹠（せき）という男と、貧窮の中で若死にした孔子の弟子のうち第一の賢人といわれた顔淵、はたして天道は是か非か」。懸命に生きたが生前には正当な報いを受けなかった過去の人々を歴史の中で正しく位置づけようとした。自らもまた自己編纂の『史記』によって永遠に生きるあかしを得ると信じていた。中国の大歴史家。

セネカ（Seneca　前四～六五）

子どもの時、ローマの伯母の所に引き取られ、そこで感化を受けながら育った。ローマ帝政初期の、エピクテトス、マルクス・アウレリウス帝と並ぶ三大ストア哲学者の一人。中傷によってコルシカに流され、ここで八年間苦労。召還後、ネロの家庭教師となる。しかし、最後はネロから死を言い渡され、血管を切って風呂に入りながら静かな諦観の中に死んだ。「私たちの持っている時間は短くありません。だが、私たちは多くを空費しているのです」。『幸福論』他。

マルクス・アウレリウス（Marcus Aurelius　一二一～一八〇）

幼くして父を失ったが、善き母たちに囲まれて育った。ローマ五賢帝最後の皇帝。ローマ三大ストア哲学者の一人。幼くしてローマ皇帝の養子となり、皇帝の死後、四〇歳で皇帝となった。最高の地位にありながら、まことに謙虚な、しかも上品な、暖かい心を持った寛大な人であった。『自省録』は戦陣の中でギリシャ語で書かれた自己反省の記録。「哲人皇帝」。

アウグスティヌス（Augustinus　三五四〜四三〇）

一七歳の時、父病死。母は敬虔なキリスト教徒で、幼時その感化を強く受ける。身を持ち崩し、幾重にも苦しみ、神に祈らずにはおられなくなった自分について、『告白』の中で事細かに語った。「私がいかに醜くいかにひねくれていて不潔であり、染みと膿にまみれているか」と、彼がそのことを繰り返し想っていた時、となりの家から子どもの声で「とりて読め」と歌う声が聞こえて来る。彼はあふれ出る涙を押さえて立ち上がり、回心し、神のお告げに従って、神の御許にまいることを決心する。洗礼を受けたのは、三三歳の時。初代キリスト教最大の教父、神学者。カトリック教会の教義と権威との確立に努めた。『告白』、『神の国』。

朱　子（しゅし　一一三〇〜一二〇〇）

一四歳の時、父死去。中国近世最高の儒学者。「朱子学」の創始者。理論と実践がみごとに融合した生涯は、しかし苦難に満ちたものであった。

マルコ・ポーロ（Marco Polo　一二五四〜一三二四）
生後まもなく、母死去。親類の家で養育される。父がマルコに初めて対面したのは誕生から一四年後。フビライの膝下（しっか）に一七年。命じられるままに各地を踏査、帰国後『東方見聞録』を著す。ヴェネツィア共和国の商人。

王　陽明（おうようめい　一四七二〜一五二九）
一三歳の時、母死去。「知行合一」、「万物一体」、「致良知」を提唱。「心則理」の主観唯心論とされる、その説は、主意的、実践的、熱情的、開放的、平等主義的傾向を有し、その門流に左右両派の対立を生じた。中国、明の哲学者、政治家。

デカルト（Rene Descartes　一五九六〜一六五〇）
生まれた翌年、母死去。母方の祖母と乳母に育てられる。生まれつき虚弱。学校では横になって授業を受ける。成人の後も、寝床で研究する習慣を持つ。「我思う、ゆえに我有り」。「近世合理主義哲学」の祖。生涯独身。

パスカル (Blaise Pascal　一六二三～一六六二)

三歳の時、母死去。一六歳で発表した円錐曲線論はデカルトを驚嘆させ、確率論、積分論、物理学に多くの業績を上げた。三一歳の時、宗教的回心を体験。流体力学に関する「パスカルの原理」。気圧の単位、「ヘクトパスカル」は、彼が初めて考案した機械で大気圧を測った名残。「人間はひとくきの葦にすぎない。自然の中で最も弱いものである。しかし、それ（人間）は考える葦である」。生涯虚弱、三九歳で病死。『パンセ（瞑想録）』は、死後公刊された。フランスの早熟の天才、宗教哲学者、数学者、物理学者。

スピノザ (Baruch de Spinoza　一六三二～一六七七)

六歳の時、母死去。九歳で継母を迎え、十七歳で兄を、十九歳で姉を、二〇歳で継母を、そして二二歳で父を亡くす。「神即自然」の汎神論哲学者。ユダヤ系オランダ人。生涯独身。

ライプニッツ (Gottfried Wilhelm Leibniz　一六四六～一七一六)

六歳の時、父死去。母は再婚せず、本人一七歳の時に死去。ドイツの哲学者で数学者。生涯独身。

モンテスキュー（Charles Louis de Secondat Montesquieu　一六八九〜一七五五）

七歳の時、母死去。「三権分立」を説いて、フランス革命、アメリカ独立に影響を与える。フランスの社会政治学者、哲学者。

ヴォルテール（Voltaire　一六九四〜一七七八）

七歳の時、母死去。一〇歳の時、父は教育に気遣いせぬよう、息子をイエズス会のルイ大王校へ入れ寄宿生とする。ここで七年を過ごす。父の希望で一時法律を学ぶが、やがて文学に傾倒する。獄中で書いた『エディプス王』で文名を上げる。再投獄、追放され、イギリスへ行き、自由主義を体験。その後各地を転々。スイス国境近くに安住、二〇年間充実した啓蒙活動を行い、フランス革命を思想的に用意した。フランスの文学者、啓蒙思想家。

ルソー（Jean Jacques Rousseau　一七一二〜一七七八）

生まれて一〇日目に母死去。父親も一〇歳の時小事件を起こして出奔。弟と共に伯父の許に残される。一五歳の時、徒弟奉公中に家出、放浪生活を送る。一九歳の時、ヴァラン夫人の許に落着き、その愛人となり、自己教育を決意、勉学に励む。下宿先の女中テレーズに親しみ、一生連れ添うが、生まれた子は五人とも捨てたため、これが後悔の種となった。三七歳の時エッセイコンテストで優勝、著述家に転向。「人間不平等起源論」などで、民主主義理論を唱えて、フランス革命の先駆をなすと共に、『新エロイーズ』などで情熱の解放を謳ってロマン主義の父と呼ばれ、また『エミール』では自由主義教育を説き、『告白』では赤裸々に自己を語った。「自然に還れ」に基づく教育論を提唱。「性善説」を唱える。

アダム・スミス（Adam Smith　一七二三～一七九〇）

出生当時から、父親を欠いていた。「古典派経済学」の始祖。『国富論』。

カント（Immanuel Kant　一七二四～一八〇四）

一三歳の時、大きな影響をカントに与えた信仰の篤い、最愛の母を失う。大学卒業の翌年、二二歳の時、父死去。貧しく、父の葬式費用が払えなかった。生来虚弱。若き日、毎晩手錠をはめて寝る。「近世哲学」の祖。その思想の課題は、①人間は何を知ることができるか、②人間は何を願うことができるか、③人間は何をなさなくてはならないか、であった。「汝の人格および他のあらゆる人の内なる人間性を、決して単に手段としてのみ用いず、つねに同時に目的として遇するように行為せよ」。生涯独身。

ギボン（Edward Gibbon　一七三七〜一七九四）

幼少時代に病弱で、小学校にも満足に通えず、一六歳からようやく正規の修学をした。ある牧師の娘と恋愛関係に陥ったが、父の反対で結婚できず、ついに生涯独身で過ごした。しかし、『ローマ帝国衰亡史』の第一巻を刊行すると、一躍大史家、文豪の名を勝ち取り、一時下院議員をして後、著作に専念した。イギリスの歴史家。

ベンサム（Jeremy Bentham　一七四八〜一八三二）

一一歳の時、母死去。少年時代、身体がひ弱で、神経質な子どもであった。一二歳でオックスフォード大学に入る。快楽の助長、苦痛の回避をすべての道徳や立法の窮極の原理とし、「最大多数の最大幸福」の実現を説いた。「功利主義の創始者」。生涯独身。

ヘーゲル（Georg Wilhelm Friedrich Hegel　一七七〇〜一八三一）

一三歳の時、母死去。終生この母に対して深い敬慕の念を抱き続ける。四一歳で二〇歳年下の女性と結婚。ドイツ観念論哲学の最後の代表者。「弁証法」を哲学的方法、統一的論理として体系化した。『精神現象学』。

ショーペンハウエル (Arthur Schopenhauer 一七八八〜一八六〇)

一七歳の頃、父が自殺と思われる死をとげる。母は息子の才能にやきもちを焼き、二人は絶えず争った。二五歳の頃母が男をつくり、その男の方を母が選んだため、それを限りに以後二度と母には会うことはなかった。「生への意志」という概念を、人間生活の第一の原動力として、また人間の苦悩の根本原因として打ち出した。ペシミズムの哲学者。生涯独身。

エマーソン (Ralph Waldo Emerson 一八〇三〜一八八二)

七歳の時、父胃癌で死去。苦学してハーバード大学を卒業、牧師となる。間もなく結婚するが、一年半で二〇歳の新妻が肺炎で死去。牧師を辞任、欧州に渡りカーライルと語り、終生の友となる。帰国後は、講演者として、物質主義、教会の伝統に反抗し、個人の人格の尊厳と汎神論的な神秘主義を主張。一八三五年、再婚し、コンコードの新居に母を伴い移る。「コンコードの賢者」として現代に至るまでアメリカや世界中に影響を与えている。「超絶主義」の先導者。「ニューソート」に影響を与えている。

サント・ブーブ（Charles Augustin de Sainte-Beuve　一八〇五～一八七九）

やもめの母の手で貧困のうちに育てられたが、パリに出て、古典、歴史の他、自然科学、特に生理学、解剖学などを学ぶ。フランスの批評家。「近代批評の父」。『ポール・ロワイヤル史』他。

キルケゴール（S. Kierkegaard　一八一三～一八五五）

父が五六歳、女中から後妻となった母が四五歳の時の七人目の末っ子。虚弱で、猫背気味の貧弱な体躯。一四歳のレギーネ・オルセンに二四歳の時出会う。二五歳で一五歳のレギーネに愛の告白。二一歳で母、二五歳で父が死去。レギーネとの関係を断ち切ったのが二八歳。三六歳の時、レギーネ宛の手紙を未開封のままその夫から送り返される。生涯独身。虚偽にみちたキリスト教教会に対して闘いを挑んだが、体力つきて街頭に倒れ、四二歳の生涯を閉じた。デンマークの宗教思想家。

カール・マルクス（Karl Marx　一八一八～一八八三）

ユダヤ人。科学的社会主義の創始者。思想家、哲学者、経済学者で理論と実践をみごとに結びつけた革命家。「わがいとしい永遠に愛するイエニー」にささげる三冊の詩編を受けたマルクスの将来の伴侶は、あまりのうれしさに感激の涙を流した。次々と三児を失い、家に一ペニーもないという窮乏の中、朝九時から夕方七時まで、大英博物館にこもって研究に没頭、帰宅後は夜中すぎまで執筆した。二晩三晩と立て続けに徹夜することも珍しくなかったという。『資本論』に、三三年の歳月をかける。

アミエル（Henri-Frederic Amiel　一八二一～一八八一）

幼くして孤児となり叔父の手で育てられる。ベルリン大卒業後、ジュネーヴ大の教授となり、生涯独身で過ごした、スイスの哲学者、思想家。死後二冊の日記『アミエルの日記』で有名になった。孤独な自我の慰めとして、あらゆる苦悩や悲しみや寂しさを三〇年間自分のためだけに書き続けてきたものであった。

シュリーマン（Heinrich Schliemann　一八二二～一八九〇）

九歳の時、母死去。直後に父がスキャンダルに巻き込まれ、叔父の牧師に預けられる。父親の不祥事により一四歳で学校をやめた後、雑貨商で丁稚奉公を始める。貨物船のボーイになり、船の難破でオランダに上陸、貿易商の簿記係となる。一八カ国語をマスター。国際的な商人として成功。四一歳で全ての仕事をたたみ、八歳の時本で見たトロイの古都の発掘に、五〇歳近くになってからとりかかる。そしてついにトロイの遺跡を発見する。

ニーチェ (Friedrich Nietzsche 一八四四〜一九〇〇)

五歳の時、父死去。ついで弟も亡くす。二四歳でバーゼル大学教授となる。二八歳、『悲劇の誕生』出版。三四歳、『人間的な、あまりにも人間的な』出版。健康上の理由で退職。以後一〇年に渡り毎年一冊のペースで著作出版。四一歳、『ツァラトゥストラはかく語りき』第四部を書き上げる。四三歳、病気の発作が頻度を増し、長時間の執筆が困難に。四四歳、五冊の著作を書き上げる、これが最後の著作。実存主義の先駆けとなった生の哲学者、思想家。「神は死んだ」という有名な言葉を遺し、新たな思想を提唱した。晩年は発狂し心身共に衰弱してしまったが、その思想には勇気づけられものがある。

アンリ・ベルクソン (Henri Bergson 一八五九〜一九四一)

ユダヤ系ポーランド人の父と、イギリス人の母の許、パリに生まれる。父は音楽家で、ドイツ、イタリア、フランスを転々、アンリが生まれて四年後、スイスに移る。アンリは四男三女の次男、母は子ども達に英語で話し、英語で手紙を書いた。七歳の時、一家はパリに戻り、九歳で、給費生としてイスラエル学院に寄宿、一〇年間をそこで過ごす。その後一家はロンドンに移住、アンリは一人パリに残って勉学を続けた。家族から離れた孤独な生活は、アンリの内省的な性格を一層強めることになった。「生の哲学」の代表者。「ノーベル文学賞」受賞。フランスの哲学者。

ザメンホフ（Ludwig Zamenhof　一八五九〜一九一七）

国際語エスペラントの創案者。その提唱の根底には人類愛やすべての民族の平等という少年期の素朴な理想主義があった。ロシア帝政下で抑圧されたユダヤ人として青年期に一時シオニズムに傾いたが、それをも偏狭な民族主義として退け、民族や国家を超克する必要性を認識。その著書等で、民族や宗教の敵対関係を人類最大の不幸の一つと見なして、民族、言語、宗教、社会階層による人間の抑圧を野蛮行為と断じ、排外主義や偏狭な愛国心、少数民族抑圧の不当性を指摘するばかりでなく、国土は、民族や言語にかかわらず、すべての居住者に平等に所属すると主張した。

フロイト（Sigmund Freud　一八五六〜一九三九）

ユダヤ人ウィーン大学の教授ブリュッケから、「このまま研究を続けても教授への道は約束できないよ。残念だが、君はユダヤ人だ」と言い渡される。「ユダヤ人のくせに歩道を歩くな」と言われ悔しがった父のことを思い出す。教授の忠告に従い、研究の道を捨て、現金収入が期待できる医者へと転身。若い頃、原因の分からない奇妙な苦しい発作に悩まされていたフロイトは、変人扱いされながらも、ウィーンの診療所で心の研究を進める。人間の心理生活を、「潜在意識」の領域内に抑圧された「性欲衝動」の働きに帰し、心理解明の手段として「精神分析」の立場を創始。オーストリアの精神医学者。『夢分析』他。「幸福を求める様々な手段の中で最も目的に近い方法、それはあらゆるものの中心に愛を置き、愛し、愛されることに全ての満足を見出すという方法である」と、晩年の言葉の中に残す。

アドラー（Alfred Adler　一八七〇〜一九三七）
ユダヤ人。虚弱体質、くる病、肺炎、弟の死、二度の交通事故などを幼児に体験。神経症の原因を、誰もが持つ「劣等感」に求め、これの補償として「優越の努力」が生まれるとした。

バートランド・ラッセル（Bertrand Russel　一八七二〜一九七〇）
幼時に、父母死去。古い家柄の厳格な長老教会派の祖母に育てられる。自分の「罪」をひどく気に病む、内気で神経過敏な子どもに育った。大恋愛の末、家族の猛烈な反対を押し切って結婚したが、その母親は、「自分の知る限りでは最悪の人間」と評するような女性であった。その母をこよなく崇拝する妻をうとましく思うようになり、一〇年の別居の後、離婚する。第一次大戦に際し、平和論を唱えて失職、投獄される。第二次大戦後は、反戦運動や原水爆禁止運動、植民地解放運動に献身。イギリスの哲学者、数学者、平和運動家。「ノーベル文学賞」受賞。

ユング（Carl Gustav Jung　一八七五〜一九六一）

一歳過ぎ、両親が性格上の相違から別居、母親はしばらくユングを捨てて消えていた。フロイトの学説を批判、独自の分析心理を創始した。

マルティン・ブーバー（Martin Buber　一八七八〜一九六五）

三歳の時、父母離婚。祖父母の許で育てられる。隣の少女に言われた「いいえ、あなたのお母さんは二度と帰ってきませんよ」という言葉をずっと後まで、まるで昨日のことのように思い出すことができたという。一四、五歳になった時、この「二度と帰ってきませんよ」という言葉が、自分だけではなくて人類全体に関係しているのではないかと考えるようになる。『我と汝』の出会いの哲学を唱えたユダヤ人哲学者。

ヘルマン・ロールシャッハ（Hermann Rorschach　一八八五〜一九二八）

一二歳で母を、一八歳で父を亡くす。義母との関係はうまくいかなかった。父が画家（美術教師）で、美術家になろうとも考えたが、チューリッヒ大学で医学を学び、フロイトやユングの理論に関心を深める。インクブロット法、ロールシャッハ・テストの考案者。インクブロット・テストは彼の生前には非科学的として受け入れられなかったが、死後に臨床心理学の分野で急速に発展する。スイスの精神医学者。

ルース・ベネディクト (Ruth Fulton Benedict　一八八七〜一九四八)

二歳の時、外科医の父が死去、教師の母に育てられる。幼児期に麻痺になり、片耳が聞こえなくなり、とても内気であったが、学者としては男性をしのぐ心の強さを見せた。結婚後、大学に入り直し、文化人類学を専攻、博士号を取得。日本人研究『菊と刀』で、日本文化を西欧文化の「罪の文化」に対して「恥の文化」と規定したことで知られる。同書は、その後の日本学の古典となったばかりか、戦後の日本人にも大きな反響を呼んだ。夫は、別居中に死去、家庭よりも学究生活に賭けた。アメリカの文化人類学者。

クーデンホーフ・カレルギー (Richard Nikolaus Coudenhove-Kalergi　一八九四〜一九七二)

内気で学者肌の性格の持ち主であったが、「人生最大の転機」を迎えた。新進女優イダ・ローランと出会い、熱烈な恋愛の末に周囲の反対を押し切って結婚したからである。父ハインリッヒから一つの宗教や人種にとらわれない幅広い教養を受け継ぎ、母の光子から日本精神を教えられてヨーロッパを越える世界的な視野を持つことを少年期に教えられていた。ウィルソン米大統領の国際連盟構想に感銘を受け、政治への関心を呼び起こされる。一国家に属するのではなく、国際連盟の市民として生きることを決意。雑誌『パンヨーロッパ』を創刊、諸国連合に基づくヨーロッパ統合を提唱。「汎ヨーロッパ連盟」を結成、汎ヨーロッパ会議を主催して、統合運動に指導的な役割を果たした。オーストリアの政治学者。

エリクソン（Erik Honburuger Eriksen　一九〇二〜一九九四）

誕生前に、父母離婚。三歳の時母再婚。中学を中退し、ヨーロッパを遍歴する。フロイト晩年の弟子。ドイツ生まれのアメリカの精神分析家、思想家。心理歴史研究の創始者。

ヴィクトール・フランクル（Viktor Emil Frankl　一九〇五〜一九九七）

アウシュヴィッツなどの強制収容所に家族と共に入れられ、両親、妻、二人の子どもはガス室などで死亡。その間、速記の記号で自らや周囲の「囚人」の精神状態を数十枚の紙に記録。収容所から解放された時から生き方を変えた。「患者に本当に必要なのは、生きる意味をいかに気づかせ、見つけださせ、そして希望をもち続けさせるかにある」と考えた。人間にとって、「生きる意味を意識するという、本質的なものに目を向けること」が、神経症から免れるのにいかに必要かを主張した。『夜と霧…ドイツ収容所の体験記録』は、戦後の復興期にあった日本人に大きな衝撃を与え、今日まで版を重ねている。ユダヤ人、オーストリアの精神医学者。

サルトル（Jean Paul Sartre　一九〇五～一九八〇）

二歳の時、父死去。三歳の時に右目の機能が衰え、ほとんど左眼のみに頼る生活を強いられる。一二歳の時に母が再婚。義父との折り合いが悪く、少年時代は幸福とは言えないものであった。内気で醜い少年であったため、家に閉じ込もって読書に親しんだ。パリ高等師範の哲学科を首席で修了し、高校の哲学教師となる。小説『嘔吐』でデビュー。従軍するが捕虜となり脱走、レジスタンス運動をしながら執筆。哲学論文『存在と無』を発表。人間は自由に生きるべきであり、自由を獲得するための行動、時代への参加の必要のあることを唱えて自らも実践、活発な運動と発言を行った。「人はたとえ無秩序で不条理な世界にあっても、自分の行為に対しては責任がある」と考えた。実存主義哲学の第一人者。二四歳頃にボーボワールと知りあい、初めは恋人として、後には思想的な同志として生涯を通じて協力しあうことになる。互いに相手の自由な恋愛を拘束しないことを申し合わせた二人の恋愛関係は、当時としては斬新なものだった。「ノーベル文学賞」を受けたが辞退。

メルロ・ポンティ（Maurice Merleau-Ponty　一九〇八～一九六一）

夫が軍艦に乗って外洋に出ている間に、母がある大学教授と通じて生まれた非嫡出子、その妹も。そのことを婚約者ザザの父親から告げられたポンティは驚愕し、妹の婚約に差し障りのないように自分の結婚を諦める代わりにこのことを誰にも漏らさないように頼み込む。婚約が破綻した事情を知らされなかったザザはしばらくして発狂、ザザの両親はあわてて結婚を許したが、時すでに遅く、彼女は廃人状態で精神病院で死んでしまう。遺作『見えるものと見えないもの』。フランスの哲学者。「人間の魂は、本当に寂しがりやである。自分と同じ境遇の魂に巡り会った時、その時初めて、人は自分の激しい孤独が癒されたと感じることができるのである」。

ウェイン・ダイアー（Wayne Dyer　一九四〇～二〇一五）

二歳の時、父母離婚。孤児院で育ったという。苦労から始まる。社会的な出世を目指していたが、哲学の世界から霊的世界への目覚めを体験。自分の価値や人生の本当の目的を求めるようになる。心理学博士としてマズローの自己実現を発展させた新個人主義を提唱し、多くの自己啓発本を出版。父親に見捨てられた過去を乗り越えて、許しと感謝の精神を持つようになる。

4〈医学・自然科学系〉

コペルニクス（Nicolaus Copernicus　一四七三〜一五四三）

一〇歳の時、父死去。母も亡くなっていたため伯父に引き取られる。伯父の死後孤独の生活を送る。ギリシア時代のアリスタルコスが述べた「地動説」の理論を確信、書きためたものを自分の手元に置いて少しずつ改良を重ね、周囲の勧めで公表をためらっていた著書を出版。一五四三年、『天体の回転について』が世に出た時、死の床にあり、意識も薄れていた。ケプラー、ガリレイ等に衝撃を与えた、ポーランドの聖職者。

ガリレオ（Galileo Galilei　一五六四〜一六四二）

母親ジュリアはガミガミ女として有名で、夫婦仲が悪かった。そういう生育のためか、後年マリナ・ガンバという女性との間に三人の子をもうけたが、結婚はせず一緒に住むこともなかった。一六〇九年、望遠鏡を作り、木星の衛星の発見などの後、コペルニクスの地動説を確信。一六三二年、『天文学対話』を出版。宗教裁判にかけられ、地動説の放棄を誓約させられ、軟禁された。

レーウェンフック（Antoni van Leeuwenhoek　一六三二～一七二三）

一六歳の時父を失い、店員、布地商、市役所勤務などを経て、公会堂の守衛をしながら顕微鏡を自作し、観察を続け、「赤血球」、「精子」の発見などおびただしい観察の結果を発表。

ニュートン（Issac Newton　一六四二～一七二七）

誕生三カ月前に、父死去。三歳の時、母が再婚して家を去り、その後八年間、母方の祖母と二人きりで暮らす。「万有引力の法則」を発見したのは二三、三歳の頃。『プリンキピア』（一六八七年）で、「運動の三法則」、「万有引力の法則」等力学大系を集大成。反射望遠鏡を発明。王室アカデミー総裁。イギリスの物理学者、数学者、天文学者。生涯独身。

ダランベール（Jean Le Rond d'Alembert　一七一七～一七八三）

捨子にされ、出生当時から、実の父母を欠いていた。フランスの物理学者、哲学者、数学の天才。ニュートンの力学を剛体に拡張してダランベールの原理を樹立、また、積分の原理、弦・空気の振動、天文学に関する理論などを発表。哲学上は感覚論、相対主義をとり、不可知論を主張。ディドロらと『百科全書』を刊行、その「序論」及び「数学」を執筆。

ハットン（James Hutton　一七二六〜一七九七）
幼い頃、父死去。が、財産を残される。「人間の観察に基づくかぎりでは、この世界には初めもなく終わりもない」と述べた。「近代地質学」の生みの親。

プリーストリー（Joseph Priestley　一七三三〜一八〇四）
貧しい家庭に生まれ、幼い時父を失い、叔母に養われる。四〇歳で化学の研究に入る。「酸素」の発見者。

ラヴォアジエ（Antoine Laurent Lavoisier　一七四三〜一七九四）
幼少で、母を失う。酸化現象としての新しい燃焼理論を確立、化学命名法を体系化。「質量保存の法則」を発見するなど、近代化学の基礎を据(す)えたフランスの化学者。フランス革命の際、徴税請負人として国庫に入れるべき金を着服したとして逮捕され、処刑された。

ジェンナー（Edward Jenner　一七四九〜一八二三）

五歳の時、父母死去。兄に育てられる。二四歳で医師の資格を得て開業。「種痘法」を発見。生涯イギリスの故郷の開業医で通した。

ベルセーリウス（Jons Jakob Berzelius　一七七九〜一八四八）

幼い時両親を失う。苦学し、医学部を卒業、二八歳でストックホルム大学教授となる。酸素を標準とする諸元素の原子量を決定。「原子記号」を考案。五六歳で、二四歳の女性と結婚。

ファラデー（Michael Faraday　一七九一〜一八六七）

誕生の直前に、父過労死。一家は文無し状態が続き、家族を養うために幼いうちから働くようになる。正規の学校教育はほとんど受けずじまいであった。少年時代の徒弟奉公先でよき親方に恵まれる。店の客からもらった科学の講演会の入場券が縁で、「ベンゼン」、電気分解の「ファラデーの法則」など、数々を発見、発明する。イギリスの物理学者、科学者。

ダーウィン（Charles Darwin　一八〇九～一八八二）

八歳の時、病気がちであった母が死去。医学を諦め、牧師になるために進んだケンブリッジでヘンズロー教授に出会い、博物学に惹かれる。海軍の測量船「ビーグル号」でガラパゴス諸島などを探検、生物の進化を確信、一八五八年「進化論」を発表。創造説を取る教会と対立、大きな影響を世に与えた。『種の起源』。

ガロア（Evariste Galois　一八一一～一八三二）

青年期に父を失う。高等代数方程式の解法の理論を発展させる。フランスの数学者。

メンデル（Gregor Mendel　一八二二～一八八四）

生前その業績が認められず、死後後世の学者がその研究の真意を認識。僧侶で植物学者。遺伝に法則性のあることを発見。「メンデルの法則」。「遺伝学」の始祖。オーストリア帝国・ブリュン（現在のチェコ・ブルノ）の司祭、生物学者。

アンリ・ファーブル (Jean Henri Casimir Fabre　一八二三～一九一五)

貧しい家に生まれ、山奥の祖父母の家に三歳から三年間預けられる。父の仕事の失敗から一四歳の時、一家離散。一人で放浪生活、自活するようになる。食事を抜いて詩集を買うなどする。独学で師範学校に給費生として入学、一八歳で科学の教師となる。三〇歳の時、昆虫の研究を志し、論文を発表。四八歳で教師をやめ、片田舎のあばら屋に篭り昆虫の研究に専念、昆虫を観察し、本を書いた。『昆虫記』第一巻を書き終えたのは五五歳の時。三年に一冊の割で刊行し、八三歳の時、第一〇巻を仕上げた。六三歳の時に迎えた二度目の妻は、当時のお手伝いさんで、四〇歳年下であった。フランスの博物学者。

メンデレーエフ (Dmitrij Ivanovich Mendeleev　一八三四～一九〇七)

高校卒業の頃父を失う。生活の苦労を味わいながら成長。一四人兄弟の末っ子。それまでに発見されていた元素を並べ、周期的に性質を同じくした元素が現れることを確認した。ロシアの化学者。

レントゲン (Wilhelm Konrad Rontgen　一八四五～一九二三)

ドイツに生まれたが、三歳の時からオランダの親類の家に預けられ、高校卒業を前にして友人をかばって退学させられる。スイスで生涯の良師、物理学のクリント教授に出会う。見えない光線「X線」を発見、「第一回ノーベル物理学賞」受賞。

トーマス・エジソン（Thomas Alva Edison　一八四七〜一九三一）

小学校入学後三カ月で、子どもの態度を非難された母親は、子どもを退学させ、自らの手で教育した。失望した父には何度もムチで打たれた。母親が買い与えた本の一冊『自然実験哲学概論』が彼の生涯を決定する。家計の一助として一一歳で野菜の行商、一二歳で列車内での新聞売子となり、自分の新聞も印刷発行する。ついで電信技手となり各地を放浪。二四歳で最初の結婚。研究書を読みあさり、昼夜兼行で実験を見張り、フィラメントのためには六〇〇〇種以上の材料試験を行い、京都産の竹が一番であることを見つけた。八〇歳になってからも異常なまでの仕事への集中力があった。白熱電球、蓄音機、映画、謄写版、アルカリ電池など、数多く発明。一九一九の特許を取り、三四〇〇冊の研究ノートを残した。葬儀の日、アメリカ中の多くの家庭で電気が数分間消されたが、これはエジソンへの感謝を表すための大統領の提案であった。ただ、発明活動に没頭したため、妻子との関係や子どもの教育はうまくいかなかった。「発明王」。

グラハム・ベル（Alexander Graham Bell　一八四七〜一九二二）

父親の助手として聴覚障害者の教育に携わる。幼時に耳が不自由になった一六歳の少女メーブルの家庭教師をすることがきっかけて、モールス信号の改良を考え、電話の発明に没頭するようになる。音声を電流で伝える「実用電話機の発明」を誰よりも喜んでくれたのはメーブルであった。二人は発明の翌年晴れて結婚する。電話の発明によって得た富を、聴覚障害者と科学一般の研究のために使った、アメリカの発明家。

ツィオルコフスキー（Konstantin Eduardovich Tsiolkovskii　一八五七〜一九三五）

九歳の時、猩紅熱にかかり聴覚を失い、小学校へ行けず、父親の蔵書で独学。一六歳から一九歳までモスクワで物理、数学、自然科学を独学。家庭教師、三五歳で高校教師に、空想科学小説も書き、ロケット方程式を導き出す。六一歳で科学アカデミーの会員になり、「多段式ロケット」の理論を発表。宇宙飛行の基本的な問題に独自に解決方法を見いだした。ソ連の月ロケット発射の成功は、彼の功績によるところが大きい。「ロケットの父」。

キュリー夫人（Marie Curie　一八六七〜一九三四）

一一歳の時、母死去。一九歳の時故国ポーランドの家庭教師先でその長男からプロポーズされるが、貧乏を理由にその両親から反対され侮辱を受ける。結婚の望みを捨て、パリに留学。ガスもなければ電灯も暖炉もなし、冬でもストーブの石炭なしで過ごすことが度々の屋根裏暮しの中、寸暇を惜しんで勉強。二八歳の時、三六歳のピエールと結婚。「ラジウム」を発見。夫が後に馬車に轢かれて死去。「ノーベル賞」を二度（物理学賞と化学賞）受賞。

グリエルモ・マルコーニ（Guglielmo Marconi　一八七四〜一九三七）

内気だったために学校教育は受けず、家庭教師に学んだ。大学の物理学者から電磁気学の理論と実験の手ほどきを受け、後に独自のアンテナを考案、二・四キロの距離を隔てて「無線通信」に成功。無線会社を設立、これが一九〇〇年マルコーニ無線電信会社に。翌年大西洋横断通信に成功。一九〇九年、無線通信の開発の功績を評価され、「ノーベル物理学賞」受賞。無線電信を開発したイタリアの発明家、起業家。

アインシュタイン（Albert Einstein　一八七九〜一九五九）

ユダヤ人であるという事実は、彼の一生に、はかり知れない大きな影響を残した。非常に無口で、学校嫌いであった。大学当局の偉い人たちにも、廊下を掃除する婦人にもまったく同じ態度で接し、周囲の人達から愛されたが、一部には変わり者と評判を生んだ。一九〇五年、相対性理論発表。ナチスに追われて渡米。「光量子説」、「ブラウン運動の理論」、「特殊相対性理論」、「一般相対性理論」などの首唱者。また、世界政府を提唱。一九二一年に、「ノーベル賞」受賞。

モーズリー（Henry Gwyn Moseley　一八八七〜一九一五）

幼い時に、父を失う。「原子番号」の考案者。原子核物理学の開祖といわれるイギリスのラザフォードが最も愛した弟子の一人。

アレクシス・カレル（Alexis Carrel　一八九〇〜一九五五）

四歳の時、父死去。二四歳の母が三人の幼い子どもを抱えて生活を支えることになった。医学界の大物たちの反感を買い、リヨンでの採用試験ではじき出され、失意のうちにアメリカに渡り、ロックフェラー医学研究所に入る。動物を使って最初の臓器移植。三九歳で、血管縫合並びに臓器移植の業績で、

「ノーベル生理学、医学賞」受賞。著書に『人間、この未知なるもの』。フランス人。

レオ・シラード（Leo Szilard　一八九八〜一九六四）

ハンガリー生まれのユダヤ人物理学者。ロンドンで「原子爆弾の原理」を思いつく。収容所送りを逃れ、アメリカに亡命したシラードは、やはりアメリカに亡命していたアインシュタインを説き伏せ、ナチスに対抗するため、原子爆弾の開発を強力に進言する手紙を、アインシュタインの名で当時のアメリカの大統領フランクリン・ルーズベルトに送る。ドイツよりも先に原爆を持たなければならないと強く考えていた亡命ユダヤ人の学者たちの協力で、原爆開発は進められることになった。原爆の誕生は、ユダヤ人迫害に対する対抗措置から生じたものと言える。シラードは、ドイツの無条件降伏の後、原爆の日本投下には強く反対したが、ハリー・トルーマン大統領は聞き入れなかった。

ライナス・ポーリング（Linus Carl Pauling　一九〇一〜一九九四）

九歳の時、父死去。苦しい少年時代を過ごす。アルバイトをしながら高校に通ううち、実験中に垂らした二、三滴の濃硫酸が、激しい反応を起こし、もうもうたる蒸気が部屋中に広がりこれが化学への道を開くことになる。やがて大学で化学を講じ、ヨーロッパで物理の量子力学を勉強。これを化学に応用、

『化学結合論』を著し、「ノーベル化学賞」受賞。物質の根源を探る中、原水爆禁止の道へ進み、核実験反対運動を推進。世界中の一万人以上の科学者の署名を国連に提出、全面軍縮を提唱し、その功績により、今度は、「ノーベル平和賞」受賞。ノーベル賞を単独で二度受けた唯一の人。米国オレゴン州ポートランドの生まれ。

コンラート・ローレンツ（Konrad Zacharias Lorenz　一九〇三〜一九八九）

子供の頃、動物に非常に強い関心を持ち、動物学に専念することになる。オーストリアの動物行動学者。最初に見たものを母親と思い込むという動物の「刷り込み」の研究者で、近代動物行動学を確立した人物の一人。「刷り込み（imprinting）」とは、動物の生活史のある時期に、特定の物事がごく短時間で覚え込まれ、それが長時間持続する学習現象の一種。この現象を指摘したのは、イギリスの博物学者ダグラス・スポルディングで、後にドイツのオスカル・ハインロートが再発見した。ハインロートの弟子であるオーストリアのコンラート・ローレンツは研究を続け、著作でこれを大衆化した。「刷り込み現象」の確認は、コンラート自らがハイイロガンの雛に母親と間違われた体験からきている。ナチズムの時代ドイツに住んでいて、ヒトラーの優生学の考え方に共感、心理学者として政権に協力。医者として戦争に参加、ために四四年から四八年までソ連の捕虜となる。解放された四九年、一般読書向けに動物行動学を説明する著書『ソロモンの指環』を刊行。七三年、動物行動学の同僚研究者のニコ・ティンバーゲン、カール・フォン・フリッシュと共に「ノーベル生理学・医学賞」を受賞する。「動物行動学の父」。

ジョン・フォン・ノイマン（John von Neumann　一九〇三〜一九五七）

銀行家で、非常に教育熱心な父親に育てられる。ノイマン家で毎日の夕食時の日課になっていたのが、父親のリードの下に行われる一種の「セミナー」であった。家族全員がめいめいその日に見聞きしたことから、面白いと思ったテーマを発表し、これをめぐってみんなで分析と討論を行うというものであった。テレビもラジオもなかった当時、父親の知人や取引先の要人、学者、実業家、経営者や船主などを招き、子ども達に会食にいつも同席させ、興味のありそうな話題を引き出し、子ども達に自由に質問させた。「コンピューターの父」。数学、物理学、経済学など多くの分野で不朽の業績を残している。ハンガリー生まれのユダヤ人科学者。

ウェルナー・フォン・ブラウン（Wernher von Braun　一九一二〜一九七七）

小学校一年の時、ベルリンでロケットに出会う。数学ができずに中学を落第。全寮制の学校に転校。一四歳の誕生日に天文学好きの母親が天体望遠鏡を贈り、毎日天体を観測、ほとんどの星を覚える。へルマン・オーベルトの『惑星空間へのロケット』に巡り会い、液体燃料によれば月に行くことができると確信。猛勉強を開始。高校時代に宇宙船の設計図も描く。一八歳で「宇宙旅行協会（宇宙旅行を実現させる会）」に参加。兵器開発にも加わり、三〇〇〇人の研究員で最新ロケットの研究にあたり、V二号を作成、これはロンドンを攻撃する。三三歳の時、夢の実現のためにアメリカに亡命。ソ連との宇宙開発競争で、ケネディのアポロ計画により、人間が月に降り立つまでを実現させた。しかし、本人の夢はさらに火星に向けられていたという。話し上手で人の気持ちをつかむ天才だった。「人類を月に立たせた男」。

スティーヴン・ホーキング（Stephen W. Hawking　一九四二〜二〇一八）

二一歳の時、筋萎縮性側索硬化症であと二、三年の命と宣言される。絶望して部屋に閉じこもり、ワーグナーを聞き、ＳＦを読みふけり、酒に溺れた。そんな時、ジェーン・ワイルドに出会い恋をする。生まれて初めて、文字通り必死になって研究に打ち込む。ジェーン・ワイルドと婚約、結婚。三二歳の頃からは自分で食事をとることも、起きあがることもできなくなる。ボイス・シンセサイザーなしでは会話もできなくなった。しかし、精力的に研究を続け、宇宙すべてを語る理論に取り組んだ。宇宙の法則を解明しようとした物理学者。ブラックホールがエネルギーを放出するという「ホーキング放射」を予言。寝たきりで研究や講演を続け、科学の普及に貢献、多くの人に影響を与えた。「退院してまもなく、自分が処刑されるという夢を見た。そして、自分にはまだしたいことがあると突然気づいた」と語ったという。

スティーブ・ジョブス（Steve Jobs 一九五五〜二〇一一）

生後すぐに養子に出され、養父母に育てられた。実父はシリアのアラブ人イスラム教徒の家庭に生まれ、ウィスコンシン大学に進学、ジョブズの実母ジョアンと出会った。ジョアンの両親は娘がイスラム教徒の男性と交際することに反対。彼女は、ジョブズ夫妻が大学卒でないことを知り、養子縁組をためらったが、スティーブを大学に進学させることをジョブズ夫妻が約束したのでそれが成立したという。スティーブが生母と再会したのは、スティーブが三〇歳を過ぎて、養母であるクララが亡くなった一九八六年であった。その時に初めて、実の妹がいることを知り、その後彼女とも対面を果たした。一方、ジョブズは実父とは死ぬまで会おうとしなかった。実父のほうも、息子の成功に便乗していると思われるのを恐れ、親しい友人にも息子について語ることはほとんどなかったという。iPhone、iPadを世に送り出した。Ａｐｐｌｅの共同創業者の一人であり、同社のＣＥＯを務め、一切の妥協を許さないカリスマ的変革者として知られている。

5〈作家〉

陶淵明（とうえんめい　三六五～四二七）

八歳の時に、荘園領主であった父を亡くす。その長男であった陶淵明には、曾祖父陶侃（とうかん）の勤勉な自制心と、母方の祖父孟嘉（もうか）の教養と冷静さとを誇りに思う気持ちがあった。二〇歳の頃に娶（めと）った最初の妻が、二〇代の末に一子を残して亡くなる。再婚し、五人の男子五人の女子をもうける。三七歳の時、母の死を期に帰郷。四〇歳で復職、四一歳で、政変から身を守るためか、三カ月弱で県令（県知事）を辞め、後半生で、隠者として後世に名を成すことになる。『帰去来辞（ききょらいのじ）』に、「帰りなんいざ、田園将（まさ）にあれんとす、胡（なん）ぞ帰らざる（さあ、帰ってしまおう）」、他。『自祭文』七八句の中の最後に、三句、「人生実難（人生はまことにむずかしい）死如之何（死はいかがなるべきか）嗚呼哀哉（ああ、かなしいかな）」。

杜　甫（とほ　七一二～七七〇）

幼年期に、母を失う。叔母に育てられる。七歳で初めて詩作、一四、五歳で早くも洛陽の名士たちから絶賛された。若い頃、科挙に落第し各地を放浪。四〇歳を過ぎて仕官、左遷されたため官を捨て、以後家族を連れて放浪、湖南で病没。安禄山の乱に遇って幽閉されるなど波乱の生涯を送った。その詩風は写実的で力強く、沈痛の風趣があり、日本でも西行や芭蕉などが尊び愛唱した。後世、「詩聖」と呼ばれ、李白と共に李杜と並称される。中国、唐の詩人。代表作『杜工部集』。

ダンテ (Dante Alighieri　一二六五～一三二一)

五歳の時、母死去。後妻を娶った父がダンテ一二歳の時、死去。ベアトリーチェに九歳で会い、雷に打たれたような衝撃を覚える。九年後に再会、今度は彼女がひどく感激する。七年後に名門の騎士と結婚していた彼女が死去。深刻な精神的危機に見舞われる。以後、この初恋が生涯の創作活動の原動力となった。四〇歳で結婚。政治的争いに巻き込まれ、ついには一人一党主義を決意、家族と別れて、孤独な放浪生活を始める。夢の中にベアトリーチェが現れ、彼女を主題とする詩を着想、天国の彼女との再会を描くという一大叙事詩『神曲』を構想し、四二歳から一三年かけて仕上げる。「愛こそが人間の魂を救済する」ことを確信して、生涯をそれに生きたが、現実のベアトリーチェは聖女でもなく、それほどの美人というわけでもなかったという。『神曲』は、真善美の兼ね備わった積極的な「愛」の能力がいかに人間の魂の救済に役立つかを歌った作品。

セルバンテス（Cervantes　一五四六〜一六一六）

父が床屋に毛が生えたようなしがない外科医で、転々と居を移し、彼は正式の学校教育はほとんど受けていない。レパントの海戦で負傷し、生涯左手の自由を失う。帰国途中、海賊船に捕らわれ、五年間奴隷の生活、帰国後二度も投獄されるなど、貧困と失意に明け暮れる波乱の生涯を送る。その小説『ドン・キホーテ』が、今日もなお読者を楽しませている、スペインの小説家。

シェークスピア（William Shakespeare　一五六四〜一六一六）

一四歳の頃、家が急に没落し、学校を中退する。一八歳で、二六歳のアン・ハザウェイと結婚。六カ月後に長女、翌々年双生の男女が誕生。二三歳で妻と仲たがいして家出。俳優になり、先輩作家の脚本に補筆したりしているうちに、自らも制作するようになる。『ハムレット』、『リア王』等の四大悲劇他を書き、五二歳で死去。財産の大部分を長女スザンナに残したが、妻に残したものは寝台だけであった。イギリス最大の劇作家、詩人。

ベン・ジョンソン（Ben Jonson　一五七二〜一六三七）

誕生前に、牧師であった父が死去。母は二年後にレンガ職人と再婚。世界で最も伝説的な文学の象徴であるウィリアム・シェークスピアに次ぐ劇作家で、詩人でもある俳優ベン・ジョンソンは、風刺とコメディの演劇で有名であった。シェイクスピアの追悼文を書き、シェークスピアの亡くなった一六一六年、桂冠詩人となる。世界中の劇作家に大きな影響を与え、舞台で「ユーモアのコメディ」と呼ばれるコメディのジャンルを広めた。ロンドン、ウェストミンスター生まれ。

ミルトン（John Milton　一六〇八～一六七四）

清教徒革命に参加、自由と民主制のために戦い、クロムウェルの共和政府にも関与。自分の不幸な結婚を契機に『離婚の教理と規律』などについても述べた詩人。四四歳頃、過労のため完全な失明状態となるが、透徹した心の目をもって人間の運命を直視するようになる。『失楽園』は、盲目の彼が口述によって、人間性を代表するアダムの罪と罰と、そしてなおそこに救いの可能性のあることを歌った大叙事詩である。

スウィフト（Jonathan Swift　一六六七～一七四五）

誕生前に、父死去。間もなく生母にも置き去りにされ、叔父たちの世話で成長。貧しくさびしく恵まれない少年時代を過ごす。大学を出て、政治家の秘書、田舎牧師、政治運動に手を出すなどするがうまくゆかず、四六歳で教会の司祭となる。めまいと耳なりのする病気の中で、四八歳の時、『ガリバー旅行記』を書き始める。深刻な政治的風刺に長じたイギリスの作家。

ゲーテ（Johann Wolfgang von Goethe　一七四九〜一八三二）

誕生の時、難産でほとんど死にかける。ゲーテ夫妻には、全部で六人の子どもが生まれたが、みな若死にし、残ったのはヴォルフガングと、一歳年下の妹コルネーリアだけであった。なかんずく息子には、養育と教育の限りが尽くされ、子ども時代は過保護と思えるほどであった。ライプチッヒ大学で法律を専攻、さらにシュトラスブルクへ遊学。ゲーテの父はその一人息子に限りない配慮と愛情を注ぎ、精神面でも身体の面でも厳しくしつけをし、いずれ何かすばらしいことをなしとげるだろうという大きな期待感を植えつけた。『若きヴェルテルの悩み』で文壇の脚光を浴び、ワイマール国で政務も担当、解剖、地質、鉱物、動植物の研究も行う。著名な『ファウスト』は世界文学の最大傑作の一つ。ドイツの詩人、劇作家、小説家、自然科学者、博学者、政治家、法律家。「人間は努力するかぎり迷うもの」。

ワーズワース（William Wordsworth　一七七〇〜一八五〇）

八歳で母を、一三歳で父を亡くす。伯父の世話になって成人する。ケンブリッジ卒業後、フランスでアネットと相思相愛の仲となる。帰国後、精神的危機を迎えるが、妹ドロシーに慰められ、コールリッジと親交を結び、やがて立ち直る。フランスとの平和回復を機にフランスに渡り、アネットとその娘に会うも、すべてを清算。帰国後メアリー・ハチンソンと結婚する。その価値が社会一般から認められるようになるのは晩年になってからである。汎神論的な自然観照を歌った。イギリスの湖畔詩人の一人。代表作『ワーズワース詩集』。

ヘルダーリン（Friedrich Holderlin　一七七〇～一八四八）

二歳で父と死別、九歳の時義父も亡くなるが、大学に進み、ヘーゲル、シェリングと交友を持つ。シラーを訪問、ゲーテにも会う。古代ギリシャに憧れ、汎神論的な格調の高い頌詩などを作った。三〇歳代で精神に異常を来す。ドイツの抒情詩人。代表作『ヘルダーリン詩集』。

スタンダール（Stendhal　一七八三～一八四二）

七歳の時、母死去。早くから内省的性格で、自分の職業を「人間の心理観察者」と答える。若禿でかつらをかぶり、鼻はぼってりとして、頬はふくれており、その上足が短く、失恋して自殺までしようとするが、これを克服、著述に没頭する。パリの町中で倒れ、翌日急逝。生前は、バルザックその他のごく少数の作家によって認められていただけで、自分を理解してくれる読者を五〇年後一〇〇年後に求めていた。全集の完結により、その作品の全貌が明らかにされたのは、一〇〇年後のことであった。『赤と黒』他。生涯独身。

グリム兄弟（兄 Jakob Ludwig Karl Grimm 一七八五〜一八六三／弟 Wilhelm Karl Grimm 一七八六〜一八五九）

少年の頃、父死去。兄が四人弟妹を育てる。兄ヤーコプは弟妹のために自分の結婚を見送り、弟ヴィルヘルム夫婦と最後まで一緒に暮らす。『グリム童話集』、『ドイツ語辞典』他。

バイロン（George Gordon Byron 一七八八〜一八二四）

三歳の時、父死去。奇行の多い両親の間に生まれ、特に母親に反発し、一方、偏狭な乳母の無理解な教育を受ける。六代目のバイロン卿となり、大学卒業の翌年上院議員となる。二七歳で結婚、女性たちとの噂が絶える間がなく、翌年に妻と離別。また欧州に旅立つが、むしろ非行の生活に嫌悪を感じ、そういった自我からの脱出を願い続ける。自我の無限な高揚に希望を持ったが、一方でその希望をうち砕く恐怖があり、「希望」と「恐怖」の間にあるテンションが創作力を駆り立てた。生まれつき足が不自由

という こともあった。貴族社会の反逆児で、各国を放浪後、ギリシャ独立戦争に加わり、病死。ロマン派の代表詩人。代表作として『チャイルド・ハロルドの巡遊』。

キーツ（John Keats　一七九五〜一八二一）

若くして父母死去。三人の弟妹と自立生活をするため医者を志し、苦学して試験に合格。その頃から詩魔に引き入れられるようになり、生涯を文学に捧げると決意。イギリスに生まれ、ローマで、二五歳で結核により夭折した。ロマン派の天才詩人。代表作『キーツ詩集』。

バルザック（Honore de Balzac　一七九九〜一八五〇）

母が父より三〇歳以上も年下で、両親の仲は冷たく、バルザックは里子に出されたり、寄宿学校に寄宿させられたりして、母の愛を受けることが少なかった。母親はバルザックを寄宿舎に入れたあと若い愛人の子を生み、これ見よがしに、その子をバルザックよりも可愛がった。八歳から一四歳までの寄宿時代は、とりわけ孤独に苦しみ級友たちからも仲間はずれにされ、読書と夢想に耽ったあげく、濫読のために衰弱した。最初、文学への夢はなかなか思うようにかなわなかったが、あらゆる階級、職業とそれらの人間の気質を描破し、九一篇の長短篇小説の傑作を残した。感情面でも波瀾に富んだ生涯を送り、二二歳の時から二二歳年上のベルニー夫人の愛人になるなどしている。儲け話に手を出し多額の負債を抱え込み、生涯、その返済に苦しんだ。近代リアリズム文学最大の作家であり、フランス文学史上最大の小説家である。『谷間の百合』他。

プーシキン（Pushkin　一七九九〜一八三七）

母方の曾祖父はエチオピアの黒人で、その遺伝は、彼の容貌にも名残を留めている。父母は、彼に冷たく、ために プーシキンは幼い頃から保母のアリーナに親しんだ。アリーナは無知ではあったが、民話、民謡、伝説などを語って聞かせ、彼にロシア語の美を知らず知らずのうちに理解させた。『オネーギン』、『大尉の娘』他、名作を書き、美貌の女性と結婚したが、家庭生活は幸福ではなかった。決闘で死去。ロシア近代文学、国民文学を創始した詩人、作家。

ヴィクトル・ユーゴー（Victor Hugo　一八〇二〜一八八五）

父母が結婚後まもなく不和となる。母は外地に赴任していた夫と離れて、パリで子ども達と暮らす。父はナポレオンを崇拝、母は王党びいきで、これが初期の思想や作品に大きな影響を与える。一八歳の時、母死去。二〇歳で結婚。妻がサント・ブーヴと通じて、その寂しさからある女優を愛するようになり、以後多くの女性と恋愛を経験する。四〇歳の時、娘がセーヌ河で溺死、以後一〇年間筆を断つ。四六歳で貴族院議員。五二歳でナポレオン三世に反対、その後一九年間亡命生活を送り、創作に専念する。ナポレオン三世没落でパリに戻るが、同胞の殺しあう乱れた姿を悲しみ、政治から離れる。八三歳の時、国民的な大詩人、共和主義者のチャンピオンとして国葬の礼を受けた。作品に、普仏戦争をうたった『おそるべき年』、人間と自然の闘争をうたった『海に働く人々』、「この世に絶対的な悪は存在しない」という彼一流の楽観的な世界観で書いた小説『レ・ミゼラブル』等、多くの作品を残す。

アレクサンドル・デュマ (Alexandre Dumas　一八〇二〜一八七〇)

三歳の時、父死去。放任された幼、少年時代を送り、教育は、僧侶からわずかに受けただけであった。小説はまず新聞に連載されたが、その快活で男性的でユーモアに富んだ英雄物語が大衆に与えた影響ははかり知れぬほど大きかった。『三銃士』、『巌窟王』他。

ジョルジュ・サンド (George Sand　一八〇四〜一八七六)

四歳で父、事故死。去った母とも、滅多に会えなくなる。父方の祖母に育てられる。二年間女子修道院で教育を受け、不良少女のリーダーとなり、学校をやめさせられる。一八歳で結婚。離婚後、パリで恋愛遍歴。ショパンは八年間その愛人であった。七二歳でこの世を去るまで、ほとんど途切れることなく愛人を身近に置いていた。九〇編以上の小説を著し、一五巻の全集が出ている。また、二日に三通以上にあたる、約三万通にのぼる手紙を残している。代表作『アンジアナ』。

ナサニエル・ホーソン（Nathaniel Hawthone　一八〇四～一八六四）

四歳前に、父病死。九歳の時足を傷め、その後数年、子どもらしい遊びを離れて、読書に耽る。カレッジ在学中に作家になることを決心。以後一〇数年、孤独の生活を送る。絶望して原稿を火中に投じたりもした。匿名で自費出版。窮境が幸いしたのか、『緋文字』で一躍文名をはせ、世界に認められたアメリカ最初の作家として、その地位を確立した。

アンデルセン（Hans Christian Andersen　一八〇五～一八七五）

貧しい家庭に生まれる。九歳の時、父が精神病になり、一一歳の時、その父が死去。父の父、祖父も精神病者であった。無知で迷信ぶかい母の手一つで甘やかされて育ち、小学校もろくに通っていない。母は再婚。野放しにされ、学業を投げ出し、読書に明け暮れる。二〇歳の時、母が保護施設に収容される。見掛けがよくなかったせいか失恋を何度も経験。肉体的な欲望は人並以上にあったが、生涯一度も肉体関係を持たなかったと言われている。『みにくいアヒルの子』、『はだかの王様』等、一五六編のおとぎ話を書いた。葬儀の日にはデンマーク全国民が喪に服し、国王、王妃が葬儀に列席した。他に、『即興詩人』等。

エドガー・アラン・ポー（Edgar Allan Poe　一八〇九〜一八四九）

旅役者を両親に生まれ、一歳の時父が失踪、二歳の時母が亡くなる。孤児になり、子どものいないタバコ商夫婦に養育され、その夫人に溺愛される。年少にして、友人の若い母に熱愛を捧げる。大学に入り、恋人との婚約に失敗、賭博で莫大な借金をつくり、退学後、大酒に耽溺、養父と大喧嘩、ボストンに失踪。士官学校に入るが、これもやめ、詩集を出すも認められず、貧窮のうちに苦闘。懸賞小説に当選、一三歳の姪と結婚。その後は、最盛期を迎え、秀作を排出。二七歳の妻を失い、翌々年、未亡人となっていた昔の恋人と婚約。叔母を迎えに行く途中、泥酔、意識不明で、錯乱状態でこの世を去る。背徳者と見なされ排斥され、貧窮のうちに短い生涯を終え、一世紀近くも評価されなかったが、ひとたび認められるや、まれに見る鋭い感受性と分析的な頭脳と数理的な思考を持った芸術家として、多くの批評家や作家に大きな影響力を与えた。『黄金虫』他。

サッカレー (William Makepeace Thackeray　一八一一～一八六三)

六歳の時、父を失い、インドからイギリスへと帰る。ケンブリッジを中退、遺産を相続、働く意欲を失う。結婚した妻が発狂。再婚していた母との愛のからみもあり、対女性態度に平衡を失する。ディケンズと並ぶ写実主義の代表者で、風刺、諧謔に富む作品を残す。『虚栄の市』他。

チャールス・ディケンズ (Charles Dickens　一八一二～一八七〇)

父が借財不払いのため監獄行きとなり、一二歳の時、学校をやめて工場に働きに出る。一七歳で少女マライアを恋するようになるが、彼の独り相撲の感があり、失恋。この手痛い失恋体験は強烈で、そのあと性急な結婚をしてしまい、その妻とは性格が合わなかった。個性の乏しい妻との味気ない日常生活に耐えることができず、若い女優の中に初恋の相手の面影を見いだして、年甲斐もなく熱中する。失恋から二二年後、すでに結婚していたディケンズと、よその夫人となっていたマライアとの間に文通が再開された。古今を通じて最も偉大とされるイギリスの小説家。『二都物語』、『クリスマス・キャロル』他。

ブロンテ姉妹 (三女　Charlotte Bronte　一八一六～一八五五／四女　Emily Bronte　一八一八～一八四八／五女　Anne Bronte　一八二〇～一八四九)

末妹アンが一歳、エミリーが三歳、シャーロットが五歳の時、三姉妹の母が死去。荒野に囲まれた丘の上の牧師館で貧しい孤独な生活を送っていた三姉妹は、いずれも住み込みの家庭教師として働くようになるが失敗し、学校を始めるが、これも失敗。シャーロットは『ジェーン・エア』、エミリーは『嵐が丘』、アンも小説を書く。しかし、エミリーは誰からも求婚されることなく三〇歳で、アンも翌年二九歳で亡くなり、若い頃激しい失恋を経験していたシャーロットが、やっと三九歳で父の教会の代理牧師と結婚するが、それも束の間、数カ月後にこの世を去る。

ツルゲーネフ（Ivan S. Turgenev　一八一八～一八八三）

母は二〇の村と五〇〇〇人の農奴を持つ女地主で、賢明だが、わがままで猜疑心が深く、短気で、家庭でも領地でも女王のように振舞い、子ども達には厳しくあたり、農奴たちには残忍な体刑を加えた。この母の暴虐と虐げられた農奴たちの悲惨な生活が、少年の感じやすい心に深い傷を残した。『猟人日記』は人間扱いされていなかった農奴を、心も知恵も感情も持つ血のかよった人間としてはじめてロシア文学に登場させたもので、皇太子アレクサンドル二世は、これを読んで農奴解放を決意したという。世界的名声をかちえた最初のロシア作家。他に、悲しい愛の物語『初恋』等。

メルヴィル (Herman Melville　一八一九～一八九一)

一三歳の時、父死去。学校を中退、職を転々。二〇歳で、貨物船に、後に捕鯨船に乗る。船中生活に耐えかねて脱出、食人種に一カ月軟禁される。救出されるが、横暴な船長にたてつき、島の拘置所に収容される。また捕鯨船生活を経て、ホノルルで幾つかの職業を転々、軍艦に乗り二五歳の時、ボストンに帰り着く。ここで、これまでの放浪の体験談を生かした文筆生活に入り、二八歳でマサチューセッツ州の首席裁判官の一人娘と結婚する。『白鯨』は、発表当時不評であったが、現在ではアメリカ文学の最高峰の一つとなっている。

ホイットマン (Walt Whitman　一八一九～一八九二)

大工兼業の農家に生まれ、四歳でブルックリンに移る。小学校を、弁護士や医師の給仕として働いている間に一一歳で中退。印刷工などの職を転々とするが、同一職場に一年以上勤めることはほとんどなかった。大工の父の手伝いをしながら、詩作。母からクエーカー派の信仰を教えられ、影響される。独学で勉強、すでに一二歳頃から小品文を新聞に投稿したりしていた。三六歳の時に、『草の葉』を発表。ロング・アイランドの自然、ニューヨーク下民層との接触、混血黒人との恋愛、エマーソンの思想などがその下地となっている。『草の葉』第九版には、全詩作をほとんど収録、それが出版された年に永眠した。

ジョージ・エリオット（George Eliot　一八一九〜一八八〇）

一六歳の時、母が長患いの末、死去。メアリー・アン・エヴァンズ（本名）は大柄で容姿に恵まれていない、家庭にも友だちにも馴染めない変わり者の、意固地で不器用な少女だった。内向的で、昼夜を問わず多くの時間を読書にあてるようになった。イギリス一九世紀の小説を、娯楽から人生哲学の書に変えた革新者。リアリズムに基づく小説を書き、心理描写や場面描写にすぐれていた。女流田園作家。代表作『サイラス・マーナー』。

ドストエフスキー（Dostoevsky　一八二一〜一八八一）

一三歳で、母が結核で死去。一七歳で、父が農民に殺害される。健康に恵まれず、苦難続きの人生。おまけに恋愛はうまくいかず、一生貧乏暮らしであった。この女難続きの文豪に運命の女神が微笑んだのは、四五歳の時のこと。相手は二〇歳の速記者、アンナ・スニートキナで、彼の二度目の妻となり、彼を崇拝した。『カラマーゾフの兄弟』は、生涯を通じて彼を悩ましてきた思想的、宗教的問題、人間の本性についての思想を集大成、壮大なスケールと推理小説をさえ思わせる緊密な構成でストーリーが展開される彼の最高傑作である。

シャルル・ボードレール（Charles Baudelaire　一八二一～一八六七）

父の死後、一年半後に母が再婚。八歳の時、ことごとく義父に反発。義父の紹介で入った名門中学は非行で退学。就職を探してくれる義父を無視し、公開の席では「あなたの首を締めてやる」とおどりかかったりもした。酒、女、ギャンブル、借金、ケンカ、悪い病気と放縦の限りを尽くしたが、詩の世界で不滅の作品を残す。『悪の華』他。

イプセン（Henrik Ibsen　一八二八～一九〇六）

八歳の時、父親が事業に失敗し、一家は破産状態となる。その後、満足な学校教育も受けられないまま、一五歳の時、薬剤師の家に奉公に出る。その薬局では女中との間に子どもができる。独学で大学受験するが失敗。三〇代後半までは不遇な時代が続いた。『人形の家』は各国で上演され、その婦人解放思想によって当時の社会に衝撃を与えた。最後は、祖国ノルウェーで国葬に付される。『ペール・ギュント』他。「近代劇の父」。

エミリー・ディキンソン (Emily Dickenson 一八三〇～一八八六)

妻子あるワッズワス牧師の説教を聞き、感銘を受け、彼に思慕の情を寄せたのは、二四歳頃。実らぬ恋であるとは初めからわかっていたが、宿命の恋であった。自分の悲恋を打ち明けたのは妹と親友夫妻の、三名だけ。牧師への愛により詩情が堰を切ったように溢れ出て、胸の恋人があたかも詩神であるかのように、彼女を詩作に駆り立てた。三〇歳頃からはごく親しい友人以外には会わない孤独の生涯を送る。生前には七編しか印刷されなかったが、全一七七五編が完全に出版されたのは死後、半世紀以上を経てからであった。アメリカの女流詩人。代表作『ディキンソン詩集』。

マーク・トウェイン (Mark Twain 一八三五～一九一〇)

一二歳前に、父死去。子どもの頃から実社会に出て、見習い印刷工をしながら文章を覚える。弟を自分が職場に招いたために亡くす。三五歳で、二五歳の恋い焦がれた人と結婚するが、息子を亡くし、執筆活動に入る。『トムソーヤーの冒険』他。アメリカで最も有名な小説家。

エミール・ゾラ (Emile Zora 一八四〇～一九〇二)

六歳の時、父が急死。貧乏暮しを余儀なくされ、高校中退。港湾局の書記をしながら半ばボヘミアンの生活を送るが、やがて文筆をもって立つことを決意。写実主義で西洋文学に影響を与える。『居酒屋』他。パリ生まれ。『嘆きのテレーズ』は、著作から映像化された一六作品のうちの一つ。ドレフュス事件では、右翼的軍部の陰謀によりスパイ容疑にかけられたユダヤ系のアルフレド・ドレフュス大尉を弁護し、そのために罪に問われ、イギリスに亡命。ドレフュスの再審（一九〇六年に無罪確定）が決定した翌年、帰国後パリの自宅に戻ってきた翌日に、一酸化炭素中毒によって亡くなる。

ステファヌ・マラルメ（Stephane Mallarme　一八四二〜一八九八）

五歳の時、母死去。まもなく父が再婚。家庭的には恵まれぬ幼年時代を過ごす。妹マリヤと母方の祖父母の家で暮らしたり、寄宿学校をいくつか転々としたりする。妹マリヤが一三歳で急死。この幼い死者は、母の死よりもむしろ深く記憶の中に刻みつけられる。この死の経験が後の作品に大きく影響する。象徴主義の代表詩人。代表作『牧神の午後』。

バーネット夫人（Frances E.H. Burnett　一八四九〜一九二四）

四歳の時、父死去。一三歳頃から小説を書き始める。一六歳で家族と共にアメリカに渡り、生活のための苦労をしながら作家を目指す。二〇歳の時、母が亡くなり、本格的な作家活動にはいる。『小公女』

他。

ヨハン・ストリンドベリ（Johan August Strindberg　一八四九〜一九一二）

父と女中だった母との間に生まれ、母は長男を可愛がり、自分は冷遇されるが、その母が一三歳の時亡くなる。再婚した冷淡な父親や継母との葛藤に悩まされる。大学は、家の破産で学費が続かず中退。その後様々な職業を遍歴。三度の結婚は三度とも破綻。ノルウェーのイプセンと共に北欧の文豪として地位を築いたが、私生活では長い漂泊の人生を送り、孤独であった。スウェーデン最大の劇作家。代表作に『令嬢ジュリー』。

モーパッサン（Guy de Maupassan　一八五〇〜一八九三）

一三歳の時、父母が別居、気丈で神経質な母に育てられる。役所勤めのかたわら小説を書き続け、三〇歳の時『脂肪の塊』で認められる。三〇〇に及ぶ傑作短編小説、六つの長編小説を発表。脳感染症にかかり幻覚を覚えるようになり、発狂して自殺をはかり、精神病院で四二年の生涯を閉じる。三万部を売り上げた『女の一生』他。生涯独身。フランスの自然主義の小説家、劇作家、詩人。

アルチュール・ランボー（Jean Arthur Rimbaud　一八五四〜一八九一）

父親が早く家を捨てたため、気の強いカトリックの母親に育てられる。宿命的なヴェルレーヌとの出会いがあり、共に放浪。元来同性愛の傾向があったヴェルレーヌにピストルで撃たれ、決別。早熟な天才で、近代詩に大きな影響を与えた。フランス象徴派の詩人。代表作『地獄の季節』。

バーナード・ショウ（George Bernard Shaw　一八五六〜一九五〇）

学校は五年間だけ。子どもの時から給仕などをして働く。生来読書好きで、独学で勉強。二〇歳の頃、筆で身を立てると決心、九年間は原稿を送る送料にも事欠く。社会一般が古くから大事にしてきた伝統を大胆不敵に片端からこきおろした。しかし、「およそ若い頃のぼくほど内気な者はいないだろうし、内気なのをそれほどはずかしがった者もいないだろう。資本論が生涯の一大転機となった」と書いた。「ノーベル賞」を辞退するが、やむを得ず受け取ると、その場で「イギリス・スウェーデン文学連盟」へ寄付した。「人間は必ず自分の人生を支配できる」という言葉を残す。アイルランド出身の文学者、脚本家、劇作家、評論家、政治家、教育家、ジャーナリスト。

ジョゼフ・コンラッド（Joseph Conrad　一八五七〜一九二四）

四歳の時、独立運動の指導者の父と母が北ロシアへ流刑となり、叔父に引き取られる。七歳の時、母が、一一歳で、父が死去。転機が訪れたのは二〇歳で、イギリス船に乗り込んだ時。聖書とシェークスピアを携え、航海士、船長の資格試験合格を目指して、規則正しい生活と英語の習得に熱心に励むことになった。二〇年の船員生活を経て、三七歳でデビュー、自らの体験を素材に、次々と作品を発表、『闇の奥』は絶賛された。ポーランド生まれのイギリスの作家。

セルマ・ラーゲルレーヴ（Selma Ottiliana Lovisa Lagerlof　一八五八〜一九四〇）

三歳半で、足が動かなくなり、八歳の頃奇跡的に回復するまで、使用人に抱かれて移動しなければならなかった。学校には行かず、二〇歳頃までほとんど家で暮らした。二七歳の時、家計を助けるため教職試験に挑戦。この年、最愛の父が死去。物静かだが意志の強いこの女教師は、髪を短く切り、世間並みのおしゃれとは無縁に青春時代を送った。雑誌で短編賞を受賞し、作家生活に入る。スエーデン人で初めての「ノーベル賞」、女性初の文学賞受賞者。『ニルスの不思議な旅』他。

チェーホフ（Anton P. Chekhov　一八六〇～一九〇四）

一六歳の時、父が破産、一家の支柱となる。勉学のかたわら働き、貧民窟で飢えている両親と兄弟に仕送り。モスクワ大学医学部に入学後は、学費も稼ぐ。家族と自活のためにはじめたのが、短編小説の執筆。「人生とは自分で創造するものだ」、チェーホフはこの言葉を愛し、灰色の時代にあって人間の尊厳の再認識を訴え、生きることの意味を人々に考えさせ、明るい未来の生活への希望を与えた。その戯曲はモスクワ芸術座の不朽のレパートリーとなっており、日本でも築地小劇場以来、何千回も上演されている。戯曲『桜の園』他。

アーネスト・トンプソン・シートン（Ernest Thompson Seton　一八六〇～一九四六）

六歳の時、父の破産で、イギリスからカナダに移住、開拓生活に入った。ロンドンのロイヤル・アカデミー美術学校に入学。極度の貧窮に耐えながら、ニューヨークやパリで絵画の修行と博物学の勉強。野外研究の成果を元に動物物語を執筆し、ベストセラー作家となる。野生動物の保護区を作ろうと提案。動物と同様に虐げられていた北米先住民の熱烈な支持者となり、彼らの自然生活に学ぶ青少年教育のための森の生活技術運動を起こし、北米ボーイスカウト運動の初代会長に就任して活躍した。作家、研究者、画家、教育者、講演者、自然保護のパイオニアとして、ヨーロッパでも支持者が増えている。『シートン動物記』他。

タゴール（Rabindranath Tagore　一八六一〜一九四一）

一四歳の時、母死去。ヒンズー教の伝統にイスラム教がまじり更にキリスト教の影響を受けたタゴール家の一四番目の末っ子として誕生。多分に甘やかされて育ち、幾度も学校をかえてみたが、小学校も中学校も、後にはイギリスに二回も遊学したが、いずれも卒業にいたらず、一枚も免状を貰っていない。母の死後、可愛がられた兄嫁に熱烈な愛を捧げるということがあったが、タゴールの結婚直後、この兄嫁は謎めいた自殺をとげている。四一歳で妻を、その後次々とわが子や父を失い、精神的打撃を受け、思索と教育に打ち込む。『ギタンジャリ』は、この悲しみと失意の中で書かれた詩が集められたもの。この英訳詩集によって、五〇歳で、「ノーベル文学賞」受賞。一〇〇〇曲以上の歌曲を作曲、舞踊劇を創作。晩年の十数年間は多くの絵画を創作、タゴール絵画展はセンセーションを巻き起こした。大自然と宇宙のリズムを、詩と音と「かたち」で体現しようとした。インドの独立、社会進歩、平和思想のために闘った。「インドの詩聖」。

ロマン・ロラン（Romain Rolland　一八六六〜一九四四）

敏感な魂の持ち主で、精神的な危機が幾度かあった。人生に何を求めていいのか苦悶、トルストイに手紙を送って、生きる道について教えを請うた。トルストイの返事は思想混迷期の彼を力づけ、彼の行く手をはっきり示した。高等師範学校美術教授、パリ大学の音楽史の教授となったが、その多忙な生活の間に『ジャン・クリストフ』一〇巻を書き上げる。『ベートーヴェンの生涯』などの一連の伝記は、人類の苦悩を背負いながら真実のために苦闘した精神的英雄に対する、彼の感謝の賛辞である。理想主義的ヒューマニズムを信奉、反戦平和主義者として知られるフランスの文学者。「ノーベル文学賞」受賞。

H・G・ウェルズ（Herbert George Wells　一八六六〜一九四六）

地方商人の子に生まれ、丁稚奉公などをしながら苦学の末、ロンドンの理科師範学校を出て、教師をしながら文筆生活を志す。世界政府を終始主張した。『タイム・マシン』、『世界史大系』他。

ゴーリキー（Maksim G. Gorkii　一八六八〜一九三六）

一一歳で孤児となり、貧困と暴力の中で少年時代を過ごした。丁稚、皿洗い、パン屋の小僧、波止場人足などを転々、帝政ロシアの下層社会の生活を自ら体験、放浪と辛酸の生活を送る。貧困の中から身を起こし、終始民衆の立場に立って彼らの生活を描いた、ロシアプロレタリア文学最大の作家。「ソ連文学の父」、「社会リアリズムの祖」と敬われた大作家の国葬は、赤の広場でとり行われ、スターリンを先頭にじつに八〇万人もの人々がこれに参列した。人間の醜さや獣性と共に、人間の本質に対する深い信頼を表現した戯曲『どん底』は、モスクワ芸術座で初演されて以来、各国語に訳され、世界中で大成功を博した。

アンドレ・ジード（Andre Gide　一八六九～一九五一）

一一歳の時、父死去。過保護でピューリタン的母親の一人息子として育ち、内向的な性格で、家庭の雰囲気にも学校生活にも馴染まなかった。二五歳の時、従姉のマドレーヌと結婚したが、性的交渉のない「白い結婚」であった。生命の歓喜と感覚の陶酔に身をゆだね、あらゆる道徳的な束縛からの自由を謳いあげた『背徳者』に比べて、『狭き門』はあまりにも異質で対極的、純愛と純潔を描くもので、友人、知己は激しい戸惑いを覚えた。七八歳で、「ノーベル文学賞」受賞。フランスの作家。

サマセット・モーム（William Somerset Maugham　一八七四～一九六五）

八歳で母が結核で、一〇歳で父が癌で亡くなる。母の死は彼の心に一生消えぬ傷を残す。両親を亡くし孤児になってフランスからイギリスに送り返され、伯父の許に引き取られるが、異質で愛のない雰囲気の中で苦しむ。学校では生来の吃音が酷くなりいじめられる。ドイツのハイデルベルグ大学に入り、イギリスの医学校へ進み、医者となる。学校近くの貧民街の患者と接し、人生を学ぶ上でこれが役立つ。卒業の年に処女作を発表し、文学で身を立てる決意を固める。『人間の絆』他。「人間とは結局矛盾にみち不可解なもの」というのが、彼の人間、作品の根底にある哲学である。

モンゴメリー (Lucy Maud Montgomery　一八七四〜一九四二)

一歳の時、母死去。父と離れて祖父母に預けられる。小さい頃から詩や物語を書くのが好きで、一六歳で詩や小説を新聞に投稿し始める。二三歳の時、祖父死去。二六歳の時、父病死。三七歳で牧師と結婚。『赤毛のアン』他。

リルケ (Rainer Maria Rilke　一八七五〜一九二六)

早死にした姉の身代わりとして女児の格好で育てられ、幼時、ルネと女名で呼ばれた。両親の離婚と父の強制によって陸軍幼年学校、士官学校へと進んだが、学校の空気に耐えきれず退学。商業専門学校に学び詩作を始める。プラハ大学に入り、冊子を自費出版。いよいよ作家を志して、詩集を出版。ヨーロッパ諸国を旅し、パリではロダンの秘書を務める。ドイツの詩人、作家。小説『マルテの手記』他。

ヘルマン・ヘッセ（Hermann Hesse　一八七七～一九六二）

エリート神学校に入るが中退、書店などに勤める。失恋や夫婦生活の苦悩から文学、芸術や自然とのかかわりによる魂の救済を求めた叙情的作品を多く書いた。夫婦関係の悪化などから精神的危機に陥り、ユング派精神分析医の治療を受け、これを契機に精神分析学にも親しんだ。『車輪の下』他。「ノーベル文学賞」受賞。

トーマス・マン（Thomas Mann　一八七五～一九五五）

父の死後、一家没落、高校を中退し、火災保険の無給見習い社員になる。翌年やめ、大学の聴講生となり、処女作が認められて作家生活に。『魔の山』までの創作活動により、「ノーベル文学賞」を受賞。ナチス政権が成立すると、これに反対して亡命、のちアメリカに移住してファシズム打倒のために闘った。ドイツの世界的文学者。

魯　迅（ろじん　一八八一～一九三六）

一三歳から二一歳までの間、祖父が魯迅の父親のために試験官に賄賂を贈って告発され、獄中にあった。父は、魯迅一六歳の時、死去。一八歳の時から給費制度の実業学校に学び始め、二二歳の時に日本に留学する。『阿Q正伝』は、中国の国民性を批判した名作と言われている。中国の文学者。

ヴァージニア・ウルフ（Adeline Virginia Wolf　一八八二～一九四一）

一三歳の時、母死去。二二歳の時、父が死去。生涯を通し、何度となく精神の崩壊の危機に見舞われるが、妻のすぐれた才能を熟知する夫の献身的配慮のお陰で切り抜け、小説家として円熟し、傑作を生みだしていく。最後は、長期にわたる精神病との闘いに疲れ、川に投身自殺。精神の病魔と闘い、女性の自立を主張した。イギリスの作家、批評家。代表作に『ダロウェイ夫人』。

トルストイ（Lev N. Tolstoy　一八八三～一九四五）

二歳で母を、九歳で父を亡くす。兄たちを次々と亡くし、自身の子ども一三人のうち六人に先立たれる。三四歳の時、一八歳のソフィアと結婚。四二歳の頃精神的危機を迎え、科学や哲学に解決を求めたが得られず、時には自殺の誘惑にまでかられる。しかし、ついに宗教に救いを見出し、洗礼を受け苦悩から解放される。ドストエフスキーと並んで一九世紀ロシア文学を代表する文豪であるが、単に作家としてばかりでなく、文明批評家、人生の教師として、世界の思想界に君臨した。作品に、不義の愛と純愛を考えさせる長編の恋愛小説『アンナ・カレーニナ』、ロシア人とフランスの皇帝ナポレオンとの戦争を描いた長編『戦争と平和』、四兄妹の三男イワンが馬鹿すぎて悪魔の方が参ってしまう、「働く」ことの意義を教える民話『イワンの馬鹿』他、がある。

フランツ・カフカ（Franz Kafka　一八八三〜一九二四）

実存主義文学の先駆をなす、二〇世紀最大の作家の一人。ユダヤ系ドイツ人。肺結核により夭折。生きている間はほとんど無名であったが、遺作により有名となる。何回か婚約したが、結局結婚できず、生涯独身。『変身』他。

シンクレア・ルイス（Harry Sinclair Lewis　一八八五〜一九五一）

六歳の時、母死去。文学好きの継母の影響を受ける。「ピューリッツァー賞」を辞退。アメリカ社会をカリカチュアライズした作風で世界的な評価を得た。アメリカ人初の「ノーベル文学賞」受賞者。代表作に『バビット』。

D・H・ロレンス（David Herbert Lawrence　一八八五〜一九三〇）

父が学問のない酒飲みの炭鉱夫で、母はこれを嫌い、子ども達にその愛情を注いだ。一六歳頃、ジェシーと交際を始め、二人の友情に似た愛情関係はこの後一〇年あまり続いたが、ジェシーとの精神主義的な愛情にあきたらず、その間に他の女と交渉を持つ。ジェシーはまた、彼があまりにも母に愛されていることを知り、彼の中に入って行けないままであった。二六歳の時、フランス語教授の妻フリーダを知る。彼女は三三歳で、三児の母であった。二年後正式に結婚。精神分析の技法で、性と恋愛の問題を大胆に追求、現代文学に大きな影響を与える。肉体の愛による生の回復というテーマを持つ、『チャタレイ夫人の恋人』を書き上げたのは、四二歳の頃であった。イギリスの小説家、詩人、評論家。

レイモンド・チャンドラー（Raymond Chandler　一八八八〜一九五九）

離婚した母に連れられて、子どもの頃に、シカゴからイギリスに渡り、教育を受ける。作家として自立したのは四五歳。酒が原因で石油会社の会計監査の要職を失った翌年のことであった。ハードボイルドの騎手と言われ、これまでの探偵小説にはなかったストイックで行動的な私立探偵フィリップ・マーロウを登場させ、探偵小説を文学にまで高めた。ただ、愛してやまなかった一七歳年上の妻シシーが亡くなると、作品が書けなくなった。「タフでなければ生きていけない、優しくなければ生きる資格がない」の台詞(せりふ)はつとに有名。

ガブリエラ・ミストラル（Gabriela Mistral　一八八九〜一九五七）

父親の送金が途絶えたため、異父姉が働くアンデス山中の寒村で三歳から九歳までを過ごす。その後、転校先で放校処分を受けたため、独学で詩を書き始める。一五歳で分教場の助手となり、チリで最高の詩賞を受けるに至る。メキシコ教育改革委員から外交官に転じ、各国で人道平和主義を訴える。ラテンアメリカで初の「ノーベル文学賞」を受賞、「ラテンアメリカの母」との敬称を受けた。チリの詩人。代表作に『ガブリエラ・ミストラル詩集』。

ワシリー・エロシェンコ（Vasilii Yakovlevich Eroshenko　一八九〇〜一九五二）

四歳の時、麻疹になり失明。モスクワ盲学校を卒業、エスペラント語をマスター、ロンドン留学を経て、来日。バラライカを弾き自由を語るロシア詩人の姿は、聴衆に大きな感銘を与えた。神近市子や長谷川如是閑らと親交を深め、児童文学を創作するかたわら各地の集会で講演。リベラルな思想故に、最後は日本から追放された。その後、北京大学で教鞭をとり、魯迅と交友を深め、日本語通訳や盲人教育に活躍した。ロシア、ソ連の詩人、作家、教育家。代表作『ある孤独な魂』。

パール・バック（Pearl Buck　一八九二〜一九七三）

宣教師の両親に伴われて、生後三カ月で中国に渡る。英語より先に中国語を話し、中国人乳母から中国民話を聞いて育った。アメリカ人農業宣教師と結婚、南京大学で共に教鞭をとり、障害児を生み育て、そのかたわらで『大地』を書く。これで、「ピューリッツァー賞」を獲得。アメリカ人で二人目の「ノーベル文学賞」受賞。社会福祉活動でも積極的に活躍した。

ミゲル・アストゥリアス（Miguel Asturias　一八九九〜一九七四）

四歳の時に、父が職を追われ、祖父の田舎の村で育つ。インディオと白人の混血の判事を父に、教師をしていたインディオ女性を母に生まれる。大学在学中、学生運動の指導者となるが、逮捕され身に危険を覚えパリに渡る。帰国後外交官となるが、クーデターにより辞任。亡命先で執筆。パリのビアホールで、六八歳の誕生日に、「ノーベル文学賞」受賞の知らせを受けた。グアテマラの詩人、作家。代表作に『緑の法王』。

アーネスト・ヘミングウェイ (Ernest Hemingway　一八九九〜一九六一)

幼い頃姉とそろいの女の子の服を着せられ、髪も女の子のように長くして育てられ、小学校入学の頃まで母親は双子に見せかけることを楽しんでいた。ヘミングウェイにとってこれがトラウマとなった。そして過去の秘密を隠すために、自分を「マッチョ(たくましい男らしさ)」マンに仕立て上げ、それを世に広めようとした。一八歳の時、砲撃で脚に多数の弾片を受け、一二回にわたる手術に耐え抜いて生還。生死に関わるような事故に何度か見舞われ、自動車事故で一命を落としそうになったことも三回。五四歳の時の飛行機事故では、死亡ニュースが流れた。生涯に四度結婚。『老人と海』で、「ノーベル文学賞」受賞。アメリカの小説家、詩人。

サン・テグジュペリ (Antoine de Saint-Exupery　一九〇〇〜一九四四)

四歳の時、父死去。一二歳で初飛行。飛行士を目指す。一七歳で一四歳の弟を亡くす。二〇歳で飛行士。『夜間飛行』等で、航空文学の先駆となる。四四歳で、飛び立った飛行機が未還、帰らぬ人となる。他に、『星の王子さま』。フランスの小説家、飛行家。

マーガレット・ミッチェル (Margaret Mitchel　一九〇〇～一九四九)

医学を志して入学した大学を、成績が思わしくないため、母の死を機にやめて帰郷。二二歳で結婚、二年で離婚。翌年再婚。翌年足を捻挫。家に引きこもることを余儀なくされ、かねてから考えていた小説を書き始める。およそ一〇年かかって完成したのが南北戦争を背景とするロマン長編小説、『風と共に去りぬ』。超ベストセラーとなり、国の内外に記録的な数の読者を獲得。「ピューリッツァー賞」受賞。三年後の映画化も大ヒット。生涯で発表したのはこの作品のみ。自動車事故で不慮の死をとげる。足の不自由な彼女が、酔っぱらいのタクシーに轢かれたためであった。

パブロ・ネルーダ (Pablo Neruda　一九〇四～一九七三)

生後二カ月で、母が死去、継母に育てられる。八歳頃から詩を書き始め、ガブリエラ・ミストラルに文学の手ほどきを受ける。文学に没頭してボヘミアン的な大学生活を送り、外交官となり、詩作。上院議員に選出されるが、権利を剥奪され亡命。おびただしい数の詩集を出版、駐仏大使の時、「ノーベル文学賞」受賞。チリの詩人。代表作『マチュ・ピチュの山頂』。

ミハイル・ショーロホフ (Mikhail Aleksandrovich Sholokhov　一九〇五～一九八四)

幼時に、父死去。革命とそれに続く内戦のせいで、中学四年までしか教育を受けていない。二三歳で、一部を発行、一四年の歳月をかけて、二〇〇〇枚に及ぶ大作『静かなるドン』を世に出した。最終巻発売時には、モスクワ市内の書店に前夜から長蛇の列ができた。トルストイに連なるリアリズム文学の継承者として、ソ連文学にゆるぎない地位を占めた。六〇歳の時、「ノーベル文学賞」受賞。

ウィリアム・サローヤン (William Saroyan　一九〇八～一九八一)

アルメニア系の移民の子。二歳で父を失い、家が貧しく、七歳まで施設で育てられ、中学を二年で中退、電報配達や新聞売り子など、さまざまな職業を転々とする。楽天的なユーモアと感傷の作品で愛好されるアメリカの作家。『人間喜劇』他。

リチャード・ライト (Richard Nathaniel Wright　一九〇八～一九六〇)

五歳の時、父が愛人を作って家出。病弱な母のもと、孤児院や親戚の家を転々としながら、貧しい少年時代をおくる。叔父が白人に殺されるなど、激しい人種差別の中で育つ。一六歳で最初の小説を書き、地元の黒人新聞に掲載される。『アメリカの息子』が爆発的に売れ、新しい黒人小説として高い評価を得る。アフリカで赤痢にかかり、五二歳の時に病死。二〇世紀アメリカの黒人文学の先駆者。晩年は俳句に凝り、約四〇〇〇句を書き、死後、俳句集『HAIKU(俳句)――この別世界』が出版された。英語俳句の大半が英語のリズムに合わせた自由律となっていった中、日本の俳句と同じように季語を用いて五七五の十七音節で句作した。

テネシー・ウイリアムズ(Tennessee Williams 一九一一～一九八三)

南部に生まれ、各地を転々とする不安定な青春時代を送り、さまざまな職業につき、いくつかの大学に籍をおきながら、作品を書く。一度ミズリー大学に入学、予備将校訓練隊入隊試験に失敗し、父の怒りを買い大学を中退。祖母の援助を受けて、ワシントン大学からアイオワ州立大学に移って作劇を学び卒業。最初の長編に失敗、また放浪生活。『欲望という名の電車』がブロードウェイで大ヒット。初日の舞台で、主演のマーロン・ブランドらは一六回ものカーテンコールに応えた。戦後の演劇界をリードする劇作家になったが、最後は麻薬とアルコール漬けで事故死。人間の願望と挫折を暴力と性にからませて強烈に描いた作品が多い。私生活ではゲイであることを公にしていた。『やけたトタン屋根の猫』他。アメリカの劇作家。

アルベール・カミュ（Albert Camus　一九一三〜一九六〇）

誕生の翌年、父戦死。母と兄で祖母のアパートに移り、二部屋に叔父も入れて五人でアルジェの貧民街で生活。母はほとんど耳が聞こえず極端に無口であったという。二〇歳で結婚したが、一年で離婚。自動車事故で、四六歳で急逝。「不条理」という概念を提唱。「ノーベル文学賞」作家。『異邦人』他。

アーサー・ミラー（Arthur Miller　一九一五〜）

アメリカのユダヤ系劇作家。高校卒業後さまざまな職業につき、ミシガン大学に入り、在学中に賞を得る。『セールスマンの死』では、息子に託した夢も破れて、保険金目当てに自動車を暴走させて死ぬまでを描く。前衛的な独特の文体で、性や神秘的思想を描写。マリリン・モンローと結婚してからは、劇作活動は衰えた。

ソルジェニーツィン（Aleksandr I. Solzhenitsin　一九一八〜二〇〇八）

誕生の半年前、銃の暴発事故で父が死去。スターリンについて不用意に言及した手紙が検閲でひっかかり、懲役八年の刑を受ける。強制労働収容所、囚人科学者の特殊刑務所で刑期の半ばを過ごし、政治犯だけの特別刑務所で雑役夫、石工、鋳工として働く。刑期が過ぎた時、「釈放せずに、南カザフへ永久追放すること」という行政措置を受け、三年ほど追放の身分となる。秘密に執筆していた作品、収容所の一日を描いた『イワン・デニーソヴィチの一日』を発表する。家宅捜査を受け、原稿の没収にあう。「真実へむかう道を阻むことは誰にもできないことであるし、その行動のためには、私は死をも受け入れる用意がある」と宣言、当局との対決姿勢を明らかにし、数々の公開状を発表。「ノーベル賞」受賞が決定したが、ソ連再入国ビザが拒否されることを危惧、欠席。一九七四年に再逮捕され、国家反逆罪のかどでソ連市民権を剥奪され、国外へと強制追放。アメリカで『収容所群島』全三巻を完成する。生涯は、父譲りの愛国心と母譲りのキリスト教への信仰心に彩られている。ソ連市民権が回復すると喜んでロシアに帰還した。

ジェームズ・ボールドウィン（James Arthur Baldwin　一九二四〜一九八七）

ニューヨークのハーレムに生まれ、父を知らずに育つ。高校卒業後、清掃員、皿洗い、ウェイター、雑用係と転々と職を変えながら文学に専念。アル中、麻薬中毒、暴力のるつぼと化したハーレムから脱出するべく、奨学金を得てパリに移り住み、デビュー作『山に登りて告げよ』を発表。以後、長編、評論集、戯曲等を次々と発表、白人に抗議する文学でなく、白人優位を無視する立場で、黒人文学に新生面を開いた。アメリカの黒人作家。

ウィリアム・スタイロン（William Styron　一九二五～二〇〇六）

一三歳の時、母死去。デューク大学卒業後、処女作『闇の中に横たわりて』でアメリカ芸術院ローマ大賞を受賞、注目される。『ナット・ターナーの告白』で「ピューリッツァー賞」受賞。『ソフィーの選択』はほぼ一年ベストセラーの座に座り続けた。寡作ではあるが、問題性を濃密に持った作品を着々と発表している。アメリカの作家。

エリ・ヴィーゼル（Elie Wiesel　一九二八～二〇一六）

両親、姉二人、妹と共に、家畜用貨車に詰め込まれ、ドイツ占領下のポーランド、アウシュヴィッツに連行され、父は飢餓による衰弱と赤痢で、母と妹はガス室で死亡。勉強好きで敬虔なユダヤ教徒だった少年エリは、ナチスの強制収容所で地獄の辛酸をなめた。解放された時一六歳の少年だった。ジャーナリストとなり、ホロコーストを黙認した世界に対する怒りの文学を書き続け、各地の人権抑圧反対運動の指導者となる。「ノーベル平和賞」受賞。代表作に『エルサレムの乞食』。「愛の対義語は憎しみではなく無関心だ。人々の無関心は常に攻撃者の利益になることを忘れてはいけない」。

ガルシア・マルケス（Gabriel Garcia Marquez　一九二八〜二〇一四）

母方の祖父母の家で生まれ、八歳まで祖父母の許で過ごす。大学で法律を学びながら小説を書き始める。新聞社の特派員としてヨーロッパに派遣されるが、新聞社が閉鎖され失職、パリで窮乏生活を送る。『百年の孤独』の原稿を出版社に送る時、送料が足らず、ストーブなどを売ってようやく送ることができた。これが中南米全体に旋風を巻き起こし、空前絶後のベストセラー、ロングセラーとなる。コロンビアの作家。「ノーベル文学賞」受賞。

アリス・ウォーカー（Alice Malsenior Walker　一九四四〜）

小作人一家の八人兄弟の末っ子。八歳の時、過って兄に空気銃で撃たれ片目を失明、これが原因で引っ込み思案の性格に。大学時代に中絶を経験、自殺未遂。この時の体験が初の詩集『かつて』に。エッセイ『公民権運動は何をもたらしたか』。短編『死んでたまるものか』で作家デビュー。一五年後、過酷な運命を愛の力で生き抜く黒人女性を描いた『カラーパープル』が「ピューリッツァー賞」と「全米図書賞」を獲得、スピルバーグ監督によって映画化され大ヒットした。反戦平和、公民権運動の闘士。アメリカの黒人女性作家。

スティーヴン・キング（Stephen King　一九四七〜）

二歳の時、父が家を出て、以後働き者の母に育てられる。七歳の頃から小説らしきものを書き始める。水道すらない家に住む貧乏暮らし、結婚してもそれが続くが、三一歳の時には、大富豪作家になっていた。『シャイニング』、『ショーシャンクの空に』、『スタンド・バイ・ミー』等、出版界、映画界で活躍。執筆作品の五〇作以上が、映画・ＴＶドラマ化されている、史上最も有名で多作な現代アメリカを代表する作家の一人。脚本家で、監督でもある。八〇年代の半ばに、以前からのアルコールに加え薬物依存になり、妻から「治療を続けるか家族と別れるか」の選択を迫られ、治療を選び、依存症を克服した経験あり。

6 〈美術〉

アントニ・ガウディ（一八五二〜一九二六）

カタルーニャ地方の都市、レウスに生まれた。父が銅板加工業を営んでおり、それが少年時代の彼に影響を与える。六才の時に、若年性関節リウマチを患い、病弱な体質で、レウス近郊のリウドムスにある別荘で療養しながら、自然観察に没頭し、生涯独身で過ごした。生来シャイな人であったが、二〇代後半、一度だけある女性に惚れ込んだ。相手はバルセロナ郊外のある町の学校の先生、ペピータ・モレウ。公園を散歩したら男性がみんな振り返るような素敵な女性であった。ガウディが彼女と知り合ったのは、彼女が最初の結婚の離婚手続きの最中で、当時のスペインの法律で離婚できるまでに五年が必要であった。彼は本気で結婚したいと考え、一途で、毎週日曜日には彼女の実家にご飯を食べに行っていたが、一度も好きですと言えなかったという。ようやく彼女の離婚の手続きが済んで、次の日曜日にすぐプロポーズしたとき、ほかの彼からもらった指輪を彼に見せたという。後半生を熱心なカトリック教徒として過ごした。遺体は、自らが全精力を注いだ「サグラダ・ファミリア」の地下に埋葬されている。

レオナルド・ダ・ビンチ（Leonardo da Vinci　一四五二〜一五一九）

実母と五歳の頃別れ、正式に結婚した父の家に引き取られてしばらく暮らす。父親の数度の結婚で、五人の形だけの母に育てられる。『モナリザ』、『最後の晩餐』他、厳しい写実と深い精神性を備えた不朽の名作を残す。生涯独身。

ミケランジェロ（Michelangelo Buonarroti　一四七五〜一五六四）

六歳の時、母死去。一歳の時から、大理石屋の妻である乳母の許で育てられる。少年時代、鼻を殴られ形が崩れる。一三歳で、徒弟となり彫刻を学び始める。入神の技を示した二三歳の時の作『ピエタ』、二九歳の時の『ダビデ』などの大理石像、絵画にシスティナ礼拝堂の大天井画、神罰の大旋風を描く『最後の審判』などを残す。サン・ピエトロ大聖堂の設計も手掛ける。人生の苦しみと不正への憤りを詩や書簡に書き残す。そのすばらしい遺作を一度でも見た人は、そこに人間の力の最大限の現れを感じ、美の偉大さに打たれるであろう。生涯独身。

ラファエロ（Raffarllo Sanzio　一四八三〜一五二〇）

八歳で母を、一一歳で父を失う。ヴァティカン宮殿の壁画、多くの肖像画、多くの聖母画を残したルネサンス期の天才画家。

ルーベンス（Peter Paul Rubens　一五七七～一六四〇）

若い頃に、父死去。一〇代で学校をやめ、ある屋敷に小姓として仕える。三〇〇〇点を越す作品の多くは、ミルクと血でできたような女を描いている。五三歳の時、一六歳の二度目の妻をめとる。

ドガ（Edgar Degas　一八三四～一九一七）

一三歳の時、母死去。好んで踊り子、競馬などを描く。フランス印象派の画家。

セザンヌ（Paul Cezanne　一八三九～一九〇六）

美校の入試に落ち、ついに美校を断念。その後も官展には長年落選が続いた。知人の援助で、晩年になってやっと入選する。後期印象派の巨匠。

クロード・モネ（Claude Monet　一八四〇～一九二六）

一二歳の時、母死去。学校嫌いで、読み書きと計算だけは何とか修得したが、それが、彼が学校で学んだすべてあった。教科書やノートにいたずら書きをしながら退屈な時間をやり過ごした。学校でちょっとした風刺漫画家となり、題材を町の著名人にまで広げていった。一五歳で、町の名士になりつつあった。一八七四年の出品作『印象　日の出』が「印象派」の語源となる。印象派最大のフランスの風景画家。

ロダン（Auguste Rodin　一八四〇～一九一七）

三年続けて美術学校の入試に落ちる。ミケランジェロに傾倒、生命力と量感にあふれた作風の大家として現代彫刻に大きな影響を与える。『考える人』他。フランスの彫刻家。

ルノワール（Pierre Auguste Renoir　一八四一～一九一九）

明るい色彩でパリ市民の生活や風景を描く印象派時代を経て、裸体を主とした情感豊かな色彩美を追求し、「色彩の魔術師」といわれた。晩年は、リューマチが悪化、車椅子を使い、ゆがんだ指に絵筆を結び付けて制作を続行。作品数は約六〇〇〇点にのぼる。フランスの画家。

ゴーギャン (Paul Gauguin　一八四八〜一九〇三)

誕生の翌年、父が船中で動脈瘤破裂で死去。一九歳頃、母親が死去。妻メットとは、三七歳頃、画家に転向したための悲惨な生活苦から別れ別れとなる。セイロン出身で一三歳の混血女アンナと二年間同棲。五〇歳頃、感染症の後遺症、心臓病、過度の飲酒、皮膚病に悩む。この頃の愛人パフラは一四歳。

ゴッホ (Vincent van Gogh　一八五三〜一八九〇)

牧師の子として生まれ、一六歳で働きに出され、ハーグ、ロンドン、パリと転々とし職を変える。結局は宗教に心を向け、ベルギーの炭坑で貧しい人々に奉仕活動を始めたがクビになり、絶望の中で絵を描くようになる。それから一〇年間、何百枚も描きあげたが、生前に売れたのは、一枚のみ。生活は献身的な弟テオの仕送りに頼った。娼婦たちにもてるゴーギャンへの嫉妬から、左耳の一部を切り落とした。一九歳の時に失恋し、その時欝病の徴候が現れたが、周期的に起こる狂気の発作に悩み、精神病院に自分から進んで一年間入った。最後には、農場の堆肥の山の陰で腹を打ち抜いて自殺。その天分が認められるには、死後一〇年以上の歳月が必要であった。ゴッホが女性の愛にもう少し恵まれていたら、恐らくもう少し長生きしたであろう。だがまた、絵筆をとることもなかったかもしれない。日本の画商が最近手に入れた一枚には、一二五億円の高値がつけられている。

グランマ・モーゼス（Anna Mary Robertson Moses　一八六〇～一九六一）

一二歳の時、家政婦として働きに出る。住み込みで一五年間働き、二七歳で結婚。一〇人の子供を生み、そのうち五人を赤ん坊のうちに亡くし、六六歳で夫と死別。病弱な娘を助ける生活の後、リューマチで刺しゅう針が持てなくなり、絵を描くようになる。本格的に絵を始めたその時、七五歳。八〇歳で初めての個展。一〇一歳で亡くなるまで現役で、素朴で暖かい田舎の風景を描き続け、約一六〇〇点の作品を残した。絵の価格は上昇しつづけたが、彼女の暮らし振りは変わらず、終生アトリエさえも持たなかったという。

エドヴァルド・ムンク（Edvard Munch　一八六三～一九四四）

七歳で母を、一四歳で姉を亡くし、自身も病弱で死の影に脅える青春の中、一七歳で、画家になることを決意。三九歳の時、愛人との間に短銃の発砲事件を起こし、左の薬指を失う。入院し、八カ月の間、疲労と飲酒からくる精神障害を治療。好んで、病患と死とを主題に選んだ。ノルウェーの画家。表現派の先駆。『叫び』他。生涯独身。

ロートレック（Toulouse Lautrec　一八六四～一九〇一）

少年の頃二度転倒して、両足の大腿骨を折り、ために生涯身体が不自由で、背は一五五センチ以上には伸びなかった。生きている間はあまり認められなかったが、死後、国際的な名声を得る。

フランク・ロイド・ライト（Frank Lloyd Wright　一八六七～一九五九）

一七歳頃父が去る。三三歳になる頃にはその建築スタイル、斬新な設計と技法が世に認められる。二〇世紀アメリカ最大の建築家。東京の「帝国ホテル」は彼の作品。

ピカソ（Pablo Ruiz Picasso　一八八一～一九七三）

言葉をしゃべり始める前に、絵を描くことを覚えたと言われている。生まれた時から、目にする父親はいつも絵を描いており、そういう父親の姿を見ているのが好きでその影響を強く受けた。絵のこと以外にはほとんど興味を示さず、アルファベットの順序を覚えることもできない有様で、教科書はどれも余白は絵で埋め尽くされていた。一三歳の時、父親は息子が自分より見事に鳩を描くことができるのを知り、自分の絵筆と絵の具を息子に与え、以後絵筆を取ることはなかった。ピカソは、終生、この父親を尊敬し、「男性を描くたびに父親を思い出す」と語っている。幼い頃に覚えた絵筆の動きは最後までほとんど途絶えることなく持続し、生涯に二万点を越える絵画作品を描いたが、この量は美術史上のあらゆる画家をしのぐものである。

ウラジミール・タトリン（Vladimir Evgrafovich Tatlin　一八八五〜一九五三）

二歳で母が死去、父がすぐ再婚。継母と折り合いが悪く、父ともうまくいかず、一八歳で家出し船乗りとなる。モスクワの美術学校に通い、パリのピカソを訪問、キュービズムのレリーフ彫刻に衝撃を覚える。ロシア構成主義の理論を創始。ソ連の画家、デザイナー、建築家。

バーナード・リーチ（Bernard Howell Leach　一八八七〜一九七九）

母と死別して、祖父母のいた日本で幼児を過ごす。一〇歳の時イギリスに帰り、美術学校で学んでいたが、高村光太郎との交流、小泉八雲の著作を通じて、思いがつのり、中退して日本に。何人かの人物との重要な出会いがあり、陶芸を学び、作陶を続けた。ロンドン、パリで作品展。たびたび来日し、渡米し日本の陶芸を紹介。『陶芸の本』は西洋における陶芸のバイブルとして読み継がれた。イギリスの陶芸家。

サルバドール・ダリ（Salvador Dali　一九〇四〜一九八九）

若くして母を亡くす。人妻ガラと一緒になり、父と決別。スペインのシュールレアリズムの代表的な画家。偏執狂的な異常な幻覚を古典的な手法で描く。

フリーダ・カーロ（Frida Kahlo　一九〇七〜一九五四）

六歳で小児麻痺、一九歳で全身骨折事故、二度の流産、母の死、三二回もの手術、それに片足の切断。亡命中のトロツキーとの恋など。すべての苦痛と苦悩を絵筆に転化。自由を愛したメキシコ美術界を代表する画家の一人。

ジャスパー・ジョーンズ（Jasper Johns　一九三〇〜）

生後間もなく両親が離婚、親戚を転々として育つ。ニューヨークで制作を始めるが、美術は独学に近い。二七歳の時、ニューヨークで初めての個展。絵画一八点と素描二点。そのほとんどが、今までモティーフに取り上げる人もなかった、およそ非美術史的な主題…旗や標的、数字などを丹念に描いたものだった。ほとんど無名に等しいジョーンズが、一夜にして有望アーティストとなっていた。アメリカの画家。

アンディ・ウォーホル（Andy Warhol　一九二八〜一九八七）

幼少期、シデナム舞踏病や緋色熱などに悩まされ、学校を休んだことで、友達も多くなく、孤独で、引きこもりの生活が続く。寝たきりで、両親と兄弟のいる家の中での生活、その時期に絵を描く機会を得たことで、芸術的なアイデンティティが生まれたと語る。両親はスロバキア系の移民で、熱心なカトリック教徒であった。一三歳の時、肉体労働者だった父が、死去。奨学金を利用してカーネギー工科大学へ。四年間絵画デザイン専攻で、「商業美術」に目覚める。「ポップ・アート」という新しい概念を導入し、革命的な運動を起こした人。銀髪のカツラがトレードマーク。ロックバンドのプロデューサーや、映画監督（六〇本）もして、様々な分野で、独自の作品を、精力的に、生み出した。「ポップ・アートの巨匠」。

7〈音楽家〉

バッハ（Johann Sebastian Bach　一六八五～一七五〇）

九歳の時、母父が相次いで死去。長兄の許に引き取られる。二二歳で結婚。四三歳の時、聖職会議との争い。四五歳の時、市参事会と対立。五一歳の時、校長エルネスティと争う。バロック音楽を集大成し、古典派音楽の基礎を開いた。バッハ一族は音楽家の家系で、ヨハン・セバスチャン・バッハは、その功績の大きさから「大バッハ」とも呼ばれる。又、J．S．バッハとも略記される。「音楽の父」。『無伴奏ヴァイオリン・パルティータ・シャコンヌ』他。

モーツァルト（Wolfgang Amadeus Morzart　一七五六～一七九一）

モーツァルト夫妻には七人の子どもが生まれたが、無事成長したのはマリーア・アンナとヴォルフガングだけであった。父親はザルツブルグの宮廷の副学長、作曲も行い、家では弟子にも教えていた。三歳の時から、姉の受けるレッスンに関心を示し始め、歌を口ずさんだり、鍵盤をたたいたりした。四歳になると演奏を習い、五歳には作曲を始めた。心から父に励まされ、音楽を覚えるのが早かった。六歳でヨーロッパ各地を演奏旅行して大喝采を浴び、一二歳でオペラを作曲した。モーツァルトの多くの曲には同時代の作曲家からの模倣の跡があることが、研究者によって指摘されているという。模倣された作品は忘れられ、モーツァルトの作品がはるかに素晴らしかったために残されたと言える。学校教育は全然受けておらず、六歳の時から父に操られて、金稼ぎをしていた。オーストリアの作曲家。

ベートーヴェン（Ludwig van Beethoven　一七七〇〜一八二七）

四歳頃から、飲んだくれの乱暴な父親にピアノを習い始める。父親はボンの宮廷に仕えるテノール歌手だったが大酒のみで評判であった。祖父がボンの宮廷楽長をしていて、彼の目標は祖父だった。父親が、息子のベートーヴェンをスパルタ式に虐待したのは、自分の父親への引け目からであった。その祖父が卒中で、眼前で死去。ついで結核で弱っていた母親が一六歳の時、死去。二二歳の時、父死去。三〇歳、耳疾を手紙に書く。この頃ジュリエッタに『月光』を献呈。三一歳、ハイリゲンシュタットの遺書。三二歳、ジュリエッタが伯爵と結婚。三五歳、テレーゼと婚約し、生活に必要な固定収入を得たら結婚すると暗黙の約束をする。三六歳、『ヴァイオリン協奏曲』初演。三九歳、婚約解消。彼女から等身大の半身像を贈られ、この油絵を自室に掲げ一生大切にする。何度も失恋。顔に、天然痘の痕。生涯独身。『交響曲第五番「運命」』、『〃第九番「合唱」』他。「楽聖」。

シューベルト (Franz Peter Schubert　一七九七〜一八二八)
一五歳の時、父死去。小柄。『菩提樹』、『野バラ』、『魔王』他、六〇〇余の珠玉の歌曲、交響曲『未完成』他を残す。腸チフスで死去。ロマン派の代表の一人。「歌曲王」。ドイツの作曲家。

ワーグナー (Richard Wagner　一八一三〜一八八三)
誕生後、半年で父死去。母親はすぐ再婚。八歳の時、養父死去。五〇歳の時、長年連れ添った妻がいたが、作曲家リストの娘で、ワグナーの弟子のハンス・フォン・ビューロの妻である二五歳のコジマと愛し合う仲となり、五六歳で結婚。相思相愛のおしどり夫婦となる。台本もすべて自作した。歌劇『さまよえるオランダ人』、『タンホイザー』、『ローエングリン』で前期ワグネリズムを完成。ドレスデン暴動に加担して亡命も。『ニーベルンゲンの指輪』等の楽劇によって、ドイツ・ロマン派オペラの頂点を築く。バイロイト楽劇場を建設。ドイツ最大の歌劇作曲家。

ブルックナー (Josef Anton Bruchner　一八二四〜一八九六)
幼時に、母を失う。重厚な作風で九つの交響曲、ミサ曲などを残す。オーストリアの作曲家。

サン・サーンス（Charles Camille Saint-Saens　一八三五〜一九二一）

出生時に、父を失う。二歳半でピアノを弾き始め、オルガンとピアノの名演奏家として知られ、作曲家としても、傑作、組曲『動物の謝肉祭』他を残した。四〇歳の時、一九歳の花嫁を娶ったが、二児を相次いで失い、夫婦仲が破局。五三歳の時、最愛の母を亡くし、大きな打撃を受け、以後は召使いと犬と共に暮らした。死去に際しては、アルジェのカテドラルで葬儀が行われた後、パリのマドレーヌ教会で国葬が行われた。フランスの作曲家。

チャイコフスキー（Peter Iryich Tchaikovskii　一八四〇〜一八九三）

一四歳の時、母がコレラで死去。二五年後に母の手紙の束を偶然見つけ出した時には、来る日も来る日も涙にくれていた。モスクワ音楽院の教授になったが、三七歳の時、結婚に失敗して自殺をはかり、スイスやイタリアを転々とした。たくましくハンサムで、あり余るほどの才能に恵まれていたものの、生涯を通じて神経衰弱で苦しみ抜いた。『白鳥の湖』、『ピアノ協奏曲』、『ヴァイオリン協奏曲』他。

プッチーニ（Giacomo Puccini　一八五八〜一九二四）

幼時に、父母死去。代々ルッカの大聖堂オルガニストの五代目で、一四歳にして教会のオルガニストとなり、宗教音楽家を目指す。一八歳の時、『アイーダ』を見て、ミラノ音楽院に入り、オペラ作曲家を決意する。『マノン・レスコー』、『ラ・ボエーム』、『トスカ』と次々に傑作を作るに至る。『蝶々夫人』の初演は大失敗に終わったが、一日で上演を打ち切り、その三カ月後、多くの部分を書き換えたものを再演し、大好評を得た。イタリア歌劇作曲家。

マーラー（Gustav Mahler　一八六〇〜一九一一）

夫婦仲の悪い両親の許で育ったために母親への愛着が強く、そのために中年になるまで恋はしても結婚できなかった。また一族には自殺したり精神を病んだりした人が多く、こうした面でも悩みを抱えていた。四一歳の時、二〇歳年下のアルマと結婚。一九世紀の大作曲家。『大地の歌』の他、九つの交響曲と多くの歌曲を残す。ユダヤ人。

シェーンベルグ（Arnold Shonberg　一八七四〜一九五一）

八歳でバイオリンを学ぶ。一六歳の時、父が他界し、実業学校を中退、銀行に勤めながら、アマチュア管弦楽団でチェロを弾いた。勤めていた銀行が倒産、音楽で身を立てることを決心する。「無調音楽」を体系的に作り上げ、「一二音技法」を発見する。オーストリア出身の作曲家。ユダヤ人。

アーヴィン・バーリン（Irving Berlin　一八八八〜一九八九）

ユダヤ人迫害を逃れて、ロシアからニューヨークに移住し、その三年後、八歳の時に、父が死去。ために、自活、自立を迫られ、八歳で新聞売りを始め、やがて、一六歳から歌うウェイターとなり、音楽に活路を見いだす。無学のユダヤ青年は、半世紀以上も第一線で活躍することになった。作った歌は一〇〇〇曲以上、黒人音楽、白人音楽を見事に混交し、独自の音楽を作る。ミュージカル『アニーよ銃をとれ』、映画の主題歌『ホワイトクリスマス』が大ヒットする。「第二のフォスター」。

ジョン・コルトレーン（John William Coltorane　一九二六〜一九六七）

祖父の許で少年時代を送る。一三歳の時、祖父と父が相次いで死去。小学校でクラリネット、教官の勧めでアルト・サックスに転向。二年間の兵役後、多くのバンドで活躍。一〇年の下積み生活を経て、マイルス・デイヴィス、セロニアス・モンクと出会い、モダン・ジャズの道へ。この年、「神の恵みによって精神的な目覚め」を体験。ゴールド・ディスクになった『至上の愛』は、最高傑作、ジャンルを越えて大きな影響を与えた。偉大なテナー・サックス奏者。

カールハインツ・シュトックハウゼン（Karlheinz Stockhausen　一九二八～二〇〇七）

三歳の時に母親が、精神を病んで入院、その数カ月後に一歳の弟が夭折するなど身内の不幸が続いた。一三歳の時母親が没し、一七歳で父戦死。戦災孤児となり、さまざまな仕事をしながら苦学。ピアノは六歳から。ケルン音楽大学で音楽学、哲学、文献学などを学ぶ。メシアンの現代音楽に感銘を受け、作曲家になることを決心、メシアンに師事。ケルンの放送局のスタジオで電子音楽の作曲に着手、世界で初めての電子音楽を作曲。最先端の技術を駆使して実験的音楽の制作に取り組む。指導を受けた作曲家は数多くいる。前衛音楽のリーダー。ドイツの作曲家。

8〈歌手〉

エンリコ・カルーソー（Enrico Caruso　一八七三〜一九二一）

母は苦労と貧乏のほか何も知らない貧農の妻であったが、二一人の子どもを生んだ。その内一八人に幼くして死なれ、そのためもあったのか、母はエンリコのためならどんな犠牲も惜しまなかった。一五歳の時その母が死去。それ以後どこへ行くにも母の写真を肌身離さず持ち歩いた。一〇歳の時に学校をやめさせられて、工場へ働きに出された。歌で生活できるようになったのは二一歳の時であった。魔術のようなカルーソーの美声は、単に神の賜物であっただけでなく、永年にわたる猛烈な訓練の成果でもあった。不屈の決意と不断の練習の結果だった。が、この不世出の大歌手は名声の絶頂にある時、突然四八歳で亡くなり惜しまれた。イタリアの伝統的（「ベルカント唱法」）テノール歌手。

ジョセフィン・ベーカー（Jpsephine Baker　一九〇六〜一九七五）

ユダヤ人を父に、黒人を母に生まれ、幼い頃、祖母に預けられた。母の許に帰った時、住まいは最下層の貧民街、一部屋だけのあばら屋であった。その頃受けた虐待の数々を彼女は生涯忘れることはなかったという。一三歳の時、ニューヨーク、コットンクラブのコーラスガールとなる。チャールストンを踊り、ジャズやシャンソンを歌い、リズミカルでコミカル、エキゾチックでセクシーなパフォーマンスで、パリのみならず、ヨーロッパ中に衝撃を与えた。国際的な名声を勝ち得た最初のアメリカ黒人歌手。

エディット・ピアフ（Edith Piaf　一九一五〜一九六三）

貧しいパリの裏町に生まれてすぐ、母に捨てられ、後には大道芸人の父にも捨てられ、祖母の淫売宿で育つ。少女の頃は典型的な不良であった。三歳で失明、七歳で奇跡的に回復。痩せて身長は一四七センチ、見かけはごく平凡で貧弱で、一〇歳の時から大道で父の芸のカネ集めのために帽子を回した。『バラ色の人生』で一躍世界的に知られ、各地を公演。ボクサーと恋に落ちたが、二年後、彼は飛行機事故で他界。交通事故、麻薬中毒、アルコール中毒などの不幸に見舞われつつも、『愛の賛歌』他のヒットを飛ばし、一方でイブ・モンタン、シャルル・アズナブール、ジョルジュ・ムスタキなど若手歌手とのスキャンダラスな男性遍歴を繰り広げた。その男性遍歴のすさまじさは神話的。ピアフは歌に自信があっても、容貌に自信がなかった。そして極端な寂しがりやだった。葬儀はパリで行われ、その日、埋葬された墓地に、四万人余りの市民がつめかけた。「シャンソンの女王」。

マリア・カラス（Maria Callas　一九二三～一九七七）

六歳で父の薬局が倒産し、一家離散。一三歳で母とギリシャに帰り、音楽を学ぶ。二五歳で五四歳の実業家メルギーニと結婚するが、大富豪オナシスの事実上の愛人となり、離婚。四年間に一七三回のオペラを演じ、一八人もの異なるヒロインを歌い分けた、「オペラ界の女王」。五三歳で心臓発作に襲われこの世を去る。

レイ・チャールズ（Ray Charles　一九三〇～二〇〇四）

七歳の時、視力を失い、一五歳までに父母を続いて失う。盲目、孤児、黒人であることを克服。ドラッグ問題、多くの女性との情事とドラマチックな人生を繰り広げたが、人種差別と戦い、慈善公演を重ね、ろう者のための財団を設立。ジャズ、R＆B、ポップスとあらゆるジャンルで魂の歌を歌う。一九五〇年デビュー以来、一七回のグラミー賞を受賞。和田アキ子から「神様」とあがめられている。アメリカを代表するミュージシャンの一人。

クインシー・ジョーンズ（Quincy Jones　一九三三～）

五歳の時、母が早発性の痴呆症になり入院、弟と共に父親に育てられる。小学校時代にトランペットを習い始め、一〇代でレイチャールズとバンドを組む。グラミー賞二七回受賞など、マルチタレントで、アメリカ音楽界の巨匠。高卒後すぐの結婚をはじめ、四回結婚。

エルヴィス・プレスリー（Elvis Aaron Presley　一九三五～一九七七）

双子の弟として生まれ、兄が生後まもなく死去。幼い頃から教会音楽に親しみ、一〇歳の時、歌で入賞。電気会社に就職、勤めながら録音。ラジオ番組に出演、熱狂的歓迎を受ける。最大手のレコード会社ＲＣＡと契約、二一歳の時、『ハートブレイク・ホテル』でデビュー。これは、五〇枚以上もある彼のゴールド・ディスク（一〇〇万枚突破レコード）の最初となる。三〇本以上の映画に出演、亡くなるまでに五億枚のレコードを売った。

ジョン・レノン（John Lennon　一九四〇～一九八〇）

五歳の時、父母離婚。叔父夫婦に育てられる。不良少年と呼ばれ、中学も満足に通っていないが、四歳半の時から、叔父から読み書きを教わっている。毎晩、新聞を教材に、一音節毎に読み方を習いそれを書き取るという方法で。そして、新聞のすべての見出しに目を通したという。叔父の家にあった全二〇冊の世界短編傑作集を何度も読み返し、特にバルザックを愛読。ルイス・キャロルの『不思議の国のアリス』がお気に入りで、何度も読み返し、ついには暗唱できるまでになっていたという。後に、エレキ・ギターに自分のすべてをそそぎ込んだ。「ビートルズ」のリーダー。凶弾に倒れる。日本や東洋文化に興味を持ち、禅宗や空の概念に強い好奇心を寄せていたが、二番目の妻になる小野洋子に一九六六年に出会う。一層思いが強まったに違いない、二人は意気投合した。アルバム『イマジン』は、一九七一年の発表。

リンゴ・スター（Ringo Star　一九四〇〜）

リバプールで最も柄の悪いティングルの貧乏長屋に生まれる。三歳の時、両親離婚。六歳の時、腹膜炎の手術を受け、一〇週間近く生死の間をさまよい一年以上病院生活。一三歳の時、母再婚。この年、肺炎になり二年間入院。一五歳の卒業の時、学校の誰一人リンゴの顔を覚えている者がいなかった。「ビートルズ」のドラマー。

ポール・サイモン（Paul Simon　一九四一〜）

一六〇センチの背丈、ユダヤ系の風貌に自信がなかった。小学校時代からの親友アートガーファンクルと、中学時代に一緒に歌い始め、練習を重ね、レコード化、テレビ出演までするが、別々の道を一度は歩む。曲折を経て、『サウンド・オブ・サイレンス』がある小さな放送局のＤＪに見出され、リクエストが増え始める。二人の絶妙のハーモニーがよく知られるようになったのは、映画『卒業』からであった。一度結婚するが離婚し、五〇歳の時、二四歳の女性と再婚。セントラルパークの二人のコンサートには、五三万人が集まった。ニューヨーク生まれ。

ポール・マッカートニー（Paul McCartney　一九四二〜）

一六歳の時、母が癌で亡くなる。母の代わりに彼はギターを手にする。「たぶん、ジョンや僕が若くして母を失ったことにも理由があるのかもしれない。失ったからこそ、ぼくらは何かに熱中せざるを得なかったわけだし、音楽に夢中になったからビートルズとして成功できたのだからね〈ザ・インタビュー毎日〉」。「ビートルズ」の主要メンバー。

ビリー・ジョエル（Billy Joel　一九四五〜）

七歳の時に、父が家を出たため、母に育てられる。四歳からピアノを弾き始め、一四歳の時に、「エド・サリヴァン・ショー」でビートルズを見て、音楽の道に進もうと決心。いくつかのバンドを経験し、ハリウッドのピアノ・バーで働くようになる。アルバム『ストレンジャー』はリリース早々、全米チャート二位に。ベートーヴェンとビートルズの影響を受けたというピアノは、大胆で活発なスタイルが特徴。

一方、歌の方は大胆さに繊細さが加わっている。アメリカのシンガー・ソングライター。

ボブ・マーリー（Bob Marley　一九四五〜一九八一）

父はジャマイカ駐屯のイギリス軍大尉、母は地元ジャマイカの人で、混血に生まれる。少年期、父母が別々に生活、母親との貧しい暮らし、一一歳で父が死去、母の再婚などがあり、その間、ゲットーと呼ばれるスラム街で過ごす。コーラス・グループを結成、創成期のレゲエを発展させ、アルバム『キャチ・ア・ファイアー』で、一躍世界的なスターになる。その後、レゲエはロック以来初めて誕生した新しいリズムとして広く認められることになる。「レゲエの神様的存在」。癌で、死去。

スティヴィー・ワンダー（Stevie Wonder　一九五〇〜）

盲目で生まれたというハンディを克服、アメリカのソウル、ホップ界の第一人者となる。豊かな声量と、甘い質の声で数々のグラミー賞を獲得。長年の人種差別、隔離に反対してきたが認められて、三五歳の誕生日に国連に招待された。「信じられないような誕生日の贈り物だ」と叫んだ後、「すべての人間は平等に生まれてきたはずだ」と語り、『自由の鐘』他を歌った。三〇曲以上のＵＳトップ一〇ヒットを放ち、計二二部門でグラミー賞を受賞、最も受賞回数の多いアメリカの男性シンガーソングライター、ミュージシャン、音楽プロデューサー、マルチ・インストゥルメンタリストである。

マドンナ（Madonna　一九五八〜）

六歳の時、母が癌で死去。一時祖母に預けられる。長女であったため、継母の子どもの世話をさせられる。ニューヨークに出た時は、ポケットには三五ドルしか入っていなかったが、一〇年後には世界の音楽史上最高の人気女性シンガーとなっていた。「クイーン・オブ・ポップ」。

ホイットニー・ヒューストン（Whitney Houston　一九六三〜二〇一二）

エンタメ業界で働く父とゴスペルシンガーの母親との間に生まれ、「ソウルの女王」アリーサ・フランクリンが名づけ親、まさに歌手になるために生まれてきたようなサラブレッド。ゴスペルクワイアに参加、十代の頃は母親からボーカルの指導を受け、一五歳で歌手として本格始動。七曲連続全米シングルチャート一位。六度のグラミー賞受賞。初主演映画『ボディガード』が大ヒット、彼女が歌ったサントラが一週間で一〇〇万枚、全世界で四二〇〇万枚をセールス。『オールウェイズ・ラヴ・ユー』はシングルチャート一四週一位を記録。しかし、五歳年下の男との結婚が因縁となる。夫の薬物依存は彼女に及び、下降が始まり一気に堕ちていく。二〇〇〇年には、ホイットニー自身が大麻所持の罪で起訴され、二〇〇四年にはアルコール依存症と薬物中毒でリハビリ施設に入所するという結果に。二〇一二年二月一一日（現地時間）、シンガーのホイットニー・ヒューストンが、四八歳でこの世を去る。世界各国のステージで大勢の観客を魅了した彼女の最後は、ホテルの一室で、寂しいものとなった。

マライア・キャリー（Mariah Carey　一九六九〜）

ベネズエラ系移民の父（アフリカ系ベネズエラ人とアフリカ系アメリカ人の血を引く、黒人）とアイルランド系アメリカ人の母（白人）の間に三人兄弟の末っ子として、ニューヨーク州ロングアイランドに生まれた。当時まだ受け入れられていなかったミックス人種として人種差別を受けたり、実姉に売春宿に売られそうなったり、薬物を飲まされるという過酷な幼少期を過ごした。マライアが三歳の時に両親は離婚している。後のインタビューや、自伝本でその頃からの生きる糧が音楽であったと度々語っている。この頃から自身で作曲や作詞をするようになった。シンガーソングライター、音楽プロデューサー、女優、慈善活動家。三五年以上の活動で、全米一位の史上最多曲作りの記録を持ち、一二個のギネス記録保持者。『ヒーローHero』の歌詞は、あなたの背中を押してくれる、「ヒーローはあなたの中にいる」。『恋人たちのクリスマス All I Want For Christmas Is You 』は、胸をときめかしてくれる、「クリスマスに欲しいのはあなただけ」。

9〈俳優・タレント〉

サラ・ベルナール (Sarah Bernhardt　一八四四～一九二三)

母は愛人生活を送った未婚女性であった。病気がちで肺結核を患い、成人するまで生きながらえるかどうか危ぶまれていた。一六歳の頃には修道女になる決心をしていた。「誘惑することこそ女性の属性」と考えていたサラは、女性の役割を実行するのに必要な手練手管こそ演技の本質であると考え、女優としてそして女神として疾走するように生きた。六六歳で三五歳も年下の男と恋仲になり四年間同棲。七〇歳で右足を膝の上から切る手術をし、なお片足で舞台に出続け、最後は国葬に付された。現在演劇界で最も愛されたフランスの名女優。

イサドラ・ダンカン (Isadora Duncan　一八七八～一九二七)

誕生前に父母離婚。音楽教師であった母の手一つで、姉と二人の兄と共に育てられる。この母に感化され、早くから「仕事」として家計を助けるために踊り始め、渡欧し、ロンドンで大成功を収める。古代ギリシャ風のスカートと裸足で踊る自由舞踏を編み出した。ドイツやソ連に舞踏学校を創設、奔放な恋の遍歴を繰り返した。試乗のオープンカーにスカーフが巻き付き、首の骨を折り即死する。アメリカのバレリーナ。

チャーリー・チャプリン（Charlie Chaplin　一八八九〜一九七七）

生後まもなく、アル中の父が家族を捨て、発狂した母は何度も精神病院へ収容された。五歳で初舞台。一〇歳の時、父死去。道端、孤児院、貧民収容施設を転々とし、青年時代には、床屋の職人、雑役夫、寄席の端役などの職を点々としながら生計をたてた。生涯に四度結婚。数知れない恋や浮気を続け、ハイティーンの女性を求めた。製作、脚本、監督、主演、作曲、編集を一人でし、綱渡り、ローラースケート等の曲芸、スタントをこなす。『独裁者』他、八〇本の映画を製作。服装に金をかけること以外の唯一の趣味は本を買うことだった。楽屋にはたくさんの本が並び、チャプリンは暇を見つけては本を読んでいた。ユダヤ人。「サイレント喜劇映画の王様」。

ヴァスラフ・ニジンスキー（Vasilav Nijinski　一八九〇〜一九五〇）

九歳の時、父が愛人と共に家族を捨てて去る。ロシアのバレエの主席ダンサーとして、数々の作品の主役をこなす。クラシック・バレエの伝統にとらわれることなく、斬新な技法、高度な芸術性で天才の評価を得た。二九歳で神経衰弱になり、ダンスを止め、後半生の三〇年間はスイスの精神病院で過ごす。

ロシア舞踊界の先駆者。

メアリー・ピックフォード（Mary Pickford　一八九三〜一九七九）

五歳の時、父死去。残された家族の生計を立てるために、子役となり初舞台を踏む。サイレント時代を通じて、トップ・スターとして君臨、「アメリカの恋人」と呼ばれた。身長一五二センチと小柄で、巻き毛がチャームポイントだった。アメリカの映画女優で、最初のスーパースター、愛くるしい美貌が特徴であった。「ユナイテッド・アーティスツ社」設立。カナダ・トロント出身。

マレーネ・デートリッヒ（Marlene Dietrich　一九〇一〜一九九二）

一〇歳の時、父死去。母の再婚相手もすぐ戦死。一〇〇万ドルの脚線美を『嘆きの天使』でさらす。ヒトラーの帰国を促す声に反発。ゲーリー・クーパー、ジョン・ウェイン、ジャン・ギャバンらが恋の相手。

クラーク・ゲーブル（Clark Gable　一九〇一〜一九六〇）

生後七カ月の時、母死去。一六歳の時、高校を中退しタイヤ工場で働き始め、二一歳で旅芸人一座に。

『或る夜の出来事』で、アカデミー男優賞。劇中披露したシャツの下に下着を着ないファッションが流行り、全米の下着の売り上げが激減する。三人目の妻キャロル・ロンバートが飛行機事故で三三歳で死去。『風と共に去りぬ』でレッド・バトラー役。

ジョーン・クロフォード（Joan Crowford　一九〇五～一九七七）

父が家庭を捨てたため、一二歳で全寮制の学校で働く。少女時代は貧困にあえぎうちひしがれており、いつも惨めな境遇にあった。ニューヨークに飛び出し踊り子となり、ＭＧＭに認められてスタート。四〇年に及ぶ女優生活で八〇本以上の映画に出演、第一線で活躍した。

ジョン・ウェイン（John Wayne　一九〇七～一九七九）

六歳の頃、父が破産寸前状態になり、又、肺を病み、アイオアの厳冬を避けカリフォルニアに引っ越す。一三キロの道を老馬にまたがり、小学校に通学。一一歳頃から、新聞配達、トラックの助手などで、小遣い衣服代を稼ぐ。アメ・フトで奨学金を得て、大学に進学。法学部に入って一年後、父母が離婚。撮影所でのアルバイトがきっかけで映画界に入る。『勇気ある追跡』でアカデミー主演男優賞受賞。『駅馬車』他。「西部劇の王者」。

ジーン・ハーロー（Jean Harlow　一九一一～一九三七）

九歳の時、父母離婚。母と共にハリウッドに移り、エキストラとなる。一六歳で駆け落ち結婚、連れ戻され、映画界に入ってから結婚した相手が自殺、翌年結婚するがすぐ別居と、悲運が重なった。ジーンの登場ではじめてブロンドがグラマーのシンボルとなった。二六歳の若さでのその死は、全米に衝撃を与えた。人気のあったアメリカのグラマー女優。マリリン・モンローが登場する前、彼女が知られていた。

イングリッド・バーグマン（Ingrid Bergman　一九一五～一九八二）

二歳で母、一二歳で父と死別。叔父に育てられる。少女の頃は極めて恥ずかしがりやで内向的であった。二二歳で三一歳の歯科医と結婚。一三年後、突然夫と子どもを捨て、ロベルト・ロッセリーニ監督の許へ走る。やがて別れ、八年後、ラルスと結婚。一二年後、別れる。結婚歴は三回。五児。約五〇年間に及ぶ女優人生を後悔なく演じ抜き、死の直前、「自分の豊かな人生に満足している」と語った。アカデミー主演女優賞を二度受賞。『カサブランカ』、『誰がために鐘は鳴る』、『ガス灯』、『凱旋門』他。スウエーデン人。

アンソニー・クイン（Anthony Quinn　一九一五～二〇〇一）

一一歳の時、父死去。学校にはほとんど行かず、祖母、母、妹を養う。一六歳で農園の責任者。運転手、肉屋店員、伝道師、ボクサーなどの仕事を転々、画家を志したこともある。二一歳の時に初めて映画に出演、下積みが長かったが、演技力が評価され、『革命児サパタ』、『炎の人ゴッホ』でアカデミー助演男優賞、『道』、『アラビアのロレンス』等に出演し、人気を決定的なものにした。六一年間に、三〇〇本の映画に出演。結婚三回、子を生んだ愛人三人、八〇歳を超えても子どもを作った。呼吸器不全で死去。メキシコ生まれ。

オーソン・ウェルズ（Orson Welles　一九一五～一九八五）

八歳で母を、一二歳で父を亡くす。ウィスコンシン州生まれ。父の遺産を元に、アイルランドに渡り、ダブリンで初舞台。二六歳の時、『市民ケーン』は初監督作で、主演も務めた。

グレゴリー・ペック（Gregory Peck　一九一六～二〇〇三）

五歳の時、父母離婚。父親に引き取られて祖母の許で育てられる。家計が苦しいことを知って医学部を中退、石油会社で働き、友人の薦めで舞い戻って、薬学部に。ボート部に所属したが、脊髄を痛めて、演劇部に移る。『アラバマ物語』でアカデミー主演男優賞受賞。『ローマの休日』他。第一七代アカデミー協会会長、ハリウッド俳優組合長等を歴任。品位にあふれた紳士的で優しい、温厚な人柄で、「アメリカの良心」と言われた。

ジュディー・ガーランド（Judy Garland　一九二二～一九六九）

幼時に、父死去。子役で主演デビューしたミュージカル『オズの魔法使い』が記録的な大ヒットとなり、アカデミー特別賞を受賞、一七歳で大スターの仲間入りをする。『虹の彼方に』がヒット。歌手ライザ・ミネリの母親。睡眠薬中毒、麻薬中毒、神経症の発病、精神病院入院、自殺未遂を繰り返したあげく、四七歳の時、バス・ルームで冷たくなっているのを五人目の夫に発見される。

マイヤ・プリセツカヤ（Maiya Plisetskaya　一九二五～二〇一五）

一二歳の時、父がスパイ容疑で銃殺される。ボリショイ・バレエ学校時代からその抜群のテクニックによって注目を集めていたが、権力者にへつらわなかったために、冷遇され、長いこと海外公演にも参加させてもらえなかった。しかし、屈することなく、自らバレエ制作に乗り出し、プロデュースし、主役を踊り、ボリショイ・バレエ団のプリマ・バレリーナとして、大評判を勝ち得ることになった。二〇世紀最高のバレリーナと称された。

マリリン・モンロー (Marilyn Monroe　一九二六〜一九六二)

父を知らずに育つ。七つになるまで里子に出され、その後、母と暮らすようになる。それも母が精神を病んで病院に収容されるまで。その後三年間、孤児院や養護施設を転々、一一歳から、母の友人の世話になり、親の愛情に恵まれずに育つ。秘書、ヌードモデルで自活。一六歳で工員と結婚。一九歳からモデル業。二〇歳で離婚。主演作がヒットするようになり、不幸な少女は不遇時代を乗り越え、銀幕のスターとなる。二七歳でジョー・ディマジオと結婚、三〇歳、アーサー・ミラーと結婚。いずれも失敗。時間にルーズなこと、うるさく電話をかけてくることなどで、ケネディーを悩ませた。ブロンドヘアとグラマラスなプロポーションで、コメディやミュージカル、歌、踊り、演技を通して、かわいらしい色気をふりまき、格別の人気があった。何回か自殺未遂をはかり、ついに睡眠薬自殺。全裸死体で発見された。ロサンゼルス生まれ。

ピーター・フォーク（Peter Falk　一九二七～二〇一一）

三歳の時、悪性腫瘍で右目を摘出。ポリオで障害を持つマイク・ホラハンが生涯の友。学校では、スポーツ他で中心的な存在。海兵隊のコック見習い等を経て、二八歳の時、商船を降り、俳優を志願。独特の演技ではまり役の『刑事コロンボ』他で、エミー賞を五回受賞。最初の妻と離婚後、五〇歳の時二二歳年下のシェラと道で出会い、後に結婚。

オードリー・ヘップバーン（Audrey Hepburn　一九二九～一九九三）

五歳の時、両親離婚。母とオランダに渡る。九歳から終戦の一五歳までアンネ・フランク同様の生活を送る。二〇歳、一人でロンドンに向かう。バレーで挫折、ミュージカルの端役でスタート。二三歳、『ローマの休日』でアカデミー賞受賞、世界的スターとなる。ベルギー人。

ジェームス・ディーン（James Dean　一九三一～一九五五）

厳格なクエーカー教徒の家庭のひとり息子として生まれる。九歳の時、母が癌で死去。父とも別れ、農場を営む叔父夫婦に育てられる。『エデンの東』等に主演。デビューしてわずか一年で、二四歳の時、自動車事故で死去。

エリザベス・テーラー（Elizabeth Taylor　一九三二〜二〇一一）
ユダヤ人。裕福な家庭に育ち、バレーの練習等を始め、一一歳の時、ＭＧＭのプロデューサーがその美しさに惹かれ『家路』に出演させたことで映画界の女王となった。『クレオパトラ』、『熱いトタン屋根の猫』他。八回の離婚。「二〇世紀のクレオパトラ」。

ソフィア・ローレン（Sophia Loren　一九三四〜）
未婚の母に生まれ、苦しい少女時代を過ごす。戦後、美人コンテストに入賞して映画界に入るが、下積みが長かった。『ふたりの女』で、それまでのグラマー女優から、苦悩を表現できる演技派へと変身、アカデミー賞主演女優賞受賞、一気に国際的大スターになった。『ティファニーで朝食を』のヘップバーン、『草原の輝き』のナタリー・ウッドを押さえての受賞であった。他に、『ひまわり』等。料理好きで料理の本も出している。イタリアの映画女優。

シルヴェスター・スタローン（Sylvester Stallone　一九四六〜）
イタリアからの移民の子で、貧民街で育ち、離婚した母親が開いたボクシング・ジムでトレーニングに励んだ。モハメド・アリとチャック・ウェプナー戦を見て感動、アル中の無名のボクサーが一五ラウンド戦い抜くという筋立ての脚本を三日半で書き上げ、映画会社に売り込んだ。翌年、初の自作自演の映画『ロッキー』が公開され、大ヒット。アカデミー賞の作品賞と監督賞を受賞した。

マイケル・フォックス（Michael J. Fox　一九六一〜）

一二歳児の子役の募集に、一六歳の高校生の時、演劇部の先生から、応募を勧められ、カナダのテレビドラマの世界に。さらに高校を中退して、ハリウッドに。同年代の女性よりもはるかに低い身長であったが、独特の童顔、ひるまない楽天的な性格、ユーモア感覚とアドリブで、観客を笑わせる人気者、全国区のスターに。スティーヴン・スピルバーグの『バック・トゥ・ザ・フューチャー』で、世界的な人気を博す。スーパースターになったが、二九歳で不治の病パーキンソン病に。父親はその知らせ聞き、一夜にして亡くなり、この日以降彼は別人に。不治の病の前では、お金は何の役にも立たなかった。妻の涙に気を取り直し、人生を取り戻すことを決心。その後も、悪化は進み、闘病七年後、「すべての問題は、認めてこそ初めて克服できる」と、世の中にこれを発表。パーキンソン病のための財団設立、研究費として二一〇〇億円を投じる。病魔に屈せず、無気力にならず、病後三九年以上になるが、最前線に出て地道な活動をしている。

トム・クルーズ（Tom Cruise　一九六二～）

アイルランド・イングランド・ドイツ等の血を引く両親の間に、ニューヨーク州で生まれる。七歳の時、難読症と診断され、学習障害（ＬＤ、失読症）つまり書かれた文字を読む上での障害持ちで、イジメにもあい、一二年間で一五回転校。一二歳の時に両親が離婚、母親の方についてアメリカやカナダ各地を転々、経済的に苦しい生活を送る。そんな学生時代、芝刈りやクリスマス・カードの訪問販売をして家計を助ける。高校時代はレスリングの選手で、本気でプロを目指していたが、膝の怪我でチームに居られなくなり、演劇部へ、そこから俳優に転向。『エンドレス・ラブ』で銀幕デビュー、一九八六年『トップガン』でトップスターに、次々にヒット作に出演。アカデミー賞主演男優賞受賞、助演男優賞にノミネート等、名実ともに一流俳優として、不動の地位を手に入れた。また俳優トムだけでなく、敏腕プロデューサーとしても活躍。親日家で、特に他の俳優に比べても来日回数が多い。

ジュリア・ロバーツ（Julia Roberts　一九六七～）

幼時に、父母離婚。一〇歳の時、父病死。演劇塾を開いていた両親、舞台に出ていた兄、姉を見て育つ。ホイットマンの『草の葉』を愛読。高校卒業後ニューヨークに出てモデル業。オーディションを受け映画界へ。『プリティ・ウーマン』など、演技力と魅力で人気を博す。女優史上最高額二五億円の出演料となった『エリン・ブロコビッチ』で、アカデミー賞主演女優賞受賞。ジョージア州生まれ。

10〈芸能・他〉

S・ゴールドウィン（S. Goldwin　一八八二～一九七四）

幼い時に両親を失くし、孤児となる。少年時にロンドンを経てニューヨークに渡り、手袋のセールスマンから始まり、一八歳の時に貯金を元手に映画プロダクションを設立。「ＭＧＭ」のオーナー。ポーランド生まれのユダヤ人。

ココ・シャネル（Coco Chanel　一八八三～一九七一）

愛人の子として生まれ、幼くして母死去。妹と共に父親に捨てられ、孤児院で七年の歳月を過ごす。この時代に裁縫の技術を取得したと言われる。その妹が一五歳で死去。二七歳で帽子店、三二歳で高級洋装店を開く。ジャージーを素材にまったく新しいドレスで成功を収め、シャネルの黒、シャネルの膝下の丈、女性初のパンタロン、香水シャネルの五番、一九番などを続々と発表、世界一金持ちの女となる。最愛の男、アーサー・カペルが自動車事故死。その後も数々の有能な男と関わる。六〇歳の時の愛人は、三〇歳年下であった。通称となったココは孤児院を出てから働いたキャバレー時代の源氏名と言われる。七一歳の時、シャネル・ルックが世界を制覇する。

ジョン・フォード（John Ford　一八九五～一九七三）

一三人兄弟の末っ子。小学校で評点一を幾つももらう。九歳の時、ジフテリアで七カ月間寝たきりになり一年間休学。二二歳で九本の映画を作る。『駅馬車』他。

セルゲイ・エイゼンシュテイン（Sergei Mikhailovich Eizenshtein　一八九八～一九四八）

少年時代に父母が離婚、母が家を出る。二七歳で、映画史上屈指の名作『戦艦ポチョムキン』を完成。『イワン雷帝』他。映画芸術に大きな影響を与えた、ソ連映画の開拓者。

ヒッチコック（Alfred Hitchcock　一八九九～一九八〇）

一五歳の時、父死去。父親はカトリックの厳格な信者で、しつけが厳しく、この父に留置所入りを経験させられたと言われる。父の死後、一〇代の半ばで働きに出る。『裏窓』、『サイコ』他。「スリルとサスペンスの巨匠」。

ウォルト・ディズニー（Walter Elias Disney　一九〇一〜一九六六）

二一歳の時、フィルム会社を設立、契約を交わした配給業者の倒産により、企画が頓挫。女の子とアニメとの共演の企画もうまくいかず、会社が倒産する。しかし、ウサギを主人公にしたアニメ・シリーズの制作を打診された時が、転機となる。契約更新の折、一人を除く他の同僚が交渉相手に寝返り、不利な条件で再契約を迫られてしまう。出直しを決意、屈辱を経験した同じ年に生まれたのがミッキー・マウスであった。制作は裏切った相手には気づかれぬように進められた。「ディズニーランド」を開園、広範な娯楽産業を展開した、活力旺盛な事業家。四人兄弟の末っ子。

クリスチャン・ディオール（Christian D'or　一九〇五〜一九五七）

父親の事業の倒産、母親の死をきっかけにパリに出る。ファッション・デザイナーの仕事は美しくエレガントな、亡き母親の姿を追い求めていた心の現れであったという。フランスの名デザイナー。

エリア・カザン（Elia Kazan　一九〇九〜二〇〇二）

ユダヤ系ギリシャ人。四歳の時、両親と共にトルコの圧政を逃れて、アメリカに移住。『エデンの東』、『草原の輝き』等、心にしみる名作を残した映画監督。

スティーヴン・スピルバーグ（Steven Spielberg　一九四七〜）

ロシアから移住して来た、ユダヤ系のアメリカ人の三代目。少年時代は、やせっぽっちのいじめられっ子であった。両親が始終言い争いをし、家の中に冷たい風が吹いていていたためか、カメラに熱中、一〇代になって間もなく、父の八ミリカメラを専用するようになる。四分間の西部劇を作ったのは一二、三歳の時。その頃映画監督になりたいと思うようになる。高校時代に一五本以上の短編を作る。一六歳の時、初の長編。処女作の主人公は、六五歳のジョーン・クロフォード。この年、両親離婚。二〇歳の時、才能を見込まれ、七年間の映画監督の契約を申し込まれる。最初の名作『激突』は二三歳の時の作品。二年後、二六歳で劇場用映画監督に起用され、『ジョーズ』で、スーパー・フィルムメーカーとなる。『未知との遭遇』、『ＥＴ』など、片親しかいない子どもの物語で、家族がばらばらになる悲しさ、寂しさと、一家団欒への憧れが見られるが、これは少年時代の思いが映像化されたものと言える。二〇一八年、総興行収入が一〇〇億ドル(約一兆七二八億円)を超えた初めての映画監督となった。

クエンティン・タランティーノ（Quentin Tarantino　一九六三〜）

一六歳のシングル・マザーの長男として生まれる。カリフォルニアで映画を子守歌代わりに育ち、学校は高校一年でドロップ・アウトする。ビデオ・レンタル店で店員をしながら脚本を書き、一六ミリの短編映画を撮っていた。処女作『レザボア・ドックス』で一躍人気ナンバーワン若手映画監督に、第二作『パルプ・フィクション』でカンヌ映画祭パルム・ドール賞（グランプリ）、翌年アカデミー賞でも最優秀脚本賞を受賞するなど、監督として第一線にいて、その特異な風貌を生かして俳優としてもひっぱりだことなっている。脚本に、『ナチュラル・ボーン・キラーズ』他。監督第一〇作目は、映画『スタートレック』で、引退作になる見込み。アメリカの映画監督、脚本家、俳優。

11 〈スポーツ〉

ヘンリー・スタンレー（Henry Morton Stanley　一八四一〜一九〇四）

非嫡出子のため親に捨てられ、六歳まで祖父に、その後は救貧院で育てられる。一八歳でまだ見ぬ父を追ってアメリカに渡り、商人の養子となる。行方不明のリビングストンをアフリカで捜し、その後を嗣いで、総勢三五六人でアフリカ奥地探検、大陸横断、ナイルの源流発見、探検記の出版などする。イギリスの探検家。

ピアリー（Robert Edwin Peary　一八五六〜一九二〇）

三歳前に、父死去。一人っ子で母からは過保護に育てられる。きわめてつき合いにくい性格に育ちあがった。「限られた友人間で名を知られるだけの生涯に甘んじたくない」と宣言。ピアリー率いる遠征隊が人類初の「北極点到達」を成し遂げたのは一九〇九年四月六日のことである。足指を八本まで凍傷で失うが泣き言一つ漏らさなかった。ペンシルヴァニア州生まれ。

ネイスミス（James Naismith　一八六一～一九三九）

九歳の時、両親を失い、叔父の許で育てられる。最初、キリスト教伝道の道を志した、体育教師。若者の心を成長させる手段としてのスポーツ、冬期間に天候にかかわらず行える青少年の運動欲求を満足させる室内競技として、「バスケットボール」を考案。カナダ、オンタリオ州生まれ。

ベーブ・ルース（George Herman Ruth　一八九五～一九四八）

メリーランド州で最大の海岸都市ボルチモアで、貧しい家庭に生まれる。母親が病弱（ルース一五歳の時に結核で亡くなる）、父親は居酒屋の仕事で忙しかったが、九人の兄弟姉妹の中で、幼少期を生き抜いたのは、ルースと五歳年下の妹だけ。ルースは、七歳にして非行に走り、両親はお手上げ状態になり、ついに全寮制のカトリックの更生施設兼孤児院に送りこまれる。一二年間過ごすことになったその施設で、一生父のように慕うことになったのが、有能な野球選手でもあった、教官を務めていたマシアス神父で、「育ての親」となった。神父は大変な美男。ルースは、それまでに経験したことのない威圧感と畏怖の念を覚える。二三歳の時に、ルースの父親は、経営していた居酒屋の客同士の喧嘩に巻き込まれて命を落としている。メジャーリーグを今の地位に押し上げた第一人者、「野球の神様」。

ジョー・ルイス（Joe Louis　一九一四〜一九八一）

幼時に父を失い、母は連れ子をして再婚。この母と義父の感化で、後に世界チャンピオンとなる素質を築いた。ルイスはフォードの自動車工場で働きながら、アマチュア・ボクシングを始め、プロに転向。名トレーナーのジョー・ブラックバーンによって磨かれ、大プロモーター、マイク・ジャコブスに見出され、世界の王座に君臨。世界ヘビー級のタイトルを二五回防衛した。「しかしわたしはすべてそれらの誘惑をはねのけることができた。毎朝かならず五時には起きて、人影まばらな道路を走った。酒やタバコにはまったく手を出さず、ひたすらトレーニングに身を打ち込んだ。もし長期にわたっての私の勝利に秘訣があるとすれば、それはまさにこれらの日々の生活の規則正しさにあったと言えよう」。アメリカのプロボクサー。

ピート・グレイ（Pete Gray　一九一五〜二〇〇二）

六歳の時、列車から振り落とされ、腕の付け根だけ残して右腕を切断される。ハンディキャップを克服するために、涙ぐましい訓練を続け極端に指が短い、革だけのようなグローブを使って、「片腕の強打者」として、ついに大リーグ入りを果たし活躍する。

ジャッキー・ロビンソン（Jackie Robinson　一九一九〜一九七二）

生後六カ月の時に、父が失踪、母が五人の兄弟を女手一つで育てる。末っ子。ＵＣＬＡで、走り幅跳び、バスケット、フットボール、野球にスーパースターぶりを発揮。士官学校に入り、陸軍中尉に。戦後大リーグ入りし、ナショナル・リーグの首位打者とＭＶＰに選ばれる。当時、黒人が大リーグに入るなど考えられなかっただけに、ロビンソンの大リーグ登場は、社会的大事件となった。黒人選手として初の野球殿堂入りを果たす。

エミール・ザトペック（Emil Zatopek　一九二二〜二〇〇〇）

貧農の家に生まれ、地元のバター工場やクツ工場で働きながら中学を卒業。一九歳頃から長距離で注目されるようになる。陸軍に入隊、陸軍陸上クラブで訓練。腕をだらりと下げ、荒い息づかいで走る姿は蒸気機関車を思わせた。ヘルシンキ・オリンピックで、五〇〇〇、一万メートル、およびマラソンで優勝、世界を驚愕させた。オリンピックで四個の金メダルを獲得、「人間機関車」と呼ばれたチェコの長距離走者。

イビチャ・オシム（Ivica Osim　一九四一～二〇二二）

ボスニア・ヘルツェゴビナの首都サラエボの労働者居住区グルバビツァのオシム家、一男一女の長子。居住区では娯楽も物資も殆ど無く他の住民も似たり寄ったりの生活で必然的にサッカーが子供の遊びとなりイビチャ少年も靴下を丸めたものをボールに見立て路上でゲームをして遊び、本物のサッカーボールを叔母から贈られ大感激する。学校の体育教師がサッカー狂だった。自身について「今で言うマルチカルチャーな環境で育った」という。父方の祖父母はドイツ系で、母方は祖父がポーランド人、祖母はチェコ人である。少年時代から所属したジェリェズニチャルも、ボスニアに住む諸民族が一緒くたにプレーしている環境であった。二〇〇三年ジェフ千葉監督に就任。二〇〇五年ジェフ千葉Ｊリーグ優勝。二〇〇六年日本代表監督に就任。通算二〇試合一二勝五分三敗。二〇〇七年一一月千葉県内の自宅で脳梗塞で倒れ、緊急入院。奇跡的に一命を取り留め意識も回復。しかし、監督を続けられる状況ではなく退任。監督に就任したクラブチームすべてにカップ戦のタイトルをもたらした。心臓が悪かった。健康の為に汗をかこうと、どんなに暑くても長袖を着ていた。

アーサー・アッシュ（Arthur Ashe　一九四四～一九九三）

七歳の時、母死去。人種差別に遭いながらもテニスを志し、ＵＣＬＡに進学。一九六八年に全米オープン優勝、一九七五年には黒人選手で始めてウィンブルドンの覇者となる。引退後、一九八一年からはデ杯（デビス・カップ）監督としてアメリカを二年連続優勝に導いた。人権擁護運動などの活動家として有名。輸血によるエイズ感染を公表。以後、エイズ撲滅財団を設立して活動中、一九九三年、四九年の生涯を閉じる。

ジム・アボット（Jim Abbot　一九六七〜）

サリドマイド児で、生まれつき右手首から先がなかったが、五歳から野球を始め、高校で一塁、外野手。ミシガン大学時代、通算二八勝三敗。ソウル・オリンピックではアメリカ・チームの主力投手として金メダルを獲得。ドラフト一位でエンジェルスに入団。新人投手として、左腕一本で一二勝。一九九三年九月、ニューヨーク・ヤンキーズで八人目の完全試合ノーヒットノーランを達成。左手にはめたグラブでボールを受けると、すばやくグラブを右腕の先端に乗せ、左手でボールを握り代えて投球。投げ終わると、またすぐに左手にグラブをはめて打球に備えた。この「アボット・スイッチ」は、日米大学野球の試合を見に来ていた日本の野球ファンを瞠目させた。

オクサナ・バイウル（Oksana Vaiul　一九七七〜）

二歳の時、父が家出し、一三歳で母を癌で失った。一六歳でリレハンメル五輪（一九九四）フィギュア・スケートで「女子シングル女王」となる。「彼女は泣きながら滑り、滑りながら泣いた」と当時のコーチはその時の様子を語る。ウクライナ出身で、アルベールビル大会男子シングルで金のペトレンコ等の援助でスケートを続けてきた。振付は「世界一貧しい振付師が、無償で考えた」と言う。演技を終えたバイウルの目から大粒の涙がこぼれた。前日の練習中に他の選手と衝突、右足のスネを三針縫い、背中も打った痛みがよみがえったためだったかもしれないが、得点が表示されると、激しく泣き崩れた。ウクライナ独立後初の五輪王者として同国の歴史に名を刻んだ。

12 〈宗教家〉

モーセ（Moses　前一二〇〇?～?）

イスラエル人の男子は、当時エジプト王の命令で、生まれるとすぐ殺されていた。ために、母はモーセを葦の籠に入れてナイル川に流したが、エジプト王の娘に拾われ、王子として育てられることになった。『旧約聖書』に現れるモーセは、古代イスラエルの民族指導者。ユダヤ教・キリスト教・イスラム教の中で、象徴的な預言者の一人。「出エジプト記」は、モーセがユダヤ人（イスラエルの民）を率いてエジプトから脱出する物語。エジプトのファラオのもとで奴隷のように虐げられていたユダヤの民を救う使命を、神から受けて、約束の地カナンを目指す。その後四〇年、民とともに荒れ野をさまよう。その過程で授かったのが、神の声「十戒」であった。

釈　迦（Gautama Buddha　前四六三～前三八三）

生まれて七日目に、母死去。一七歳で結婚。二九歳で出家。三五歳で悟りを開く。さまざまな迫害や嫌がらせにも遭うが、信念を揺るがすことなく、四五年間にわたって、「人間が煩悩や老いや、病や死の苦しみから救われる道」を説く。「仏教」開祖。

イエス・キリスト（Jesus Christ　前六/前四頃～三〇頃）

父ヨセフが、早くに死去。前半生は不明。三〇歳頃家を出て、ヨハネに悔い改めの洗礼を受ける。この時、自分の使命を感じ、救世主であることを自覚。神の国の来臨の近いことを告げ、ユダヤ民族の悔い改めを迫り、神の意志に従うべきことを勧めるようになる。神は、慈悲深い父で、人間は皆同胞として相愛すべきこと、一切の偽善を排し、正義と愛とを徹底させるべきことを説いて歩く。三三歳頃、両手足を釘付けにされ刑死。ユダヤ人。「キリスト教」開祖。

パウロ（Saint Paul　前六～六七）

回心の後、最も熱心なイエスの弟子となり、伝道に献身する。「イエスが三日後に復活し、十字架の上の死が実は人間の贖罪のための犠牲であった」という教えを確立し、それを広めることによって、キリスト教の発展の基礎を築いた。ローマで殉教。生涯独身。

法　顕（ほっけん　三三八～四四二）

一〇歳の時、父死去。やがて、母も死去。三人の兄がいずれも幼時に亡くなり、父がこれを恐れ、三歳の時に得度させる。求める夢を果たすために、六〇歳という高齢を省みず、仲間と連れだって長安を離れ、天竺に向けて、戒律を求めて旅立つ。前後一四年に及ぶ求法の旅を終え帰国した時には、七〇歳半ばを越えており、その後は、持ち帰った仏典の翻訳に従事する。

天台大師（智顗）（てんだいだいしちぎ　五三八～五九七）

一七歳の時、父母が兵刃の露と消える。翌年、兄の反対を押し切って出家。『禅門修証』一〇巻は禅の修行と悟りを説いたもので、大師三〇余歳の時の著作。その要略で、弟子浄弁が書き記したと言われる『天台小止観』を大師の兄が読んで実践、死の恐怖を乗り越えたという。『天台小止観』では「人間にとって一番大切なことは、『感情を波だたせないこと』と『思考力を正しく働かせること』つまり、止と観という二つの機能を正確に操作することにつきる」と主張。「心と体の調節法」の実際的練習法を、一〇章にわけて丁寧に説明している。いつでも、どこでも、なにものにもほほえめるような人になること、それは決して不可能なことではないとしている。天台山（中国、浙江省）に入山したのは三八歳の時。全一〇巻の大叙述『摩訶止観』は五六歳の時の撰述。「天台宗」開祖。

ムハンマド（Muhammad　五七〇〜六三二）

誕生数カ月前に父死去、六歳で母死去。八歳で養育にあたった祖父死去。天涯孤独の身となる。二五歳で四〇歳の二度の離婚歴を持つハディージャと結婚。四〇歳頃、ヒラーの洞穴で瞑想を続け、唯一神アッラーから選ばれた者であることを自覚。神の前で裁かれる最後の審判の日が来ること、行動を伴わない単なる信心は無意味であることなどを人々に強く説き始める。「イスラム教」開祖。

玄奘三蔵（げんじょうさんぞう　六〇〇〜六六四）

一〇歳の時、父死去。翌年から寺住みの身となる。一三歳で得度。一〇数年遊歴、至る処の大徳の門を叩くが、満足な解答を得ず。二六歳の時、インド行きを願い出るが、断わられること数度、ついに国禁を犯して長安を後にする。教義上の疑義の究明、梵語経典の獲得、聖地巡拝を目的に、宿願成就までは国に帰らぬ「不東」の二文字を胸に秘めての旅立ちであった。途中極寒極暑のタクラマカン砂漠、厳冬の天山山脈を越え、インドに入る。出発より一六年後、インドの王ハルシアが、金貨三〇〇〇枚、銀貨一万枚、象一頭と、特使四人に途中の国々への手紙を持たせ国境まで送り届け、玄奘は無事、経典仏像と共に戻って来る。帰国後、持ち帰った経典の翻訳に従事、七四部一三三八巻を中国語に訳出。唐の大宗は密出国の罪を許し、代わりに詳細な報告書を提出するように求める。これに応えて日記を基に『大唐西域記』一二巻を著した。

ルター（Martin Luther　一四八三～一五四六）

貧しい父の血の出るような学資で大学に進み、その大学に戻る途中、隣にいた友が雷にうたれて命を失うのを目撃。恐怖に襲われ、土砂降りの中で大地にひざまずき、回心。「私は修道僧になります」と誓う。免罪符の販売を告発、破門され、死刑必至となるが、一年後に民衆の英雄として再び登場、宗教改革の指導者となる。「神の義は行いによらず、ただ信仰によって恩恵として与えられる」というパウロの確信を自分のものとし、キリストの福音の神髄を再発見する。「ルーテル教会」の教義原理は、一〇〇巻の彼の著書に基づく。聖書を新訳、旧約共にギリシャ語、ヘブライ語から直接に訳し、その普及は驚異的で、ゲーテ、シラー、ニーチェなども絶賛するほどの名訳であった。また、自ら三〇余編の賛美歌も作る。生涯、胃弱、便秘、腎結石、痔疾を病む。僧職者の独身解除を唱道。

イグナチウス・デ・ロヨラ（Ignatius de Loyola　一四九一～一五五六）

バスク地方（フランスとスペインにまたがる北側が海に接する地域）にあるロヨラ城で一三人兄弟の末っ子に生まれる。七歳の時に母を失う。三〇歳の時、被弾、瀕死の重傷、足が不自由になる。病床でキリスト伝、聖人伝を読み、「聖人たちの模範に習いたい願望」が、神からの働きかけであると確信。終生貞潔の誓いを立てる。「イエズス会」創設。その初代総会長。

ザビエル（Francisco Xavier　一五〇六～一五五二）

一〇歳の時、父死去。東洋伝道のためインド、マラッカなどを遍歴。わが国にキリスト教をもたらし、鹿児島、豊後、山口、博多、京都等の地で伝道、二年三カ月滞在する。〈ザビエルがローマに送った一五四八年の書簡〉「私がアンヘロ（ヤジロウ）に向かって、もし私が彼と共に日本へ赴いたら、日本人は果たしてキリシタンになるであろうかと尋ねてみた。彼の答えによると、日本人はすぐにはキリシタンになることはないであろう。まず始めに多くの質問をするであろう。それから私の答えと、私にどれだけ智恵があるかを確かめよう。そして、何よりも私の生活が、私の教えることと一致しているかどうかを検討するであろう」。スペインのナバラ王国生まれ。イエズス会の創設メンバーの一人。

カルヴァン（Jean Calvin　一五〇九～一五六四）

幼時に、母ジャンヌ死去。母は美しい信心深い婦人であったと伝えられる。二一歳の頃、父死去。二四歳の頃「突然の回心」によって福音主義に転じる。死にいたるまで、文書活動を続け、『キリスト教綱要』をしばしば書き改め、四巻八〇章からなる大著となした他、多くの著作も残した、キリスト教改革者。フランス出身の神学者。

ブリガム・ヤング（Brigham Young　一八〇一～一八七七）

一四歳の時、母死去。貧しい少年時代を過ごす。一六歳まで学校に出たのは一一日だけ。独学で本を読むようになり、『モルモン教書』に出会い、モルモン教に帰依。創始者ジョセフ・スミスがイリノイ刑務所で殺害された後を継ぎ、「モルモン教」第二代会長となる。ユタの砂漠へ信徒を移動させ、モルモン教会を揺るぎなき組織へと発展させた。アメリカの宗教家、政治家。

シュリ・ラーマクリシュナ（Sri Ramakrishna　一八三六～一八八六）

七歳の時、父死去。ひたすら神を求めた。子どもの頃は剽軽（ひょうきん）な面があり、歌と物語の上手な村の人気者であったという。最初の宗教体験は、六、七歳の時。二回目は父の死後。三回目は一〇歳の時であった。修行時代を経て、遂に、涯しない光輝く霊の海の底に女神、大実母を見る。ラーマクリシュナは学問は無論否定しないが、その限界を知っていた人であった。理論ではなく、現実の「生きる」ことの中に神の実在を確かめようとした。語録『不滅の言葉』は、純粋で奥行きの深い宗教性の中に、生の人間味があふれている。偽善を憎むきびしい姿勢と、ジョークを連発する軽妙さがあり、母と仰ぎ信ずるカーリー神と恍惚の瞑想の中でなされる会話が盛られている。宗教団体「ラーマクリシュナミッション」の宗祖。

スワミ・ヴィヴェーカーナンダ (Swami Vivekananda　一八六三～一九〇二)

　論理的に納得できないことは受けつけない、近代合理主義の知性派であった彼が一八歳の時、ラーマクリシュナに出会う。二二歳の時、父が急逝。神の実在が根底から感得され、善悪が織りなされるところに神の慈悲の在ることが体得され、出家を決意する。ラーマクリシュナの死後、若い弟子たちが彼を中心に集まり、出家し、瞑想と学問、議論に励む。一八九三年、シカゴで世界宗教会議に参加。世界のすべての宗教が同一の根源に帰すること、相互の協調を説いて一躍名をはせる。ラーマクリシュナの教えをひろめ、社会的活動を行うのにしっかりした組織の必要を感じ、一八九七年、「ラーマクリシュナ伝道協会」を設立、総会長に就任。一九〇一年には日本から岡倉天心が訪れ、共にブダガヤの聖地に詣でている。ラーマクリシュナ・ミッションは、インドの各地で寺院、僧院、道場、学校、病院などを運営。今日でも活発な活動を続けている、「ヒンドゥー教」のインド最大の教団。

シュリ・ラーマナ・マハーリシ（Sri Ramana Maharshi　一八七九～一九五〇）

一二歳の時、父死去。父方の叔父の許に引きとられた。人類史上まれに見る独悟の体験をしたと言われ、その教え、自己の内面に真我を探求する「真我の探求」で、安全で確実に進歩でき、どのような宗旨や信条の人でも修行できる普遍的な真我に至る道を示したと言われる。「真我を悟るようにしなさい。そうすれば真理は、ハートの中で太陽の光のように強く輝くであろう。心は悩みを解消するようになり、真の幸福がそこに溢れるようになるであろう」と、その瞑想法を勧めた。目を見つめることで目から発する「光」と共に真理を伝え、物質世界の幻影による束縛から解放し、真我に導いたと言われる。

コルベ神父（Maximillian Maria Kolbe　一八九四～一九四一）

一六歳の時、フランシスコ会修道院に入る。「聖母の騎士団」の熱烈なメンバーとして、信仰と奉仕に献身。月刊誌『聖母の騎士団』を創刊。始め五〇〇〇部刷った同誌は一七年後一〇〇万部に達した。その影響力が、反ナチス的と判定され、アウシュヴィッツ送りとなる。同房の囚人が逃亡に成功、みせしめのために一〇人が飢餓室送りになる時、妻子ともう一度会いたいと涙する囚人の身代わりとなる。来日し、六年間、長崎で布教活動。日本版『聖母の騎士団』も発行。ポーランド最大の修道院長に選ばれた後、殉死の道へ自ら進んだ。一九八二年、バチカンは、コルベ神父を「聖人」とし、サン・ピエトロ聖堂で列聖式が行われた。式を司ったのは、同じポーランド出身の教皇ヨハネ・パウロ二世であった。

ジッドウ・クリシュナムルティ（Jiddu Krishnamurti　一八九五〜一九八六）

幼時に、母死去。幼い時に、その心霊的資質を見込まれ精神的指導者、メシヤとなるべく特別の教育を受けた。教団の長となったが、これを解散、数千人の同志を放棄、「宗教や宗派をつくろうとしてはならない」と告げ、人間解放を唱えた。

ノーマン・ピール（Norman Vincent Peale　一八九八〜一九九三）

二〇代の時までは、痩せこけて、弱虫で、コンプレックスの強い人間であった。人前で話をすると、足がガタガタ震え、赤面するのである。そんな彼が大学二年の時、ある教授から「もっと自信を持って、積極的に生きなさい」と言われ一冊の本を手渡される。その本で「ニューソート」について知り、すべての困難は克服できるということを認識し始め、そして牧師になることを志した。物置小屋同然のみすぼらしい教会、日曜日に集まる信者は四〇人にも満たなかった。辛いことが山積みしており、絶望的な気分に何度も襲われた。しかし、彼は最後まで諦めなかった。シラキュースの金持ちの老紳士、アンドリュースは叱咤激励の言葉をプレゼントしてくれた。「ピール君！寄付によって教会が助かると思ったらそれは間違いだ。大切なのは、心の持ち方(信仰心)だ」。彼はハッと目を覚ました。「そうだ。教会を救うのはお金ではないんだ。かならず再建してみせるという信念(信仰心)なのだ」と。彼を一躍有名にし、世界的な人物にさせたのは一九五二年に出版した『積極的考え方の力』であった。この本は、米国で三年間ノンフィクション部門でベストセラーの地位を保ち、五〇〇万部を販売した。世界では、四一カ国語に翻訳されて、二〇〇〇万部販売された(二〇〇三年)とのこと。なぜこの本はそんなにも売れたのか。ノーマン・ピール牧師の言葉に偉大な説得力があったからであろう。どうすれば「積極的な考え方」ができるのか。大切なのは、心の持ち方(信仰心)だ、必ずやってみせるという信念(信仰心)なのだという。その本の最後の部分に、筆者の気持ちをも代弁してくれているように書かれている。『「読者へのメッセージ」　実現するまで継続しなさい　―　私はあなたを助けたいと心から願ってこの本を書いたので、本書があなたの助けとなるのは私にとって大きな喜びだ。私はこれらの原則や方法を絶対に信頼している。それは、これまで実証されたとおりに役立つだろう。私はあなたと直接会うことはないが、本書の中で会ったのだから、私たちはすでに精神上の友人だ。私はあなたのために祈る。神は必ずあなたを助けてくれるだろう。私はそう確信して、あなたが人生において成功することを心から願っている。ノーマン・V・ピール(ダイヤモンド社版)』。キリスト教の立場でそう言っているのであろう。「ニューソート」は、キリスト教的な潮流のひとつである。そのニューソート(New Thought)、日本でのニューソート(新しい考え方)であってもいいのではないだろうか。「ゴッド・アッラー・神・仏、呼び名は違っているけれど、皆、私の神である」。

ヨハネ・パウロ二世 (Johannes Poulus II　一九二〇〜二〇〇五)

貧乏な中、九歳の時、母が病死。一三歳の時、ただ一人の兄も病気で世を去る。少年時代は通学の途中でいつも教会に立ち寄って祈る敬虔なカトリック信者であった。二〇歳の時、父が死去。天涯孤独の身となる。翌年言語学を捨て、突然神学校に入学。二六歳で司祭。大学で教鞭をとり、倫理学正教授となる。三八歳でポーランドで最年少の司教。六年後、首都大司教。その三年後、枢機卿。ポーランド人としてははじめてイタリア人以外では四五〇年振りに「法王(第二六四代ローマ教皇、在位一九七八〜二〇〇五)」の座に就く。冷戦末期において、世界平和と戦争反対を呼びかけ、数々の平和行動を実践し、共産党一党独裁下にあった母国ポーランドを初めとする各国の民主化活動の精神的支柱としての役割を果たした。世界一二九カ国を訪問し「空飛ぶ聖座」と呼ばれた。また、生命倫理などの分野でのキリスト教的道徳観の再提示を行うとともに、エキュメニズムの精神から(キリスト教的立場からではあったが)、キリスト教内の他宗派や他宗教・他文化間の対話を呼びかけたことは、宗教・宗派の枠を超えて現代世界全体に大きな影響を与え、没後も多くの信徒や宗教関係者から尊敬を集めている。

ダライ・ラマ一四世（Dalai Lama XIV　一九三五～）

三歳になった頃、ダライ・ラマの再生者を捜索する政府派遣の一隊が家にやって来る。他にも一三世の生まれ変わりの候補者がいた中、新ダライ・ラマに認定され、四歳にして、一四世ダライ・ラマに即位、ラサに移り住む。一五歳の時、中国の人民解放軍が東チベットに侵入。二三歳の時、インドに亡命。五四歳で、「ノーベル平和賞」受賞。北京との対立は続いたまま、亡命継続中。ラマ教（チベット仏教）最高指導者。

キング牧師（Martin Luther King J.　一九二九～一九六八）

六歳の時、隣に住む白人の男子と遊んでいたがその母親に、「（黒人とは）二度と一緒に遊ばせません！」と宣言される。高校時代、弁論大会で優勝した帰り、バスの中で白人から席を譲れと強制され、激しく怒る。自宅を爆破されたことや、数百回にわたる脅迫、ＦＢＩに盗聴器を仕掛けられたこともあった。「私にはしなければならない仕事がある。死を恐れてなどいられない。たとえ私が命を失っても、私の死は無駄にはならないはずだ」。一九六三年、約二五万人を率いた「ワシントン大行進」での歴史的スピーチ「私には夢がある I Have a Dream.」を行ったことでも知られている。人間の壁を越え、人間愛に満ちた社会の実現を目指し、死すら恐れなかったキング牧師。志半ばで、三九歳で、銃弾に倒れた。キングの誕生日（一月一五日）に近い一月第三月曜日は、アメリカでは「キング牧師記念日」追悼感謝の祝日である。「ノーベル平和賞」受賞。

13〈教育者〉

ペスタロッチ（Johann Heinrich Pestalozzi　一七四六〜一八二七）

五歳の時に、牧師であり外科医でもあった父が病死。牧師を志し、チューリヒの大学に進学。愛国主義的な運動に関与し、退学。ルソーが著した『エミール』が、ペスタロッチが教育者を目指すきっかけになる。スイスで活躍した、教育実践家、思想家でもある。「民衆教育の父」。墓碑に次にように書かれている。「ハイリンヒ・ペスタロッチーここに眠る。／一七四六年一月一二日チューリッヒに生まれ、一八二七年二月一七日ブルックに没す。／ノイホーフにおいては貧しき者の救助者。／『リーンハルトとゲルトルート』の中では人民に説き教えし人。／シュタンツにおいては孤児の父。／ブルクドルフとミュンヒェンブーフゼーとにおいては国民学校の創設者。／イヴェルドンにおいては人類の教育者。／人間！　基督者！　市民！／すべてを他人のためにし、己には何物も。／恵あれ彼が名に！」（ペスタロッチ賞授賞式パンフレットより）

フレーベル（Friedrich Wilhelm August Frobel　一七八二〜一八五二）

誕生後一年もしないうちに母がこの世を去る。六人兄弟の末っ子。母親の愛を知らずに育ち、継母に冷たくされ、子どもに対する母親の愛の大切さを痛感。小学校の教師となり、人間を創るために生きることを決意。ペスタロッチの下で学び、早い時期からの人間教育に目を向け、世界最初の幼稚園を創設。幼児教育の先駆者。

ジョン・トッド（John Todd　一八〇〇〜一八七三）

生後すぐ、母が精神を病んで長く患う。六歳で父死去。若い頃、さまざまな所を転々とし、しかも病弱であった。「人生案内」で知られる、卓越した牧師、著作家。『自分を鍛える』他が、広く読まれている。

アン・サリヴァン（Ann Sullivan　一八六六〜一九三六）

貧しい移民の子で、アル中の父親には生計を支える能力がなく、子ども二人と母親も病気であった。五歳の時、眼を患い、手当を怠り弱視となる。八歳の時、一家を支えていた母が病死。一家離散、一〇歳の時、弟と救貧院に送られ、六年間を過ごし、そこで弟を亡くす。三重苦のヘレン・ケラーの教育を始めたのは二一歳の時。教室ではいつもヘレンに付き添い、講義を指話によって伝え、家に帰ってからその内容を点字で書き記し、点字で読めない本はすべてサリヴァンの目と指を経由してヘレンの頭脳に届けられるというようにして大学教育の全過程を修了させた。

モンテッソーリ（Maria Montessori　一八七〇～一九五二）

一九世紀に、ローマ・ラ・サピエンツァ大学医学部に女性として初めて入学。男子学生と同室での系統解剖が許されず、別室で一人死体に向かいメスを取らざるを得ないなどの差別的処遇を受けたが、それらの逆境を乗り越え、一八九六年、イタリア初の女性の医学博士号を取得。当時の精神病院の患者たちは鉄格子に囲まれた暗い部屋に監禁され、治療らしい治療が行われない劣悪な環境下にあった。医師として絶望的と言えるこの職場で、知的障害があるとされる幼児が床に落ちたパン屑でしきりに遊ぶ姿に目を留めた。それ以降、彼女は幼児の様子を注意深く観察するうちに、何ら知的な進歩はないと見放されていた彼らが感覚的な刺激を求めることを認め、指先を動かすような玩具を次々と与え、彼らの治療を試みた。その中で彼女は、感覚を刺激することによって、知的障害児であっても知能の向上が見られるという確信を得て、他の障害児たちにも同様の教育を施した。彼らに知能テストを受けさせると、彼らの知能が当時の健常児たちの知能を上回るという結果が得られ、イタリア教育界、医学界に衝撃を与えることとなった。一九〇七年、障害児の治療教育で一通りの成果を挙げた感覚教育法を、マリアはローマの貧困家庭の子供たちに応用する機会を得る。ここでも知能向上で著しい結果を得、この方法をさらに追究するため、医師を辞め、ローマ大学に再入学。ローマ大学では主に哲学を学び、その後、南フランス・アヴェロンで発見された野生児の教育に着手し、彼の観察と教育を行った感覚教育の先駆者であったジャン・イタールの著書の研究を進め、知的・発達障害者教育の先駆者エドゥアール・セガン医師に学ぶ。さらに、生理学、精神医学の研究にも没頭。のちに「モンテッソーリ教育」と呼ばれる独自の幼児教育法を確立するに至る。

ヤヌシュ・コルチャック（Janusz Korczak　一八七八〜一九四二）

一八歳の時、父が精神病院で死去。ワルシャワ大学で医学を学び、「孤児の家」、「ぼくらの家」の所長を兼任。子ども達の個性を伸ばし善、美、自由を愛する人として育つことを願い、子ども達の編集による「小評論」を発行。ユダヤ人ゲットーに子ども達と移され、「孤児の家」の子ども達二〇〇人と共に殺された。その教育実践と著作はドイツでもよく知られ、自身は助かる機会を与えられたが拒否したという。彼の「子どもの尊重」についての主張は現在に引き継がれ、生誕一〇〇年を記念して、「コルチャック賞」が作られた。ポーランドの小児科医、作家、教育者。生涯独身。

ナポレオン・ヒル（Napoleon Hill　一八八三～一九七〇）
九歳の時、母を失う。継母が来るが、素晴らしい女性であった。駆け出しの新聞記者としてアンドリュー・カーネギーに出会って以来、カーネギーの要請で万人が活用できる成功の秘訣の体系化に着手。『成功哲学』を著す。「心に強く願うことは必ず実現する」。

ニール（A. S. Neil　一八八四～一九七三）
幼時に、両親の愛と理解ある教育を受けられなかった。子ども達を信頼し、子どもに自由な環境を与え、子どもの判断力に任せることで、問題の子どもはいなくなると確信し、一九二七年、「サマーヒルスクール」を開設。この学校の影響は世界中に広がった。イギリスの教育思想家。

D・カーネギー（Dale Carnegie　一八八八～一九五五）
子ども時代に左人差し指を付け根から失う。若い頃、異常な劣等感に悩まされる。農家に生まれ、大学を卒業後、雑誌記者、俳優、セールスマンなど様々な職業を経て、ＹＭＣＡ弁論術担当となり、やがてD・カーネギー研究所を設立。人間関係の先覚者として名声を博す。『人を動かす』、『道は開ける』の著者。「人を動かす三原則。一、盗人にも五分の理を認める。二、重要感を持たせる。三、人の立場に身

を置く」。

14〈社会事業家〉

ジェーン・アダムズ（Jane Addams　一八六〇～一九三五）

二歳の時、母死去。理想主義者であった父親の影響を強く受けて育つ。女子医大に入学するが脊髄を患い退学。同年、父死去。失意のまま訪欧し、ロンドンのスラム街の救済施設を見学して感銘を受ける。学友と共に、シカゴのスラムに救済施設（セツルメント）「ハル・ハウス」を設立。これ以後、全米各地にセツルメントができていく。ソーシャル・ワーカーという仕事の原型も作る。「ノーベル平和賞」受賞。アメリカの社会運動家、平和運動家。生涯独身。

マーガレット・サンガー（Margaret Sanger　一八七九～一九六六）

一六歳の時、母が結核で死去。母親が一一人もの子どもを生んだ果てに四八歳で亡くなったのを契機に、産児制限こそ女性解放の道ではないかと模索し始め、家族計画の必要性をはっきりと確認。その運動に生涯をささげる決意を固める。カトリック団体などの反発や迫害をものともせず、性解放と避妊に関しての新しい道を切り開き、当時の女性観を一変させた。三〇日の懲役刑にも服したが、屈せず、女性解放の闘志を燃やし続け、産児制限の合法化を勝ち取り、全米の医学校で避妊法が授業の一環となるまでになった。産児制限運動の指導者。

ヘレン・ケラー（Helen Keller　一八八〇～一九六八）

生後一九カ月で病気のため目と耳の機能を失い、耳が聞こえないために、言葉を話すこともできず、盲聾唖の三重苦の障害を持つに至る。七歳までは我がまま気ままで、気短かの手に負えない子どもであったが、サリヴァン先生の教育により、絶望的とも思えるハンディを克服、盲人として初めて大学を卒業、盲聾唖者救済運動を開始する。世界各国を訪問して講演。同じ不幸に苦しむ人々を身をもって勇気づけ、『私の生涯について』、『楽天主義』など、七冊の著書を書き残した。ヘレン・ケラーの存在は、盲聾唖者のみならず、すべての人間に、「人間はいかなる不幸の許にあっても、努力と人生への愛によって、その苦しみを克服できる」こと、「人間に与えられた、本能をこえる『精神』の尊さ、生きることの素晴らしさ」を教えるものである。

マザー・テレサ（Mother Teresa　一九一〇～一九九七）

七歳の時、父死去。母の手ひとつで育てられる。母親は週に一度は身よりのない人や病人、貧しい人などを訪ねて、食事や掃除、看病などのボランティア活動を行っており、テレサはいつも母に同行し、その手伝いをしていた。一八歳、修道女になることを神からの呼びかけと受け取る。二九歳、清貧、貞潔、従順の「終生誓願」を立てる。「ノーベル平和賞」受賞に際してそれをためらい、受賞記念パーティーを中止し、その費用をすべて貧しい人たちの食事にあてるように要請した。

ヘンリー・ランドワース（Henri Landworth　一九二七〜二〇一八）

ナチスのユダヤ人強制収容所に入れられ、両親を殺される。すさまじい飢えと虐待によって多くの仲間が亡くなるのを見る。一八歳の時、終戦で釈放され、数日間走り続けて、チェコ人の夫婦に助けられる。五年後わずかな金を手にアメリカに渡り、ホテルのボーイから始まり、日々の努力と才覚により、巨大なホテルの経営者にまで上り詰める。「Give Kids The World」は、そんな経験を経た後に設立した、死を待つ難病を持つ子ども達を楽しませてあげる無料の施設。子ども達にとっては夢のような村で、ディズニーランドのミッキー達が遊びに来てくれたりする。この施設を支えているのはボランティア、企業の資金提供で、営利目的はない。「私の奇跡のような人生に対し、何か恩返しをすることが、私の役目だと思う」と語る。

ペトラ・ケリー（Petra Kelly　一九四七〜一九九二）

一〇歳の時、母親がアメリカ軍人と再婚したために渡米。大学時代、ベトナム反戦運動、公民権運動等に参加し、弱者の立場に立ち人々のために闘うことに意味を見出す。ＥＣ事務局での実習生振りが認められ、経済社会委員会の評議員として正式に採用され、社会問題、環境保護、厚生、消費問題を担当、かたわら西ドイツ環境市民連合にも参加、女性、平和、環境、反核運動の実践者として活躍。「緑の党」創設に参加、連邦議会議員二期等。ドイツの環境運動家。

15 〈その他〉

楊貴妃（ようきひ　七一八～七五六）

幼時に、親を亡くし、親戚に育てられる。唐の第六代皇帝玄宗の息子の妃となるが、妻を亡くした玄宗皇帝に見初められいったんは寺に入れられ、玄宗の側室に迎えられる。玄宗五〇歳過ぎのことであった。玄宗は楊貴妃を得ると、毎日酒と歌舞と貴妃の愛に溺れ、このため、国内情勢が悪化。安禄山が叛旗を翻し、兵士たちは「窮地に陥ったのは楊一族のせいである」と、玄宗皇帝に楊貴妃を殺すことを要求。皇帝は兵士たちの激昂の前に涙に暮れながら、楊貴妃を絞殺せよと命令、楊貴妃は絞殺される。時に三八才。

カラミティ・ジェーン（Calamity Jane　一八五二～一九〇三）

一四歳で母、一五歳で父が死去。その後、大陸横断鉄道の建設現場で働き、後に射撃ショー等に出演する等、無頼の生涯を送った、美しく勇敢なアメリカの女性西部開拓者。物語化され、死後また映画化され、伝説化された。「平原の女王」。

エレノア・ルーズベルト (Anna Eleanor Roosevelt　一八八四〜一九六二)

八歳で母を、一〇歳で父を亡くす。一五歳でイギリスの寄宿学校に行き、帰国後ルーズベルトと結婚。三期目の大統領をつとめる夫フランクリンが脳溢血で急死した時、傍らにいたのは妻ではなくて元秘書のルーシーだった。トルーマンが自分にできることはないかと言葉をかけた時、まったく取り乱す気配も見せず「何をおっしゃっているんですか、副大統領、今や土壇場に立っているのはあなたの方ですよ」と言ったという。生涯、自分の容姿に対するコンプレックスから解放されることはなかった。「『そんなことできるわけがない』という人間からは何一つ生まれたためしがありません」、「私たちが本当に強く願い、その願いに対して確信を持ち、その実現のために誠心誠意、行動するならば、人生において、願いどおりに変革できない分野など、何一つないと確信しています」。

エバ・ペロン (Maria Eva Duarte de Peron　一九一九〜一九五二)

未婚の母の許に生まれ、薄幸の少女時代を過ごした後、ラジオの声優として活躍中に、軍政の実力者ペロン大佐と恋仲になる。ペロンが失脚し幽閉されると、労働者と共に彼の解放を画策し、未曾有の大デモの組織化に一役買い、彼の復権を実現。正式に結婚、エバ・ペロン財団を設立して救貧事業に尽力し、大衆から聖女と慕われた。癌におかされ、三三歳で夭折。「エビータ」として、映画やミュージカルにもなった。アルゼンチンの大統領夫人。

ジャクリーヌ・オナシス（Jacqueline Onassis　一九二九〜一九九四）

一一歳の時、父母離婚。ソルボンヌ大学に一年留学後、ジョージワシントン大学卒業、新聞記者。婚約を解消して、ケネディと結婚。イタリア語、スペイン語を話すファーストレディ。ケネディ死後、オナシスと結婚。オナシス死後、また再婚する。

アンネ・フランク（Anne Frank　一九二九〜一九四五）

四歳の時、ナチスのユダヤ人迫害を逃れるために、フランク一家は祖母の家に移った。一三歳の誕生日に、父親から日記帳を送られる。密告によって逮捕されるまで、隠れ家から一歩も出ない、窓も開けられない生活の中で、二年間、『アンネの日記』は書き続けられた。ジャーナリストになることを夢見たアンネの日記はみずみずしい感受性の少女の成長の記録である。「人間は本当は善なのだと信じる」と書いた。五〇カ国以上で翻訳され、五〇〇〇万部以上販売され、映画化されて世界中で上演され続けている。一五歳の時、栄養失調とチフスで、姉と同じ強制収容所で死去。

ダイアナ妃（Diana, Princess of Wales　一九六一〜一九九七）

七歳の時、両親が離婚。母は愛人だった実業家と結婚したため、母の愛に飢える。一五歳の時、父親が伯爵夫人と再婚したが、ダイアナと二人の姉、弟は共に継母のやり方に反発、家庭の暖かさを知らずに育つ。長女のセーラとチャールズ皇太子の恋愛沙汰が消えた後、積極的に出て射止める。一九歳で婚約、二〇歳の時に結婚。しかし、二人の心はすでにハネムーンの時から離れていたという。長男ウィリアム王子、次男ヘンリー王子を出産。夫がカミラ夫人と付き合っていることを知り、元近衛将校ヒューイット少佐と愛人関係を結ぶ。夫から愛されない悲しみをまぎらわすように、次々に男性と付き合い、愛を求め続けた。チャールズ皇太子との関係が悪化、ついに離婚。再婚を前にして、フランスで交通事故に遭い、相手のアルファイド氏と共に死去。ダイアナの死を悼む多くの人々が国中の教会に花束を置き、彼女の死に涙した。

マララ・ユスフザイ（Malala Yousafzai　一九九七〜）

パキスタンのスンニ派の家庭に生まれる。父親のジアウディンは地元で女子学校の経営をしており、娘マララはその学校に通い影響を受けた。二〇〇八年、武装勢力パキスタン・ターリバーン（ＴＴＰ）が恐怖政治を開始、活動的な女性の命を優先的に狙うような状況に。二〇〇九年、一一歳の時、ＢＢＣ

のブログにペンネームで投稿、破壊活動を批判、女性への教育の必要性や平和を訴える活動を続ける。パキスタン政府は彼女の本名を公表、「勇気ある少女」として表彰。これに激怒したＴＴＰから、命を狙われ、二〇一二年、中学校からの帰宅途中、銃撃され、頭部と首に銃弾を受け負傷。わずか一五歳の少女への凶行に対し、世界各国からも非難の声が上がる。治療と安全のためにイギリス・バーミンガムの病院に移送され、奇跡的に回復。退院、家族とともに滞在、通院、そして再手術。二〇一三年、シモーヌ・ド・ボーヴォワール賞受賞、国連本部で演説、「銃弾では自身の行動は止められない」と教育の重要性を訴えた。国連は彼女の誕生日(七月一二日)を「マララ・デー」とし、また、「人権と思想の自由を守るために献身的な活動をしてきた個人団体を称える」サハロフ賞受賞。二〇一四年、「ノーベル平和賞」受賞。一七歳での受賞は、史上最年少記録。二〇一七年、国連平和大使に任命される。

おわりに

1　きっかけ

「業績を残した人たちに、なぜか、ごく若い時期に親を亡くしている人が多い」と、ひと頃から考えるようになりました。

「親はなくても子は育つ」どころか、かえって親を亡くして名をなした人の方が多いくらいではないか。なぜ特別に世に名をなしたような人物に親を早くに亡くした人たちが多いのか。

そのことが、いつのまにか、自分にとっては特別なテーマになっていました。

「親がいない方が子どもは偉くなる」、というのはおかしいと、強く反論されたりもしました。

調べてみると、更生施設等に入っている青少年の中には、家庭環境に恵まれていない人が非常に多いということも確かでした。しかし、世に名をなした人の中には、恵まれない環境に育った人がやはり多いということも事実のようでした。

「逆境は人を造る」ということに関心を持って、趣味としてデータを集め始めたのです。親の有無について、特に強い興味を持ったのは、「親のありがたさ」を、わが親が強調するように思えたということがありました。

それに対する反発感があったからかも知れません。

同時に、「過保護」の弊害についても、強く身にしみて感じていたということもありました。

2　分かったこと

逆境（親の欠損等）が、子どもの成長に与える影響を調べることで分かったことがありました。

（1）　【小さい時の教育環境は、人に及ぼす影響が非常に大きい】

①　小さい時に親を亡くす等の出来事の影響力は、非常に大きいものがある。

②　小さい時の厳しい環境は、考え深い人間をつくる。

（2）　【必要に迫られると、人は力を発揮せざるをえなくなる】

③ 必死になった時には、特別の能力が開発される。
④ 自分の力で生きるしか道がなくなると、人はやむを得ず自分の力で生き始める。

（3）【自立心を養うことが大切である】
⑤ 依存的な生き方からは能力を開発する力は生まれない。
⑥ 甘えた環境では、潜在能力を発揮することは望めない。

（4）【集中することで力が発揮される】
⑦ 好きなことなら疲れを忘れて没頭できる。
⑧ 関心が強いことほど、エネルギーが動員される。

（5）【潜在能力は誰でもすばらしいものを持っている】
⑨ 潜在能力は、非常に大きいものを、誰もが持っている。
⑩ 潜在能力を生かす力（集中力、忍耐力）は、条件次第で養われる。

（6）【教育の力は偉大である】

⑪ 脳が最も急速に発達する幼児期には、母親の指導力が大きい影響力を持つ。

⑫ 幼児期からの父親の指導等の教育環境も、特別な能力開発につながる。

⑬ 父、又は母などが逆境に育った場合も、子どもは格別の影響を受ける。

（7）【筋肉と同様、脳は鍛えると開発される】

⑭ 脳は、筋肉と同様に、使えば使うほど発達する。

（8）【知的遺産の活用（読書）で自己教育ができる】

⑮ 読書によって、自己教育ができる。

（9）【指導者の存在で道が開ける】

⑯ 適切な指導者の存在が大きな意味を持つ。

（10）【ユダヤ人は集団で逆境を体験している】
⑰ユダヤ人の優秀さは、迫害を克服するためには「教育」しかないと、「教育」最重視政策を取った所にあるように思われる。

（11）【悪い習慣づけは恐ろしい結果を招く】
⑱悪い習慣［考え方］を植えつけられると、取り返しのつかないことになる。

（12）【愛の力は偉大である】
⑲愛に目覚めると、報いるための努力が生まれる。

（13）【失敗は成功の一階梯である】
⑳早熟タイプと晩成タイプがあるが、いずれにあっても、失敗があってはじめて成功が生まれる。

「逆境は人を造る」、それは言えると思います。

3　遺伝と環境

個人的には認めたくありませんが、個々人の持っている能力の量的な差というものは、確かにあるかもしれません。

しかし、天才エジソンが言っています。

「天才とは九九％の努力と、一％の霊感である」と。

努力をするのも一つの才能かもしれません。

この努力する才能はどこから出てくるものでしょうか。

遺伝的な要素というよりも、そのほとんどが後天的な環境によるのではなかろうかと思うのです。

遺伝による潜在能力の絶対量の差は確かにあるかもしれない。

しかし、どのような能力も、発揮されなければ、ないのと同じです。

能力以上に、能力が発揮されるかどうかの方が、むしろ大きい意味を持つのではないでしょうか。

4　九九・七％

「人間は能力を発揮していない。普通、人は、その能力の〇・三％しか発揮していない」ということをどこかで読んだことがあります。

九九・七％は、潜在能力、秘めた能力として、誰もが使わずに大事に持っている、気づかないだけだというのです。

何度か見ていたそのような数字を、オーバーであるとして自分ではとても信じ切れないという思いでいました。

そんなに能力は隠れているのか、しかも誰にでも言えることであるとは。

これはどうしても本当の所を自分で確認したい、そういう思いがありました。

自分の中にある潜在能力の大きさに気づくことがいかに大事であるか、そのことに気づくことが生き甲斐ある人生を送るための最大の秘訣であるという、このことは多くの書物で多くの先人が語っています。

ですが、本当の理解は難しい。

自分の持てる力を発揮するしか生きるすべがない、「命がけになるしかない」そのような環境に立たされるまでは、人はその持てる力、九九・七%の潜在能力を発揮することはないということでしょうか。

太陽光線を虫眼鏡で集める。さらに、一点を黒く塗っておく。そういう実験は誰もが経験済みではないでしょうか。

集中すると力が出るということを教えるものです。

「逆境」が、虫眼鏡の働きをするに違いないと思われるのです。

5 「教育」の大切さ

運動神経がいくらいい人でも、最初から、イチローやタイガーウッズのように一流になれるわけはありません。

「教育」がいかに大切か、それもごく小さい時からの「教育」がいかに大事であるかが分かります。

幼時よりの「教育」の大切さをつくづく感じます。

「逆境」は、とても大きな「教育」的な働きをすると言えます。

人のせいにするという考え方ではありません。

教育者を育てよというのでもありません。

この私を含め、一人一人が自らを教育することができる、能力の限りを尽くすことで、生き甲斐が生まれるということに目覚める必要がある、と強く思うということです。

6 自分を励ます

自分を励ますために集めてきた色々な生き方のモデルですが、他の方にも参考になるのではないか、そういう思いでいます。

ある人が、「好きな場所に置いておいて、少しずつ読むのに適している。そこで人生を毎日振り返って考えるのにもよい」と、この本の価値をそんな形で表現してくれました。

手元に置いて「座右の書」として、毎日見てもらえるなら、これに過ぎる喜びはありません。

元気を無くした時、手にとって自分を励まし、奮起する材料にしてもらえるならと願っています。

7　この本を通して

①　精神的、身体的、経済的、その他色々の逆境は自分だけではないこと、またこれを乗り越え、逆にこれを踏み台にして、かえってより実り多い人生を歩いた人が多くいることを知り、生きる励ましとしたい。

②　持てる能力に気づいていないことが多い。「潜在能力は隠れている能力のことである」ということを、本当の意味で知るためにも、先人の生き方に学びたい。

③　「努力は報われる」という確信を得るには、やはりこれを教える師、教師が必要である。現実に、目の前にそういう教師がいなくても、このことを教える師に当たる人はたくさんいる。そのことを多くの先人たちに学びたい。

④　世の中には色々なタイプの人がいる。自分と境遇の似た人で苦境を乗り越えた人を早い時期に見つけ、その人を研究することで人生を前向きに生きることができるようにしたい。

⑤　色々な人生がある。自分はどのような人の生き方に共鳴するか、「自分には何が向いているか」を、早いうちに知ることが大事である。「好きなことなら、寝食を忘れて取り組む」というのが人間である。

⑥　小さい時からの「教育」が本当に大事である。「悪貨は良貨を駆逐する」というのが欲望を持った人間の一面の事実である。取り返しがつかなくなる前に、そのことを感じ取り、皆で取り組みたい。

⑦　いじめられて、引っ込み思案になっている人が結構多いのではないだろうか。自分の自信のなさはどこから来ているのかを考えよう。引っ込み思案を克服し、もっと堂々と生きるためにも、いじめに対して立ち上がった人たちに学ぼう。

⑧　「過保護」は教育上弊害が大きいという認識は持ちにくい。というのは、そこに快感が感じられるからであろうが、このことに本当の意味で気づくためにも、親も子も、先人たちに学びたい。

⑨ 信じること、確信を持つことで、力が生まれる。また、継続的な努力が可能となる。どのようにして何を信じることができたのか。真の幸せを得るために、先人たちに学びたい。

本書の作成にあたって、多くの方々の労作である、書籍、新聞、雑誌、テレビ番組、インターネット情報その他、数多くの資料を参考にさせていただきました。

また、編集を郁朋社の佐藤聡氏他の方々に、校正を根之木倫子氏にお手伝い願いました。この場をお借りして、それらの作者、諸々の方々に、深甚なる謝意を表します。

また、最後になりましたが、「逆境」であることを説明するために、多くの方々のご苦労された境遇への言及を避けられなかったことを深くお詫び致します。

なお、本文に掲載されている内容は二〇〇三年一二月現在の調査資料に基づいております。文中のデータで事実と異なる個所がありましたら、編集部もしくは著者メールアドレスまでご連絡願います。（e-mail: qtahara@gmail.com）

二〇〇三年一二月二三日

著者

【電子化にあたって】

揺れる心の波をどう乗り越えるか、それはずっと続いていた課題でした。大きな荒波の中の浮き沈みの人生。本当はどう生きていったらいいのか。答えを求めて、探りあぐねていました。このような状態がいつまで続くのか。私自身、迷いの人生が続いていたのです。

そのような時、幸運なお声掛けをいただきました。「22世紀アート」の方々から、埋もれていた本を、新しく「電子書籍」として出さないかのお声掛けでした。もと原稿のデータは、二〇年前のものでした。現時点での状況に合わせる必要がありました。踏ん切りがつきませんでした。その時、一〇年先、二〇年先までの若者たちに読んでもらえるような本にしたいという助言をいただきました。有難いことでした。本当はそれはやりたいことでした。「積極的な考え方があればできる」。挑戦すべきである、となりました。

このような奇跡的な幸運で、装いを新たにして、「電子書籍」の誕生が、実現する運びとなりました。ここに到達いたしますまでに、実に多くの方々に、本当にお世話になりました。皆様に、心から、厚くお礼を申し上げます。

二〇二三年一一月二三日

著者

推薦のことば　ランディ・パーレント　英会話塾講師（カナダ出身）在日一九年

私たちの多くは、「普通の人」と「素晴らしい人」の間には大きな違いがあると感じています。偉大な芸術家、化学者、哲学者…これらの人々は、私たちと違って普通ではないように見えます。しかし、この本が示すように、彼らは私たちと同じように普通の人だったのです。彼らも私たちと同じように苦しみに出会ったのです。そして、その苦しみにもかかわらず、彼らがなしとげたことを見てください。同じように、私たちにもできるはずです。

そのことを、私たちはこの本の中で納得することができます。人生には、確かに困難があります。しかし、困難があっても、それで人生がおしまいということでは決してありません。困難を乗り越えることで、私たちは素晴らしい人生を送ることができるのです。

Many of us feel that there's a great difference between "normal people" and "great people". The great artists, the scientists, the philosophers, … these people don't seem to be normal the way we are. But as this book shows, these people are normal just like us. They can suffer just like us. And despite suffering, look at what they can do. In the same way we can do it, too. Hardship never stops life. Through hardship we become great.

AFTERWORD BY RANDY JAMES PARENT

（参考文献・資料）

1　ヘーゲル（中埜肇著　中公新書）　一九六八年

2　父・山本五十六（山本義正著　光文社）　一九六九年

3　ホー・チ・ミン伝（チャールズ・フェン著　岩波新書）　一九七四年

4　歴史を変えたユダヤ人（梶谷善久著　地産出版）　一九七五年

5　教祖　近代日本の宗教改革者たち（村上重良著　読売新聞社）　一九七五年

6　ほんみち・民衆宗教の原像（梅原正紀著　白川書院）　一九七五年

7　哲人宗忠（延原大川著　明徳出版）　一九七五年

8　ベートーヴェン（ジャン・ヴィトルト著　音楽之友社）　一九七六年

9　ドストエフスキー（埴谷雄高著　ＮＨＫブックス）　一九七六年

10　若き日の哲学者たち（高間直道著　大和出版）　一九七六年

11　変革者の思想（奈良本辰也著　講談社現代新書）　一九七七年

12　本居宣長（本山幸彦著　清水書院）　一九七八年
13　ユングの生涯（河合隼雄著　レグルス文庫）　一九七八年
14　追悼録　上&下（朝日新聞社）　一九七九年
15　周恩来の実践（新井宝雄著　潮出版社）　一九七九年
16　ユダヤ人はなぜ優秀か（手島佑郎著　サイマル出版会）　一九七九年
17　アラーは偉大なり（ビ・ゲオルギウ著　サイマル出版社）　一九八〇年
18　日本の名僧１００話（中島繁雄著　立風書房）　一九八〇年
19　定理・法則をのこした人びと（平田寛編著　岩波ジュニア新書）　一九八一年
20　ザ・ワルチン・スペシャル　１&２（集英社）　一九八一年
21　喜多郎（喜多郎著　講談社）　一九八一年
22　正しきものは強くあれ（宮野澄著　講談社）　一九八三年
23　気骨の思想家（ＴＢＳブリタニカ）　一九八三年
24　信仰と精神の開拓者（ＴＢＳブリタニカ）　一九八三年
25　非行の火種は3歳に始まる（相部和男著　ＰＨＰ）　一九八四年
26　若い日の私（毎日新聞社編　毎日新聞社）　一九八六年

27　世界救世教　岡田茂吉　企画行動力の秘密（小出進著　講談社）　一九八六年
28　鉄人を創る肥田式強健術（高木一行著　学研）　一九八六年
29　ヒッチコック（筈見有弘著、講談社現代新書）　一九八六年
30　天才はいかに育てられたか（G・H・ビドラック著　PHP）　一九八七年
31　大実業家・蓮如（百瀬明治著　祥伝社）　一九八八年
32　美女たちの神話（森瑤子著　講談社文庫）　一九八九年
33　山口組三代目　田岡一雄自伝（田岡一雄著　徳間書店）　一九八九年
34　上杉鷹山に学ぶ（鈴村進著　三笠書房）　一九八九年
35　宗に生きる（宗教情報編集部　すずき出版）　一九八九年
36　法然の衝撃（阿満利麿著　人文書院）　一九八九年
37　私の尊敬する人（講談社）　一九九〇年
38　大人のための偉人伝（木原武一著　新潮選書）　一九九〇年
39　血族が語る昭和巨人伝（文藝春秋編　文春文庫）　一九九〇年
40　新潮世界文学事典（新潮社）　一九九〇年
41　母の教え（ノンブック編集部編　祥伝社）　一九九〇年

42　父の教え（ノンブック編集部編　祥伝社）　一九九〇年
43　女優ベスト１５０（文芸春秋編　文藝春秋）　一九九〇年
44　ワーグナー（堀内修著　講談社現代新書）　一九九〇年
45　マホメット（アンヌ・マリ・デルカンブル著　創元社）　一九九一年
46　ヒトラーとは何か（セバスチャン・ハフナー著　草思社）　一九九一年
47　あほやねん（桂銀淑著　双葉社）　一九九一年
48　妻の道　梶原一騎と私の二十五年（高森篤子著　ＪＩＣＣ出版局）　一九九一年
49　広辞苑（岩波書店）　一九九一年
50　ワレンバーグ（Ｍ・ニコルソン、Ｄ・ウィナー著　偕成社）　一九九一年
51　新潮日本文学事典（新潮社）　一九九一年
52　１冊で初代・先駆者１００人に学ぶ（平田康之著　友人社）　一九九一年
53　１冊で発明者・発見者１００人に学ぶ（小林修監修　友人社）　一九九一年
54　エディ（山本茂著　ＰＨＰ文庫）　一九九一年
55　１冊で創始・創立者１００人に学ぶ（赤根肇著　友人社）　一九九二年
56　さよなら、ミケランジェロ（ヴァルデマー・ヤヌシャック著　白水社）　一九九二年

57 知ってるつもり（日本テレビ） 一九九二年
58 昭和スポーツ列伝（文藝春秋編　文春文庫ビジュアル版） 一九九二年
59 武将に学ぶ苦境からの脱出（松本幸夫著　総合ライフ出版） 一九九二年
60 四年目のラブレター（泉ピン子著　スコラ） 一九九二年
61 愛、深き淵より（星野富弘著　立風書房） 一九九二年
62 愛と革命　ジョルジュ・サンド伝（坂本千代著　筑摩書房） 一九九二年
63 ガラスの地球を救え（手塚治虫著　光文社） 一九九二年
64 フロイト（ピエール・ババン著　創元社） 一九九三年
65 男を成長させる悪妻の話（越智宏倫著　ＰＨＰ） 一九九三年
66 津田梅子（大庭みな子著　朝日文庫） 一九九三年
67 アンデルセンの生涯（山室静著　教養文庫） 一九九三年
68 憂愁の作曲家チャイコフスキー（志鳥栄八郎　朝日文庫） 一九九三年
69 静かな闘い（アーサー・アッシュ著　ＮＨＫ出版） 一九九三年
70 男の教科書（大仁田厚著　栄光出版社） 一九九三年
71 マドンナ　スーパー・サクセス・ストーリー（Ｒ・Ｍ・ワオーカー著　ＪＩＣＣ出版） 一九九三年

72 名作はなぜ生まれたか（木原武一著　同文書院）　一九九三年
73 吉田松陰　男の自己改革（森友幸照著　三笠書房）　一九九三年
74 蒼い時（山口百恵著　集英社文庫）　一九九三年
75 悪女賢女の日本史（中江克己著　日本文芸社）　一九九四年
76 智ノ花　男の夢（蕪木和夫著　銀河出版）　一九九四年
77 晩年の生きよう（牧野弘道著　光文社）　一九九五年
78 天風先生座談（宇野千代著　廣済堂文庫）　一九九五年
79 二十世紀の千人　8　教祖・意識変革者の群れ（朝日新聞社編　朝日新聞社）　一九九五年
80 イチロー物語（佐藤健著　毎日新聞社）　一九九五年
81 人生は「自分の力」で切り開け（田中真澄著　大和出版）　一九九六年
82 ミニヤコンカ奇跡の生還（松田宏也著　山と渓谷社）　一九九七年
83 井深大の心の教育（井深大著　ごま書房）　一九九七年
84 人にはなぜ教育が必要なのか（小室直樹、色摩力夫著　総合法令）　一九九七年
85 創業者の研究（加来耕三著　光人社）　一九九七年
86 ユダヤ教の誕生（荒井章三著　講談社選書メチエ）　一九九七年

87　人物20世紀（講談社）　一九九八年
88　つまらぬ男と結婚するより一流の男の妾におなり（樋田慶子著　草思社）　二〇〇〇年
89　尾崎豊　目覚めゆく魂（尾崎健一著　春秋社）　二〇〇一年
90　孤独（北野武著　ロッキング・オン）　二〇〇二年
91　小さいときから考えてきたこと（黒柳徹子著　新潮社）　二〇〇二年
92　ゆとり教育が国を滅ぼす（小堀桂一郎編著　小学館文庫）　二〇〇二年
93　幼児教育と脳（澤口俊之著　文春新書）　二〇〇三年
94　ユダヤ人　復讐の行動原理（小坂井澄著　講談社＋α新書）　二〇〇三年
95　世界伝記大辞典〈日本朝鮮中国編〉（ほるぷ出版）
96　人類の知的遺産　80巻（講談社）
97　文芸春秋（蓋棺録）
98　家康を天下人にした二十人（萩原裕雄著　日本文芸社）　一九八三年
199　医僧　白隠の呼吸法（村木弘昌著　伯樹社）　一九八五年
100　開祖物語（百瀬明治著　ＰＨＰ文庫）　一九八九年
101　自分に負けてなるものか（松本順著　三笠書房　知的生き方文庫）　一九九二年

102 赤穂浪士の陰謀（塩田道夫著　にちぶん文庫）一九九三年
103 三つ子の魂 三歳の一年が一生を左右する（詫摩武俊著　光文社）一九九五年
104 生命の奇跡（柳澤桂子著　ＰＨＰ新書）一九九七年
105 困難は乗り越えるためにある（手島祐郎著　フォレスト出版）一九九九年
106 陶淵明 伝論（和田武司著　朝日新聞社　朝日選書）二〇〇〇年
107 愚直に実行せよ！（中谷　巌著　ＰＨＰビジネス新書）二〇〇六年
108 成功のコンセプト（三木谷浩史著　幻冬舎文庫）二〇〇九年
109 ど真剣に生きる（稲盛和夫著　ＮＨＫ出版　生活人新書）二〇一〇年
110 挫折力 一流になれる五〇の思考・行動力（富山和彦著　ビジネス新書）二〇一一年
111 修羅場が人を磨く（桜井章一著　宝島社新書）二〇一一年
112 柳井正の希望を持とう（柳井正著　朝日新書）二〇一一年
113 スティーブ・ジョブズ 神の遺言（桑原晃弥著　経済界新書）二〇一一年
114 日本人は、なぜ世界一押しが弱いのか？（斎藤孝著　祥伝社）二〇一二年
115 セロトニン呼吸法（有田秀穂・高橋玄朴著　青春出版社）二〇一二年
116 突き抜ける人材（波頭亮・茂木健一郎著　ＰＨＰビジネス新書）二〇一二年

117 秀吉の出自と出世伝説　（渡邊大門著　洋泉社）　二〇一三年
118 母という病　（岡田尊司著　ポプラ新書）　二〇一四年
119 日本人だけが知らない戦争論（苫米地英人著　フォレスト出版）　二〇一五年
120 栗山魂　（栗山英樹著　河出書房新社）　二〇一七年
121 ヒマラヤ聖者のいまを生きる知恵（ヨグマタ相川圭子著　ＰＨＰ文庫）　二〇一七年
122 哲学と宗教全史（出口治明著　ダイヤモンド社）　二〇一九年
123 その他多数の書籍、新聞、雑誌、テレビ番組、インターネット情報等

著者

田原久八郎　たはら・きゅうはちろう

昭和18年生まれ、佐伯市出身。大分県立佐伯鶴城高等学校、長崎大学経済学部経済学科卒業後、日本楽器製造株式会社入社、3年で退社。立教大学文学部英米文学科編入、2年後卒業。佐伯鶴城高等学校他4校教職勤務。平成15年3月退職。

平成20年8月からまちづくりグループ「彩木(さいき)の会」で活動、12年間 月刊フリーペーパー イベントニュース「さいきん紙」を作成。

著書に、『MY ENGLISH POPS(英日対訳83曲)』、『逆境は人を造る』、『リズム連想英語記憶法』、いずれも私家版。

『逆境の人々』（二〇〇四年）株式会社郁朋社刊。

著者フェイスブックページ https:www.facebook.com/profile.php?id=61556512048055

逆境人名録
今こそ学びたい先人たちの生き方

2024年6月30日発行

著　者　田原久八郎
発行者　向田翔一

発行所　株式会社22世紀アート
〒103-0007
東京都中央区日本橋浜町3-23-1-5F
電話　03-5941-9774
Email: info@22art.net　ホームページ：www.22art.net

発売元　株式会社日興企画
〒104-0032
東京都中央区八丁堀4-11-10 第2SSビル 6F
電話　03-6262-8127
Email: support@nikko-kikaku.com
ホームページ：https://nikko-kikaku.com/

印刷
製本　株式会社PUBFUN

ISBN：978-4-88877-300-3